高等职业教育农业部"十二五"规划教材

GMP 应用基础

第 2 版

李恒　陈琼　主编

中国农业大学出版社
·北京·

内容简介

本书是全国医药高等职业教育药学类规划教材。它从医药高等职业教育的特点出发，按照高等职业教育"以服务为宗旨，以就业为导向，注重实践能力培养"的原则，突出了理论与实践相结合的教学目标，重点突出实践性与实用性。

本书共14章，主要内容包括概论、质量管理、机构与人员、厂房与设施、设备、物料与产品、确认与验证、文件管理、生产管理、质量保证与质量控制、委托生产与委托检验、产品的发运与召回、自检、药品GMP认证等内容。

本书既可作为医药类高职高专院校的教材，也可作为各类成人院校相关专业和药学工作人员的培训教材和自学参考书。

图书在版编目(CIP)数据

GMP应用基础/李恒，陈琼主编．—2版．—北京：中国农业大学出版社，2014.12(2021.11重印)
ISBN 978-7-5655-1088-5

Ⅰ.①G… Ⅱ.①李…②陈… Ⅲ.①制药工业-质量管理-中国-高等职业教育-教材 Ⅳ.①F426.7

中国版本图书馆CIP数据核字(2014)第226515号

书　名 GMP应用基础　第2版
作　者 李恒　陈琼　主编

策划编辑 郭建鑫　姚慧敏　　**责任编辑** 李丽君
封面设计 郑　川　　**责任校对** 王晓凤
出版发行 中国农业大学出版社
社　址 北京市海淀区圆明园西路2号　　**邮政编码** 100193
电　话 发行部 010-62818525,8625　　读者服务部 010-62732336
编辑部 010-62732617,2618　　出　版　部 010-62733440
网　址 http://www.cau.edu.cn/caup　　**e-mail** cbsszs@cau.edu.cn
经　销 新华书店
印　刷 涿州市星河印刷有限公司
版　次 2015年1月第2版　2021年11月第2次印刷
规　格 787×1 092　16开本　17.25印张　423千字
定　价 45.00元

◆◆◆◆◆编审人员

主　编:李　恒　陈　琼

副主编:陈邦恩　刘文堂　刘春兰　梁利香

编　委:(按姓氏笔画排序)

尹　峰　厦门朝阳生物工程有限公司

孙　健　北京农业职业学院

朱艳华　黑龙江中医药大学

刘文堂　牡丹江友搏药业有限责任公司

刘春兰　黑龙江农业经济职业学院

李　恒　福建生物工程职业技术学院

张洪昌　牡丹江市食品药品监督管理稽查支队

陈　琼　信阳农林学院

陈邦恩　福建生物工程职业技术学院

高姗姗　黑龙江农垦职业学院

梁利香　信阳农林学院

主　审:林春和　黑龙江省格润药业有限责任公司

前 言

本书是高等职业教育农业部“十二五”规划教材。医药高等职业教育既是我国高等教育的组成部分，又是医药职业技术教育的高等阶段。它培养目标的关键词是培养“高端技能型专门人才”、“下得去、留得住、用得上的人才”。为适应国家健康产业的需要，加快教育体制与国际接轨的步伐，培养大批适应健康产业的医药专业人才，我们紧密围绕医药高等职业教育的培养目标，面对蓬勃发展的医药行业及社会医药专业技术人才大量需求的形势，编写了这本教材。编写人员具有多年医药高等职业教育教学与生产实践经验，同时依据医药高等职业教育在人才培养目标定位上的特点，着重突出技术应用能力培养，以适应医药高等职业教育改革与行业对人才素质方面的需求。本版《GMP 应用基础》是为培养具有一定基础知识的高端技能型医药专门人才及相关医药行业人员而编写的，在编写过程中，力求体现教材的新颖、科学、先进和实用。

本套教材编写原则是紧扣高等职业教育教学的培养目标，适应教育改革与发展的要求，根据国家最新的法律法规精神，尤其是密切结合新版 GMP(2010 年修订)的要求，突出 GMP 实践技能的培养，编写的教材能够体现出高等职业教育培养高端技能型专门人才为主的特点。“GMP 应用基础”是医药高职高专药学类专业课程之一，其教学目标是使学生掌握一定的 GMP 理论知识及在药品生产中的实际应用能力。根据高等职业教育的培养目标和教学要求，理论以“必须、够用”为度，合理地选择了教材内容。它适于高等职业教育制药类学生及各级与制药生产相关的人员使用。

本书共 14 章，第一章概论介绍 GMP 的产生与发展和我国 GMP 发展和实施情况。第二章至第十四章分别根据国家 GMP 的内容介绍质量管理、机构与人员、厂房与设施、设备、物料与产品、确认与验证、文件管理、生产管理、质量保证与质量控制、委托生产与委托检验、产品的发运与召回、自检、药品 GMP 认证等内容。

本书由福建生物工程职业技术学院李恒，信阳农林学院陈琼任主编，福建生物工程职业技术学院陈邦恩，牡丹江友搏药业有限责任公司刘文堂，黑龙江农业经济职业学院刘春兰，信阳农林学院梁利香任副主编，牡丹江市食品药品监督管理稽查支队张洪昌、黑龙江中医药大学朱艳华、厦门朝阳生物工程有限公司尹峰，北京农业职业学院孙健，黑龙江农垦职业学院高姗姗参编。教材编写具体分工为：李恒编写第一、二、五章，陈琼编写第六章，陈邦恩编写第三、四章，梁利香编写第七章，刘文堂编写第八章，刘春兰编写第九章、朱艳华编写第十章，尹峰编写第十一章，孙健编写第十二章，高姗姗编写第十三章，张洪昌编写第十四章。

本版教材由黑龙江省格润药业有限责任公司林春和主审。

在编写过程中得到各参编院校、单位和出版社的大力支持，在此一并表示诚挚谢意。另外，感谢北京友搏药业有限责任公司刘梅森、黑龙江黑宝药业股份有限公司制药厂王巍巍、哈药集团世一堂制药厂郭桂滨等同志的热心帮助及悉心指导。

由于编者水平和能力有限，掌握的材料还不够全面，难免有疏漏和不足之处，恳请使用本教材的老师、同学和药界同仁提出宝贵意见，以便今后进一步修订和提高。

编　者

2014 年 8 月

目录

第一章

概　　论

知识目标

- 掌握 GMP 的基本理念。
- 熟悉 GMP 的内容和特点、熟悉实施 GMP 的目的。
- 了解 GMP 的实施依据及适用范围。

技能目标

- 能够理解实施 GMP 的深刻意义。

药品是指用于预防、治疗、诊断人的疾病,有目的地调节人的生理机能并规定有适应征或者功能主治、用法和用量的物质,包括中药材、中药饮片、中成药、化学原料药及其制剂、抗生素、生化药品、放射性药品、血清、疫苗、血液制品和诊断药品等。药品的质量直接关系到人民身体健康和用药安全。因此,世界各国均实行严格的药品质量监督管理制度,以保证药品质量。

GMP 是英文"Good Manufacturing Practice"的缩写,直译为"优良的生产规范",根据我国《药品管理法》,标准翻译为《药品生产质量管理规范》,是在生产全过程中,用科学、合理、规范化的条件和方法来保证生产优良药品的一整套科学管理方法。《药品生产质量管理规范》(以下称为 GMP) 作为质量管理体系的一部分,旨在规范药品生产质量管理,最大限度地降低药品生产过程中污染、交叉污染以及混淆、差错等风险,确保持续稳定地生产出符合预定用途和注册要求的药品。在生产全过程中,企业应当建立药品质量管理体系,从原料采购到完成生产、包装、贮存、销售等环节全过程实施 GMP 管理,实行全面质量保证,确保药品质量。

在国际上,GMP 已成为药品生产和质量管理必须遵循的基本准则,是一套系统的、科学的管理制度。实施 GMP 不仅仅通过最终产品的检验来证明达到质量要求,而是在药品生产的全过程中实施科学的全面管理和严密的监控来获得预期质量。实施 GMP 旨在最大限度地降低药品生产过程中污染、交叉污染以及混淆、差错等风险,确保持续稳定地生产出符合预定用途和注册要求的药品。GMP 是药品生产的一种全面质量管理制度,是药品生产管理和质量控制的基本要求。

世界卫生组织(World Health Organization,以下简称 WHO)对制定和实行 GMP 制度的意义做过以下阐述："在药品生产中，为了保证使用者得到优质药品，实行全面质量管理极为重要。在生产为抢救生命或为恢复或为保持健康所需的药品时，不按准则而随意行事的操作方式是不允许的。"

实践证明，GMP 是防止药品在生产过程中发生差错、混淆、污染、交叉污染，确保药品质量的十分必要和有效的手段。GMP 的灵魂就是"防止药品混淆和差错，防止药品污染和交叉污染"，"药品质量是设计和生产出来的，而不是检验出来的。"国际上早已把是否实施 GMP 看成是药品质量有无保障的先决条件，是否符合 GMP 要求决定着药品能否进入国际市场。GMP 作为指导药品生产和质量管理的法规，在国际上已有 50 多年历史，在我国推行也已有 20 多年历史，GMP 已从指导性原则逐渐演变成为强制性的法规。我国实施 GMP 虽然起步较晚，但速度、水平已逐渐接近国际先进水平。

第一节　GMP 的产生与发展

GMP 的理论和实践同其他事物一样也经历了一个由产生、发展到逐步完善的过程。药品生产是一门十分复杂的科学，在从产品设计、注册、物料采购到成品的生产过程中，要涉及许多的技术细节和管理规范，其中任何一个环节的疏忽，都可能导致药品质量不符合要求，就可能生产出劣质药品。因此，必须在药品研发及药品生产全过程中进行全面质量管理与控制，来保证药品质量。进入 20 世纪后，各国制药行业和药品监督管理部门都开始不断探索质量管理科学在药品生产中的应用，对药品生产全过程进行质量控制，以保证药品质量。各国在实践中也逐渐摸索总结出一些规范化的药品生产管理制度，这些就是 GMP 的雏形。

美国是世界上第一个将药品生产质量管理形成法定性规范的国家。第一次世界大战期间，美国社会上出现的一些食品和药品生产的不良行为，被新闻媒体披露之后，引起了美国公众和政府的高度重视。1906 年，美国颁布了《食品、药品和化妆品法案》(Food、Drug and Cosmetic Act，FDCA)，作为食品、药品管理的基本法实施，从而以法律的形式，要求药品必须满足含量和纯度的标准要求，并确定了以美国药典作为判断药品质量、纯度和含量的法律依据。与此同时，还建立了"联邦食品药品管理局"(Food and Drug Administration，FDA)，作为美国国家级的药品质量监督管理机构。

1961 年，发生了震惊世界的"反应停"事件。这是一次波及世界的 20 世纪最大的药物灾难：一种曾用于妊娠反应的药物——Thalidomide(又称反应停、沙利度胺、肽咪哌啶酮)导致了 12 000 余例畸胎的药物灾难事件。产下的畸婴由于臂和腿的长骨发育短小，看上去手和脚直接连接在躯体上，犹如鱼鳍，形似海豹肢体，被称为"海豹胎"，同时并有心脏和胃肠道的畸形，这种畸婴死亡率达 50%以上。反应停的另一副作用是可引起多发性神经炎，约有 1 300 例。造成这场药物灾难的原因，一是"反应停"未经过严格的临床前药理实验，二是生产该药的联邦德国格仑南苏制药厂虽已收到有关反应停毒性反应的 100 多例报告，但都被他们隐瞒下来。这次灾难造成 30 多个国家和地区(包括我国台湾省)，受害者超过 15 000 人。如在联邦德国就引起至少 6 000 例畸胎，英国出生了 5 500 个这样的畸胎，日本约 1 000 余例，我国台湾省也至少有 69 例畸胎出生。美国是少数几个幸免于难的国家之一。当时美国 FDA 官员在审查此药时，发现该药缺乏美国药品监督管理法律法规所要求的足够的临床试验资料，如长期毒性试验报告，所以不批准其进口。这场灾难虽没有波及美国，但在美国社会激起了公众对药品监督和药品法规的普遍重视，促使美国国会于1962年对原《食品、药品和化妆品法案》进行了一次重大修改。对制药企业有如下几方面的要求：

第一，要求实行新药研究申请制度(IND)和新药上市申请制度(NDA)。

第二，要求制药企业对出厂的药品提供两种证明材料：不仅要证明药品是有效的，还要证明药品是安全的。

第三，要求制药企业要向食品、药品管理局报告药品的不良反应。

第四，要求制药企业实施药品生产和质量管理规范(GMP)。

美国国会认真地听取了FDA的报告并采纳了他们的建议，将GMP立法。按照1962年美国《食品、药品和化妆品法》的要求，美国FDA于1963年颁布了第一部GMP，要求对药品生产的全过程进行规范化管理，否则产品不得出厂销售。世界上第一个GMP就这样在美国诞生。

GMP的理论在此后多年的实践中经受了考验，获得了发展，它在药品生产和质量保证中的积极作用逐渐被各国政府所接受。自从美国FDA首先制定颁布了GMP作为美国制药企业指导药品生产和质量管理的法规后，WHO于1969年向全世界推荐了WHO的GMP。WHO的GMP的公布标志着GMP的理论和实践开始已经从一国走向世界。

一、GMP的类型

目前，世界上现行GMP的类型，大体可分为两种：

(一)国际组织规定的GMP

国际组织规定的GMP一般原则性较强，内容较为概括，无法定强制性。

1. WHO的GMP。WHO的GMP属于国际性的GMP。WHO的GMP总论中指出，GMP是组成WHO关于国际贸易中药品质量签证体制的要素之一，是用于评价生产许可申请并作为检查生产设施的依据，也是作为政府药品监督员和生产质量管理人员的培训教材。GMP适用于药品制剂的大规模生产，包括医院中的大量加工生产、临床试验用药的制备。

2. 欧共体的GMP。欧共体即欧洲经济共同体又称“西欧共同市场”，组成国有法国、德国、意大利、荷兰、比利时、卢森堡、英国、爱尔兰、丹麦等。1970年，以欧洲自由贸易联盟组成国为主的国家(北欧七国)制定了PIC-GMP(PIC为Pharmaceutical Inspection Convention即“药品生产检查互相承认公约”)。

(二)各国政府发布的GMP

各国政府发布的GMP一般原则性较强，内容较为具体，有法定强制性。

1. 美国FDA发布的GMP。美国FDA的GMP在美国国内的实施和发展一直居世界领先地位。美国FDA严格执行GMP管理，在20世纪80年代后期加强关注、扩大监督和检查原料药生产的GMP要求。FDA很重视验证，这起因于工艺失控而造成退货，同样也注意到原料药质量对制剂生产起重要作用，对GMP应用包括研究开发、生产和销售的多个环节。

2. 英国卫生与社会福利部发布的GMP。英国卫生社会福利部于1983年制定了英国

GMP,内容丰富齐全,共分 20 章,有许多内容已成为以后其他各国的制定 GMP 的依据。

3. 日本的 GMP。日本于 1974 年 9 月 14 日制定 GMP,1976 年 4 月 1 日起实施。日本于 1993 年开始推行国际 GMP,对国际进出口药品遵循国与国之间相互承认的 GMP,日本 GMP 和 WHO 的 GMP 版本被认为等效的。

4. 我国的 GMP。1985 年我国颁布了《药品管理法》,作为我国药品监督管理的基本法实施。1988 年根据《药品管理法》规定,由卫生部组织有关专家在我国制药企业实施的行业 GMP 基础上,起草并颁布了我国第一个 GMP,作为正式法规实施。1990 年卫生部组织有关专家起草了《GMP 实施细则》,后又决定将《规范》和《实施细则》合并,编成《药品生产质量管理规范(修订本)》,并于 1992 年 12 月 28 日颁布,要求全国制药企业遵照执行。

1998 年,我国改革并统一了药品监督管理的机构,组建了国家药品监督管理局(2003 年更名为国家食品药品监督管理局,2013 年组建成立国家食品药品监督管理总局),1999 年 6 月 18 日颁布了《药品生产质量管理规范(1998 年修订)》,自 1999 年 8 月 1 日起施行。2006 年,"齐二药"事件以后,国家食品药品监督管理局启动了新版 GMP 的修订工作,经过多次修订,于 2010 年 10 月 19 日经卫生部部务会议审议通过,2011 年 1 月 17 日卫生部第 79 号令正式发布《药品生产质量管理规范(2010 年修订)》,自 2011 年 3 月 1 日起施行。这就是我国现行 GMP(2010 年版)。

二、GMP 的内容和特点

(一)GMP 的内容

GMP 的总体内容包括质量管理、机构与人员、厂房与设施、设备、确认与验证、文件管理、物料与产品、生产管理、质量控制与质量保证、委托生产与委托检验、产品发运与召回、自检等方面内容,涉及药品生产的方方面面,强调通过对生产全过程的管理来确保持续稳定地生产出符合预定用途和注册要求的药品。

从专业化管理的角度,GMP 可以分为质量控制系统和质量保证系统两大方面。一是对物料、中间品、产品的系统质量控制,这就被称为质量控制系统。一是对影响药品质量的,生产过程中易产生的人为差错、混淆、污染和交叉污染等问题进行系统的严格管理,以保证药品质量,这方面被称为质量保证系统。而在 GMP 指南中质量保证又涵盖 GMP,GMP 涵盖质量控制。

从硬件和软件系统的角度,GMP 可分为硬件系统和软件系统。硬件系统主要包括对人员、厂房、设施、设备等的目标要求,可以概括为以资本为主的投入产出。软件系统主要包括组织机构、人员职责、工艺规程、生产技术、质量标准、制度、文件、教育等方面内容,可以概括为以智力为主的投入产出。

(二)GMP 的特点

1. 原则性。GMP 条款仅指明了要求的目标,而没有列出如何达到这些目标的具体解决办法。达到 GMP 要求的方法和手段是多样化的,企业有自主性、选择性,不同制药企业可根据自身情况选择最适宜的方式实施 GMP 改造和建设。

2. 时效性。GMP 条款是具有时效性的,因为 GMP 条款只能根据本国、本地区现有一般药品生产水平来制定,随着医药科技和经济贸易的发展,GMP 条款需要定期或不定期补充、修订。对目前有法定效力或约束力或有效性的 GMP，称为现行 GMP，新版 GMP 颁布后，前版的 GMP 即废止。

3. 基础性。GMP 是保证药品生产质量的起码标准，但不是最严的、最好的，更不是高不可攀的。任何一国的 GMP 都不可能把只能由少数企业做得到的一种生产标准来作为全行业的强制性要求。在确定 GMP 的水平时，应把 GMP 本身所要求的水平与制药企业达到要求所实行的各种具体方法和手段的水平区别开来，分别认识，这是两个概念。因此，生产达标方法和手段是多样化的，企业有自主性，也可以是超 GMP 的，将生产要求与目标市场的竞争结合起来必然会形成实现标准要求的多样性。

4. 多样性。尽管各国 GMP 在规定内容上基本相同，但在同样的内容上所要求的精度和严格程度却是不一样的，且存在很大差异。在各国的 GMP 条文中也表现出了一定水平限度差异和各自特色，而且可以确切地说，以 WHO 的 GMP 水平要求为基础，各国 GMP 所要求的严格程度均是建立在 WHO 的 GMP 之上的，是继 WHO 之 GMP 的一种发展和完善。体现着各国政府特别是药品监督管理部门对本国制药工业在药品生产质量方面的一种更为严格的要求趋向，是一种进步和必然的发展趋势。

三、GMP 的基本原则

GMP 的基本点是：要保证药品质量，必须做到防止药品生产过程中的污染、交叉污染以及混淆、差错。

GMP 基本原则有：

1. 企业应当建立符合药品质量管理要求的质量目标，将药品注册的有关安全、有效和质量可控的所有要求，系统地贯彻到药品生产、控制及产品放行、贮存、发运的全过程中，确保所生产的药品符合预定用途和注册要求。

2. 企业高层管理人员应当确保实现既定的质量目标，不同层次的人员以及供应商、经销商应当共同参与并承担各自的责任。

3. 企业必须配备足够数量、资质符合要求与生产的药品相适应的技术人员承担药品生产和质量管理，并清楚地了解自己的职责。

4. 操作者应进行培训，以便正确地按照规程操作。

5. 应保证产品采用批准的质量标准进行生产和控制。

6. 应按每批生产任务下达书面的生产指令，不能以生产计划安排来代替批生产指令。

7. 所有生产加工应按批准的工艺规程进行，根据经验进行系统的检查，并证明能够按照质量要求和其规格标准生产药品。

8. 确保生产厂房、环境、生产设备、卫生符合要求。

9. 符合规定要求的物料、包装容器和标签。

10. 合适的贮存和运输设施。

11. 全生产过程严密的有效的控制和管理。

12. 应对生产加工的关键步骤和加工产生的重要变化进行验证。

13. 合格的质量检验人员、设备和实验室。

14. 生产中使用手工或记录仪进行生产记录，以证明已完成的所有生产步骤是按确定的规程和指令要求进行的，产品达到预期的数量和质量，任何出现的偏差都应记录和调查。

15. 采用适当的方式保存生产记录及销售记录，根据这些记录可追溯各批的全部历史。

16. 对产品的贮存和发运中影响质量的危险应降至最低限度。

17. 建立由销售和供应渠道收回任何一批产品的有效系统。

18. 了解市售产品的用户意见，调查质量问题的原因，提出处理措施和防止再发生的预防措施。

19. 对一个新的生产过程、生产工艺及设备和物料进行确认和验证，通过系统的试验以证明是否可以达到预期的结果。

四、制药企业实施 GMP 的三要素

GMP 涉及以下三个方面：硬件，总体布局，生产环境及设备设施；软件，完整的一套文件管理体系，规范企业行为的一系列标准，以及执行标准结果的记录；人员，是软、硬件系统的制定者。这三个方面是组成 GMP 的要素。实施 GMP 管理主要围绕着这三个方面进行。

(一)硬件要素

实行 GMP 管理是关系到企业能否向前发展的大事，而硬件的改造和完善是实施 GMP 的必要条件。谈到良好的硬件设施，人们普遍认为要有充足的资金投入。诚然，充足的资金投入是硬件建设的保障；但对于企业来说，资金充足与否始终是相对的，都要将投入的资金计入成本。因此，如何用有限的资金完成 GMP 硬件改造和建设，成为企业在 GMP 实施过程中首要考虑的问题。在新厂房筹建或老厂房改造之前，就应进行深入细致的评估和论证，广泛征求注册、生产车间、技术、质量管理、设备等部门的意见，对照 GMP 的要求，就设备的选型、装修材料的挑选、工艺流程布局进行综合考虑，制订出合理的资金分配方案，使有限资金发挥最大的效能，而不应本末倒置，在外围生产区域装修上占去较多的资金，使关键的生产设备、设施因陋就简，这将给未来的生产埋下隐患。良好的厂房设备、完善的设施是基础条件。

(二)软件要素

软件不如硬件那样直观、引人注目，常遭忽视。众所周知，质量是设计和制造出来的，而产品的质量要通过遵循各种标准的操作和管理来保证，这就需要一套经过验证的、具有实用性、可行性的软件系统。同其他事物一样，企业的软件管理也经历了一个形成、发展和完善的过程。从纵向看，各种技术标准、管理标准、工作标准是在长期的生产过程及各类验收检查、质量审计中逐步形成的，这一时期的各类标准是低水平的、粗线条的。此后随着 GMP 实践的不断深入，从中细化出各类具有实用和指导意义的软件——标准操作规程（SOP）。良好的文件是质量保证体系不可缺少的基本部分，是实施 GMP 的关键，其目的在于保证生产经营活动的全过程按书面文件进行运作，减少口头交接所产生的错误。各药品生产企业都应建立一套由标准和记录组成的文件系统，必须建立和健全一切涉及药品生产、质量控制、营销活动所必需的书面标准、规程、办法、程序、职责、工作内容等，并建立和健全实际生产活动中执行标准的每一项行为的记录。所有文件的标题、内容及目的均表达清楚，用词明确，以便操作者能正确有效地使用，文件达到格式化，语言达到规范化。具有实用性、可行性的软件系统是产品质量的保证。

(三)人员要素

作为一个企业,从产品设计、研制、生产、质量控制到销售的全过程中,“人”是最重要的因素。产品质量的好坏是全体员工工作质量好坏的反映,这是因为优良的硬件设备要由人来操作,好的软件系统要由人来制定和执行,由此可知,人员的培训工作是一个企业 GMP 工作能否开展、深入和持续的关键,必须加强员工的培训、教育工作。在组成 GMP 的三大要素当中,人是最重要的,因为再好的设备和操作规程,没有高素质的人去操作是不可能出好产品的。因此,药品生产企业应有计划、有目的地进行培训教育工作,建立个人培训档案,定期考核记录,并采取适当的激励措施,从而调动员工学习的积极性。具有高素质的人员是实施 GMP 的关键。

第二节 我国 GMP 发展和实施情况

一、我国药品 GMP 制度的产生和发展

我国实施 GMP 是从 1981 年开始的,中国医药工业公司于 1982 年制定了《药品生产管理规范(试行本)》,后来又颁布了《药品生产管理规范指南(1985 年版)》,1992 年又对该指南作了修订。

1985 年《中华人民共和国药品管理法》颁布实施,国家在制定药品管理法时,总结和吸收了国内外的经验、教训和管理惯例,将实施药品 GMP 制度直接写入《药品管理法》,如“药品生产必须按国务院卫生行政部门制订的药品 GMP 的要求,制定和执行保证药品质量的规章制度和卫生要求”。

根据《药品管理法》规定,国家卫生部组织有关专家在我国制药企业实施的行业 GMP 基础上,起草了我国第一个 GMP 条例,卫生部于 1988 年 3 月 17 日正式颁布了《药品生产质量管理规范(1988 版)》,作为正式法规实施。1990 年卫生部又组织有关专家起草了《GMP 实施细则》,后又决定将《规范》和《实施细则》合并,编成《药品生产质量管理规范》修订本,并于 1992 年 12 月 28 日颁布,要求全国制药企业遵照执行。中国药品 GMP 规定,药品 GMP 是药品生产企业管理生产和质量的基本准则,适用于药品制剂生产的全过程及原料药生产中影响成品质量的各关键工艺。

1998 年,我国改革并统一了药品监督管理的机构,组建成立了国家药品监督管理局。该局安全监督管理司专门设立了药品生产安全监督处,该处具体负责 GMP 执法工作。1999 年 4 月国家药品监督管理局新颁布了《药品生产质量管理规范》(即 1998 年版 GMP),本规范自 1999 年 7 月 1 日起实施。2004 年 7 月 1 日起,我国所有药品制剂和原料药都在符合 GMP 的条件下生产。《药用辅料生产质量管理规范》已于 2006 年 3 月 23 日发布。2007 年 1 月 1 日起,所有医用气体生产企业都在符合 GMP 的条件下生产。2008 年 1 月 1 日起,所有中药饮片生产企业都在符合 GMP 的条件下生产。我国全面实施 GMP 认证势在必行。

2006 年,“齐二药”事件以后,国家食品药品监督管理局开始了新版 GMP 的修订工作,历经 5 年修订、两次公开征求意见,《药品生产质量管理规范(2010 年修订)》于 2010 年 10 月 19

日经卫生部部务会议审议通过，2011 年 1 月 17 日卫生部第 79 号令正式发布，自 2011 年 3 月 1 日起施行。这就是我国现行 GMP。新版药品 GMP 的实施，一方面有利于促进企业优胜劣汰、兼并重组、做大做强，进一步调整企业布局，净化医药市场，防止恶性竞争，保障人民用药安全有效的需要；另一方面也有利于与药品 GMP 的国际标准接轨，加快我国药品生产获得国际认可、药品进入国际主流市场步伐。

二、我国现行 GMP 的基本情况和特点

新版 GMP 即《药品生产质量管理规范(2010 年修订)》，全文共 14 章、313 条、5 个附录(无菌药品、原料药、生物制品、血液制品及中药制剂，以后还将陆续制定和发布相关附录)，相对于 1998 年修订的药品 GMP，篇幅大量增加，被称为“史上最严 GMP”，现有药品生产企业将给予不超过 5 年的过渡期。规范中详细描述了药品生产质量管理的基本要求，条款所涉及的内容基本保留了 1998 版 GMP 的大部分章节和主要内容，涵盖了欧盟 GMP 的基本要求和 WHO 的 GMP 主要原则中的内容，强调适用于所有药品的生产。新版药品 GMP 结合我国国情，按照“软件硬件并重”的原则，贯彻质量风险管理和药品生产全过程管理的理念，更加注重科学性，强调指导性和可操作性，达到了与 WHO 药品 GMP 的一致性。

药品 GMP 是国际通行的药品生产和质量管理必须遵循的基本准则，而我国 1998 版 GMP 已施行达 10 年之久，无论在标准内容上，还是在生产质量管理理念上均与国际先进的药品 GMP 存在着一定的差距。特别是近年来，国际上药品 GMP 还在不断发展，WHO 对其药品 GMP 进行了修订，提高了技术标准；美国药品 GMP 在现场检查中又引入了风险管理理念；欧盟不断丰富其条款内容。与国际先进的药品 GMP 相比，我国现行药品 GMP 在条款内容上过于原则，指导性和可操作性不强，偏重于对生产硬件的要求，软件管理方面的规定不够全面、具体，缺乏完整的质量管理体系要求等，需要与时俱进，以适应国际药品 GMP 发展趋势。新版药品 GMP 修订过程中，注重借鉴和吸收世界发达国家和地区的先进经验，并充分考虑中国国情，坚持从实际出发，总结借鉴与适度前瞻相结合，体现质量风险管理和药品生产全程管理的理念，概括起来，体现在以下几个方面：

1. 强调了立法理念的更新。以前立法多假想监管相对人非诚实守信的前提下制定处罚办法，而新版 GMP 则假想监管相对人是诚实守信的，一旦有弄虚作假、人为的造假记录，马上就判为检查不合格。它体现了法律的人性化，是立法理念的更新。

2. 强化了管理方面的要求。

(1)提高了对人员的要求。“机构与人员”一章明确将质量受权人与企业负责人、生产管理负责人、质量管理负责人一并列为药品生产企业的关键人员，并从学历、技术职称、工作经验等方面提高了对关键人员的资质要求。比如，对生产管理负责人和质量管理负责人的学历要求由原来的大专以上提高到本科以上，规定需要具备的相关管理经验并明确了关键人员的职责。对于质量受权人，来自于欧盟的管理经验，是企业内部负责质量监督、产品放行的专业人员，独立行使职责，不受企业负责人和其他人员干预。新修订的药品 GMP 首次提出质量受权人概念，并将质量受权人纳入药品生产企业的关键人员。

(2)明确要求企业建立药品质量管理体系。质量管理体系是为实现质量管理目标、有效开展质量管理活动而建立的，是由组织机构、职责、程序、活动和资源等构成的完整系统。新版药品 GMP 在“总则”中增加了对企业建立质量管理体系的要求，以保证药品 GMP 的有效执行。

(3)细化了对操作规程、生产记录等文件管理的要求。为规范文件体系的管理，增加指导性和可操作性，新版药品 GMP 分门别类对主要文件(如质量标准、生产工艺规程、批生产和批包装记录等)的编写、复制以及发放提出了具体要求。

3. 提高了部分硬件要求。

(1)调整了无菌制剂生产环境的洁净度要求。1998 年修订的药品 GMP，在无菌药品生产环境洁净度标准方面与 WHO 标准(1992 年修订)存在一定的差距，药品生产环境的无菌要求无法得到有效保障。为确保无菌药品的质量安全，新版药品 GMP 在无菌药品附录中采用了 WHO 和欧盟最新的 A、B、C、D 分级标准，对无菌药品生产的洁净度级别提出了具体要求；增加了在线监测的要求，特别对生产环境中的悬浮微粒的静态、动态监测，对生产环境中的微生物和表面微生物的监测都做出了详细的规定。

(2)增加了对设备设施的要求。对厂房设施分生产区、仓贮区、质量控制区和辅助区分别提出设计和布局的要求，对设备的设计和安装、维护和维修、使用、清洁及状态标识、校准等几个方面也都做出具体规定。这样无论是新建企业设计厂房还是现有企业改造车间，都应当考虑厂房布局的合理性和设备设施的匹配性。

4. 围绕质量风险管理增设了一系列新制度。质量风险管理是美国 FDA 和欧盟都在推动和实施的一种全新理念，新版药品 GMP 引入了质量风险管理的概念，并相应增加了一系列新制度，如供应商的审计和批准、变更控制、偏差管理、超标(OOS)调查、纠正和预防措施(CAPA)、持续稳定性考察计划、产品质量回顾分析等。这些制度分别从原辅料采购、生产工艺变更、操作中的偏差处理、发现问题的调查和纠正、上市后药品质量的持续监控等方面，对各个环节可能出现的风险进行管理和控制，促使生产企业建立相应的制度，及时发现影响药品质量的不安全因素，主动防范质量事故的发生。

5. 强调了与药品注册和药品召回等其他监管环节的有效衔接。药品的生产质量管理过程是对注册审批要求的贯彻和体现。新版药品 GMP 在多个章节中都强调了生产要求与注册审批要求的一致性。如企业必须按注册批准的处方和工艺进行生产，按注册批准的质量标准和检验方法进行检验，采用注册批准的原辅料和与药品直接接触的包装材料的质量标准，其来源也必须与注册批准一致，只有符合注册批准各项要求的药品才可放行销售等。

新版药品 GMP 还注重了与《药品召回管理办法》的衔接，规定企业应当召回存在安全隐患的已上市药品，同时细化了召回的管理规定，要求企业建立产品召回系统，指定专人负责执行召回及协调相关工作，制定书面的召回处理操作规程等。

我国现有药品生产企业在整体上呈现多、小、散、低的格局，生产集中度较低，自主创新能力不足。实施新版药品 GMP，是顺应国家战略性新兴产业发展和转变经济发展方式的要求，有利于促进医药行业资源向优势企业集中，淘汰落后生产力；有利于调整医药经济结构，以促进产业升级；有利于培育具有国际竞争力的企业，加快医药产品进入国际市场；有利于实施优势品牌，对产品和销售网络的大型药企提供了良好的并购机会。从新版 GMP 体系来看，我国 GMP 标准进一步国际化的倾向较为强烈，国内新版 GMP 标准逐步向国际水平靠拢。新版 GMP 基本框架与内容采用欧盟 GMP 文本，附录中原料药标准等同采用，由于欧盟 GMP 标准被国际上公认为是通行的标准，因此新版 GMP 的实施，对于我国 GMP 和国际通行的标准接轨，我国制药企业的质量管理体系与产品质量为国际所认可，将起着非常重要的作用。在新的质量标准下，有利于我国原料药生产企业更好更多地占领国际市场，对于我国制剂企业走出国门，加速我国制药行业国际化进程，有着一定的积极意义。

复 习 题

一、单选题

1.《药品生产质量管理(2010 年版)》自(   )起施行，经卫生部部务会议审议通过，卫生部第 79 号令正式发布，这就是我国现行 GMP。

A. 2010 年 10 月 19 日　　B. 2011 年 1 月 17 日

C. 2011 年 3 月 1 日　　D. 2011 年 5 月 1 日

2.《药品生产质量管理规范(2010 年修订)》全文共 14 章(   )条。

A. 324　　B. 313　　C. 323　　D. 315

3.《药品生产质量管理规范(2010 年修订)》首次提出(   )概念，并将质量受权人纳入药品生产企业的关键人员。

A. 质量受权人　　B. 质量负责人　　C. 生产负责人　　D. 企业负责人

4. 在组成 GMP 的三大要素当中，(   )是最重要的因素。

A. 硬件　　B. 软件　　C. 质量管理体系　　D. 人员

5. 美国 FDA 于(   )年颁布了第一部 GMP，要求对药品生产的全过程进行规范化管理，否则产品不得出厂销售。

A. 1962　　B. 1963　　C. 1964　　D. 1965

6. 实施 GMP 旨在最大限度地降低药品生产过程中污染、交叉污染以及混淆、差错等风险，确保持续稳定地生产出(   )的药品。

A. 合格　　B. 符合预定用途和注册要求

C. 符合预定用途　　D. 符合注册要求

7. 1961 年，发生了震惊世界的“反应停”事件，导致这一灾难事件的药物是(   )。

A. 庆大霉素　　B. 阿司匹林　　C. 沙利度胺　　D. 阿莫西林

8. 国家食品药品监督管理局是拟订药品生产质量管理规范并监督实施工作是安全监督管理司专门设立的(   )。

A. 药品生产监管处　　B. 药品经营监管处

C. 药品警戒和评价处　　D. 特殊药品监管处

9. 新版药品 GMP 在无菌药品附录中采用了 WHO 和欧盟最新的 A、B、C、D 分级标准，对无菌药品生产的洁净度级别提出了具体要求，增加了(   )的要求。

A. 静态监测　　B. 动态监测　　C. 在线监测　　D. 日常监测

10. 新版药品 GMP 注重了与(   )的衔接，要求企业建立产品召回系统，指定专人负责执行召回及协调相关工作，制定书面的召回处理操作规程等。

A.《药品不良反应报告和监测管理办法》　　B.《药品注册管理办法》

C.《药品生产监督管理办法》　　D.《药品召回管理办法》

二、多选题

1. 药品包括(　　)。

A. 中药材　　B. 中成药　　C. 化学原料药　　D. 生化药品

2. 实施 GMP 旨在最大限度地降低药品生产过程中(　　)等风险。

A. 污染　　B. 交叉污染　　C. 混淆　　D. 差错

3. GMP 的包括(　　)等方面内容。

A. 质量管理、生产管理、文件管理、自检

B. 机构与人员、设备、物料与产品

C. 质量控制与质量保证、厂房和设施

D. 确认与验证、委托生产与委托检验、产品发运与召回

4. GMP 的特点是(　　)。

A. 灵活性　　B. 时效性　　C. 基础性　　D. 多样性

5. 制药企业实施 GMP 的三要素为(　　)。

A. 硬件　　B. 软件　　C. 质量管理　　D. 人员

6.《药品生产质量管理规范(2010 年修订)》全文共 14 章、313 条,另有(　　)等附录。

A. 无菌药品　　B. 原料药

C. 生物制品　　D. 血液制品及中药制剂

7. 药品生产企业的关键人员至少包括(　　)。

A. 质量受权人　　B. 企业负责人

C. 生产管理负责人　　D. 质量管理负责人

8.《药品生产质量管理规范(2010 年修订)》引入了质量风险管理的概念,并相应增加了一系列(　　)新制度。

A. 变更控制和偏差管理　　B. 超标(OOS)调查

C. 纠正和预防措施(CAPA)

D. 持续稳定性考察计划、产品质量回顾分析

9. 质量管理体系是为实现质量管理目标、有效开展质量管理活动而建立的,是由(　　)等构成的完整系统。

A. 组织机构　　B. 职责　　C. 程序　　D. 活动和资源

10.《药品生产质量管理规范(2010 年修订)》分门别类对主要文件(　　)的编写、复制以及发放提出了具体要求。

A. 生产工艺规程　　B. 批生产记录　　C. 质量标准　　D. 批包装记录

三、简答题

1. 什么是 GMP? GMP 的内容和特点有哪些?

2. GMP 的发展趋势是怎样的?

3. GMP 的灵魂和中心指导思想是什么? 怎样理解?

4. 我国现行 GMP 的基本情况和特点是什么?

5. 我国实施 GMP 的目的和意义有哪些?

第二章

质量管理

知识目标

- 掌握质量管理的重要术语，质量管理的程序。
- 掌握质量保证与质量控制的要求。
- 熟悉质量管理部门的主要职责。
- 熟悉质量风险管理的程序和方法。
- 了解质量管理机构的设置。

技能目标

- 能够解释质量管理体系、QA、QC的含义和QA、QC、GMP的关系。
- 能够明确质量保证与质量控制的基本要求。
- 能够运用GMP的原理和质量风险管理办法分析和处理生产管理及质量管理中的问题。

质量管理是以确定和达到药品质量所必需的全部职能和活动作为对象进行的管理。其目的在于防止事故，尽一切可能将差错消灭在制造完成以前，以保证药品质量符合注册要求。质量管理主要是确定质量方针、目标和职责并在质量体系中通过诸如质量策划、质量控制、质量保证和质量改进等使其实施全部管理职能的所有活动。

质量管理体系是为保证产品过程或服务质量满足规定的或潜在的要求，由组织机构、职责、程序、活动、能力和资源等构成的有机体，其中组织机构、职责尤为重要。质量管理部门不仅要设立管理机构，而且要明确行政机构的隶属关系和制约机制，这样才能进行有效管理。药品质量管理体系包括影响药品质量的所有因素，是确保药品质量符合预定用途所需的有组织、有计划的全部活动。它包括质量管理的原则、质量保证、生产质量管理、质量控制等。

质量管理与GMP是密不可分的。GMP是以质量为中心而进行的，质量管理也是GMP管理的核心部分，药品生产企业的管理都是围绕质量管理展开的。质量管理活动贯穿于药品制造的始终，从原材料供应商的审计到产品的最终质量评价，从成品的发运到出现紧急情况时的药品召回，从生产过程的监控到企业的自检，质量管理活动无处不在，质量管理的职责已经融入到参与药品制造的各部门的所有员工的职责中了，这其实就是全面的质量管理。

质量管理是GMP管理的核心，质量管理的水平直接影响GMP能否顺利实施，质量工作的覆盖面、质量管理人员对各项工作的参与程度直接影响质量管理水平，而要提高企业的质量管理水平，必须设置独立的直属企业负责人领导的质量管理部门及质量管理网，配备足够资格的质量检验人员和质量管理人员，配备与药品生产规模、品种、检验要求相适应的场所、仪器、设备，对药品生产全过程进行质量管理和检验。只有将质量管理活动贯穿在药品生产的全过程，才有可能保证产品质量的有效性、安全性、均一性、稳定性，防止了药物受污染。

第一节 概 述

一、质量管理的重要术语

质量(quality) 是指为符合预定用途所具有的一系列固有特性的程度。依此，药品质量是指为了满足药品的安全性和有效性的要求，产品所具有的成分、含量、纯度等物理、化学或生物学等特性的程度。

质量方针(quality policy) 由某机构的最高管理者正式颁布的全部质量宗旨和该机构关于质量的方向。

质量保证(quality assurance,QA) 为使人们确信某一产品过程或服务能满足规定的质量要求所必需的有计划、有系统的全部活动。也可以说是为了提供信任表明实体能够满足质量要求，而在质量体系中实施并根据需要进行证实的全部有计划和有系统的活动。质量保证也是质量管理的一部分，强调的是为达到质量要求应提供的保证。质量保证是一个广义的概念，它涵盖影响产品质量的所有因素，是为确保药品符合其预定用途、达到规定的质量要求所采取的所有措施的总和。

质量控制(quality control,QC) 是质量管理的一部分，强调的是质量要求。具体是指按照规定的方法和规程对原辅料、包装材料、中间品和成品进行取样、检验和复核，以保证这些物料和产品的成分、含量、纯度和其他性状符合已经确定的质量标准。

质量管理(quality management,QM) 是指建立质量方针和质量目标，并为达到质量目标所进行的有组织、有计划的活动。

质量体系(quality system,QS) 又称质量管理体系，它是为保证产品过程或服务质量满足规定的或潜在的要求，由组织机构、职责、程序、活动、能力和资源等构成的有机体，其中组织机构、职责尤为重要。

质量审核(quality audit) 对质量活动及有关结果所做的系统的、独立的审查，以确定它们是否符合计划安排以及这些安排是否有效贯彻且能达到预期的目的(上述审核往往称之为"质量体系审核"、"工序质量审核"、"服务质量审核")。

质量监督(quality surveillance) 为确保满足规定的要求，对程序、方法、条件、产品、过程和服务的现状进行的连续监视和验证，以及按规定的标准对记录所做的分析。

药品生产质量管理规范(good manufacturing practice，GMP) 作为质量管理体系的一部分，是药品生产管理和质量控制的基本要求，旨在最大限度地降低药品生产过程中污染、交叉污染以及混淆、差错等风险，确保持续稳定地生产出符合预定用途和注册要求的药品。

质量管理部门(quality unit，QU；quality operations，QO) GMP 规定企业必须建立质量管理部门；并且为了保证质量管理部门对产品质量和质量相关问题独立做出决定，企业应设立独立的质量管理部门，履行质量保证和质量控制的职责；根据企业的实际情况，质量管理部门可以分别设立质量保证部门和质量控制部门；质量管理部门应参与所有与质量有关的活动和事务，因此，在企业的部门设置上，应保证质量管理部门运作的快速有效；质量管理部门在质量管理体系中独立履行的职责，应按照相关法规的要求加以规定、质量管理部门人员的职责可以委托给具有相当资质的指定人员（质量受权人）；除了负责 GMP 规定的职责外，质量管理部门的工作范围有时还扩展到注册、临床研究等领域。

二、质量管理体系、QA、QC、GMP 之间的关系

质量管理是一个组织致力于保证质量所制定的总方针，质量保证(QA)则确保质量方针得以贯彻。GMP 是质量保证(QA)的一部分，它特别强调了不能通过检验成品来完全控制的如交叉污染和混淆等风险，它将质量建立于产品中，确保企业持续一致稳定地进行药品的生产和控制。质量控制(QC)又是 GMP 的一部分，它主要根据标准对环境、设施、物料、产品进行检验来控制产品质量。

药品的质量是设计和生产出来的，而不是检验出来的。药品生产经营活动全过程的质量管理就是产品质量形成和检验的过程。通过实施 GMP，药品在生产的全过程中执行 GMP 的要求，最终的产品质量就可以通过检验得到有效的证实和保证。而生产全过程中的质量监控和最终产品的检验，就需要有一个健全的质量管理部门和完备的质量检验条件所形成的质量管理体系。药品生产企业在实施 GMP 的过程中，就是要建立一个有效的质量管理体系，以达到防止药品污染、交叉污染以及混淆、差错的目的，生产出安全、有效的药品。

质量管理体系(quality management system，QMS) ISO 9001:2005 标准定义为："在质量方面指挥和控制组织的管理体系"，通常包括制定质量方针、目标以及质量策划、质量控制、质量保证和质量改进等活动。实现质量管理的方针目标，有效地开展各项质量管理活动，必须建立相应的管理体系，这个体系就叫质量管理体系。质量管理体系的职能主要包括高层管理者职责、建立质量方针/目标/计划、资源管理、质量信息交流、管理评审和系统持续改进等方面。

《药品生产质量管理规范》是药品质量管理体系的一部分，是控制药品生产关键方法和手段。

从概念所涵盖的范围上，质量控制、GMP、质量保证和质量管理体系存在包含和被包含的关系，见图 2-1。

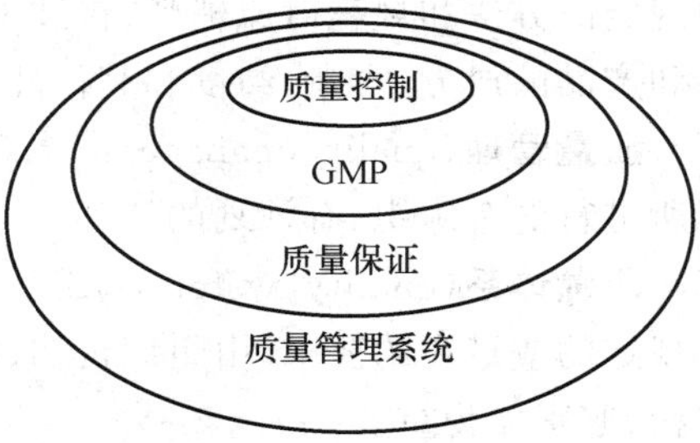

图 2-1 质量控制、GMP、质量保证和质量管理体系的关系

第二节 药品生产企业的质量管理组织机构

企业应当建立药品质量管理体系。该体系应当涵盖影响药品质量的所有因素,包括确保药品质量符合预定用途的有组织、有计划的全部活动。质量管理体系的建立是企业的战略决策的一部分,它是为保证产品过程或服务质量满足规定的或潜在的要求,由组织机构、职责、程序、活动、能力和资源等构成的有机体,其中组织机构、职责尤为重要。它的实施范围要和企业的质量策略相一致。药品生产企业的组织机构不仅要适应现代化的生产及其企业经营战略的需要,而且也要适应实施 GMP 的需要。《药品生产质量管理规范(2010 年修订)》第十六条规定:"企业应当建立与药品生产相适应的管理机构,并有组织机构图。企业应当设立独立的质量管理部门,履行质量保证和质量控制的职责"。

一、建立质量管理组织机构的基本原则

药品生产企业的质量管理组织机构是和药品生产质量管理规范相适应的。药品生产企业要以人本管理为基础,以质量管理为核心,全面提高企业人员的素质和强化质量意识,严格遵守规程和工艺,才能确保持续稳定地生产出符合预定用途和注册要求的药品。

组织机构及其职责管理是制药企业开展药品生产管理的工作基础,也是药品 GMP 存在及运行的基础。组织机构的设置与企业的规模、人员素质、经营和管理方式相适应。质量管理部门的设置是开展药品质量管理工作的基础。药品生产企业必须有一个独立的、强有力的质量保证部门。建立质量管理组织机构的基本原则为:

1. 质量管理部门为一个独立的权威部门。企业应当建立与药品生产相适应的管理机构,并有组织机构图。建立一个独立于生产部门、并对药品生产全过程实施有效监督管理的质量管理部门是至关重要的,是符合 GMP 对人员、组织、生产管理及质量管理等的要求的,GMP 规定质量管理部门为一个独立的系统,有很大的权利和责任,对所有质量问题具有决定权,职责通常不得委托给他人。

2. 质量管理部门包括质量管理监督(质量保证)和质量检验(质量控制)系统。企业应当设立独立的质量管理部门,履行质量保证和质量控制的职责。质量管理在国内外药品生产企业中分为两个部分,一是质量检验,二是质量管理和监督,并与生产部门截然分开,职责不同。质量管理部门可以分别设立质量保证部门和质量控制部门。

质量管理部门对于质量管理和监督这部分的工作应足够的重视。现代药品生产企业中的物料控制、生产控制、公用工程及维修部门控制中有许多影响产品质量的因素,质量管理部门的质量保证部分就是面对所有这些因素,强化每个环节的管理。建立质量保证系统,同时建立完整的文件体系,以保证系统有效运行。

质量检验部门应建立有效的质量控制以保证药品的安全有效,对所有物料、中间品、成品等进行取样、检验和复核,以保证这些物料和产品的成分、含量、纯度和其他性状符合已经确定的质量标准。

3. 合理配备质量管理部门的人员和设施。药品生产企业应具有能对所生产药品进行质量管理和质量检验的机构、人员以及必要的仪器设备，要按照 GMP 要求配备足够数量并具有适当资质的管理和操作人员。对质量控制实验室的检验人员来说，应配备药学或中药学、化学、微生物等相关专业中专或高中以上学历人员，并经过与所从事的检验操作相关的实践培训且通过考核，即应配备真正掌握分析技术的合格人员。质量管理负责人和质量管理人员选择相对困难些，这些人员不仅要具备以上分析技术的素质，还需要精通 GMP，善于管理，善于各部门协调，了解药品生产的各个环节，具有从事药品生产和质量管理的实践经验，接受过与所生产产品相关的专业知识培训，能秉公办事，讲原则，又能搞好团结。质量控制负责人应当具有足够的管理实验室的资质和经验，可以管理同一企业的一个或多个实验室。这是一个药品生产企业在质量问题上能否成功的关键，应该受到企业决策者的高度重视，上级一定要给予职权。每个人所承担的职责不应当过多。

要做好质量工作，除有合格的人员外，还要有一个符合要求的检验场所、适当的设施、必要的检验仪器和设备，应有一套完整的操作规程。检验场所和各项设施必须符合检验项目的要求。

二、药品生产企业质量管理部门的地位和作用

质量管理部门在 GMP 中的地位是十分重要的，负责着生产全过程的质量监督。

(一)质量管理部门的地位

通过实施 GMP 来加强质量管理，保证产品质量，是全企业各部门的工作重点，因此建立并健全一个药品生产企业的质量管理体系，同时以一个独立的、有足够权威的质量管理部门来负责协调和实施这个体系，则是十分必要的。

我国 GMP 中规定，企业应当设立独立的质量管理部门，履行质量保证和质量控制的职责，并且其负责人不得和生产管理负责人互相兼任。通过它负责协调和实施质量管理体系，开展质量管理方面的指挥和控制活动，包括制定质量方针、质量目标以及进行质量策划、质量控制、质量保证和质量改进等。因此，质量管理部门必须负责审查可能对产品质量有影响的各个方面，所有与产品及其质量有关的资料、所有的规程，均应送至质量部门批准，而且质量管理部门对物料、半成品以及成品的质量具有一票否决权。质量管理部门人员不得将职责委托给其他部门的人员。

(二)质量管理部门的作用

质量管理部门应当参与所有与质量有关的活动，负责审核所有与药品生产质量管理规范有关的文件。药品生产全过程的质量管理工作涉及企业的内部和外部，在全过程的质量管理中，就是要贯彻“预防为主”的原则，把质量管理的重点从事后检验转到事前设计和制造过程中来，加强全过程中一切环节的质量管理，把产生不合格品的种种隐患消灭在质量形成的过程中，做到“防患于未然”，同时，逐步形成一个包括市场研究、研发设计和销售使用全过程的质量管理体系。

因此，在药品生产过程中，要有足够的训练有素并能胜任其工作的生产操作人员和管理人员，利用符合药品生产条件的厂房、设施和设备，使用合格的原辅料和包装材料，采用经过验证并得到批准的生产方法，加强工艺卫生和安全生产的严格管理，在文件化的质量管理系统的控

制下，通过可靠的检验和监控手段，所生产的产品质量才是可信的。

在整个生产过程中，质量管理部门负责对生产全过程的质量监控，保证药品的安全、有效、稳定，确保产品符合质量要求，发挥重要的作用。

第三节　药品生产企业质量管理部门的主要职责

一、质量管理部门的主要职责

质量管理部门应当参与所有与质量有关的活动，负责审核所有与GMP有关的文件。质量管理部门人员不得将职责委托给其他部门的人员，质量管理部门的职责应以文件形式规定，通常包括以下各项：

1. 确保原辅料、包装材料、中间产品、待包装产品和成品符合经注册批准的要求和质量标准。
2. 确保在产品放行前完成对批记录的审核。
3. 确保完成所有必要的检验。
4. 批准质量标准、取样方法、检验方法和其他质量管理的操作规程。
5. 审核和批准所有与质量有关的变更。
6. 确保所有重大偏差和检验结果超标已经过调查并得到及时处理。
7. 批准并监督委托检验。
8. 监督厂房和设备的维护，以保持其良好的运行状态。
9. 确保完成各种必要的确认或验证工作，审核和批准确认或验证方案和报告。
10. 确保完成自检。
11. 评估和批准物料供应商。
12. 确保所有与产品质量有关的投诉已经过调查，并得到及时、正确的处理。
13. 确保完成产品的持续稳定性考察计划，提供稳定性考察的数据。
14. 确保完成产品质量回顾分析。
15. 确保质量控制和质量保证人员都已经过必要的上岗前培训和继续培训，并根据实际需要调整培训内容。

通常和生产管理负责人有下列共同的职责：

1. 批准产品的工艺规程、操作规程等文件。
2. 监督厂区卫生状况。
3. 确保关键设备经过确认。
4. 确保完成生产工艺验证。
5. 确保企业所有相关人员都已经过必要的上岗前培训和继续培训，并根据实际需要调整培训内容。
6. 批准并监督委托生产。

7. 确定和监控物料和产品的贮存条件。

8. 保存记录。

9. 监督 GMP 执行状况。

10. 监控影响产品质量的因素。

二、质量管理部门岗位职责实例

×× 公司

岗位职责

页码 1/1

文件名称	质量管理部门工作职责			
文件编号			替代规程	
编订依据	药品生产质量管理规范(GMP)2010 修订版			
起草人/日期			颁发部门	办公室
审核人/日期			颁发日期	
批准人/日期			生效日期	
分发单位	总经理	人事部	质量部	生产部	技术部
分发数量	1 份	1 份	2 份	1 份	1 份

目的:明确质量部的职责范围。

范围:质量部。

职责:总经理、质量受权人、质量部经理、办公室主任。

内容:

1. 负责制定本部门及部门人员工作标准。

2. 在总经理的直接领导下,在质量受权人指导下,认真贯彻国家的质量方针政策及有关指标,保证产品质量。

3. 有权对全公司有关质量的一切人和事负责监督其实施、改正及阻止。

4. 制定和修订物料、中间产品和产品的内控质量标准和检验操作规程,制定取样和留样制度。

5. 制定检验用设备、仪器、试剂、试液、标准品(或对照品)、滴定液、培养基、实验动物等管理规程。

6. 有权使用由国家药品检验机构统一制备、标化和分发的生物制品国家标准品,并根据国家标准品制备其工作标准品。

7. 决定物料和中间产品的使用。

8. 负责生物制品用主要原辅料(包括血液制品的原料血浆)的检验合格签证发放。

9. 审核成品发放前批生产记录,决定成品是否放行。

10. 负责对不合格物料及不合格产品处理程序的审核，并监督实施。

11. 负责对物料、中间产品和成品进行取样、检验、留样，并按试验原始数据出具检验报告。

12. 负责制定原料药生产用的物料因特殊原因需处理使用时的审批程序。

13. 负责对生物制品原材、原液、半成品及成品应严格按照《中国生物制品规程》(或《中华人民共和国药典》)或国家药品监督管理部门批准的质量标准进行检定。

14. 负责监测洁净室(区)的尘埃粒子数和微生物数。

15. 负责评价原料、中间产品及成品的质量稳定性，为确定物料贮存期、药品有效期提供数据。

16. 负责制定和执行偏差处理程序。

17. 会同有关部门对主要物料供应商质量体系进行评估，并履行质量否决权。当变更供应商时，应履行审查批准变更程序。

18. 负责根据工艺要求、物料的特性以及对供应商质量体系的审核情况，确定原料药生产用物料的质量控制项目。

19. 负责工艺用水的监控和检验。

20. 参与提高产品质量的技术改造、技术引进项目的论证和审定，并参加新产品的鉴定、质量标准和检验方法复核报审工作。

21. 负责对产品生产中可能影响产品质量因素的评价。

22. 负责验证管理工作。

23. 负责对质量事故处理，重大质量事故及时向药品监督管理部门报告工作。

24. 负责药品不良反应的监测报告并记录。

25. 负责用户投诉和产品召回工作。

26. 负责质量档案的建立和管理。

27. 负责文件管理规程的起草和本公司 GMP 软件的管理工作。

28. 负责本公司 GMP 自检管理工作。

29. 负责组织质量管理、检验人员的专业技术、药品法规及本规范的培训、考核及总结工作，协助人事部门搞好公司其他部门 GMP 培训工作。

30. 有权建议调整质量管理与质量检验人员。

第四节 质量保证(QA)

质量保证是质量管理体系的一部分，企业必须建立质量保证系统，同时建立完整的文件体系，以完整的文件形式明确规定质量保证系统的组成及运行，按照适用的药品法规和药品生产质量管理规范(GMP)的要求,涵盖验证、物料、生产、检验、放行和发放销售等所有环节,并定期审计评估质量保证系统的有效性和适用性,以保证系统有效运行。

一、质量保证的概念

质量保证(quality assurance,QA):为使人们确信某一产品过程或服务能满足规定的质量要求所必需的有计划、有系统的全部活动。也可以说是为了提供信任表明实体能够满足质量要求,而在质量体系中实施并根据需要进行证实的全部有计划和有系统的活动。质量保证也是质量管理的一部分,强调的是为达到质量要求应提供的保证。质量保证是一个广义的概念,它涵盖影响产品质量的所有因素,是为确保药品符合其预定用途、并达到规定的质量要求,所采取的所有措施的总和。

质量保证是个广义的概念,它涵盖影响产品质量的所有因素,是为确保药品符合其预定用途,并达到规定的质量要求所采取的所有措施的总和。质量保证贯穿于 GMP,因此质量保证并非企业中某一部门的义务,而是所有可能影响产品质量的员工的责任。这里所讲的仅限于 GMP 中质量管理项下的质量保证,也可叫作质量监督管理。

二、质量保证的基本要求

质量保证系统应当确保:

1. 药品的设计与研发体现本规范的要求。
2. 生产管理和质量控制活动符合本规范的要求。
3. 管理职责明确。
4. 采购和使用的原辅料和包装材料正确无误。
5. 中间产品得到有效控制。
6. 确认、验证的实施。
7. 严格按照规程进行生产、检查、检验和复核。
8. 每批产品经质量受权人批准后方可放行。
9. 在贮存、发运和随后的各种操作过程中有保证药品质量的适当措施。
10. 按照自检操作规程,定期检查评估质量保证系统的有效性和适用性。

药品生产质量保证的基本要求包括:

1. 制定生产工艺,系统地回顾并证明其可持续稳定地生产出符合要求的产品。
2. 生产工艺及其重大变更均经过验证。
3. 配备所需的资源,至少包括:

(1)具有适当的资质并经培训合格的人员。

(2)足够的厂房和空间。

(3)使用的设备和维修保障。

(4)正确的原辅料、包装材料和标签。

(5)经批准的工艺规程和操作规程。

(6)适当的贮运条件。

4. 应当适用准确、易懂的语言制定操作规程。
5. 操作人员经过培训,能够按照操作规程正确操作。

6. 生产全过程应当有记录，偏差均经过调查并记录。

7. 批记录和发运记录应当能够追溯批产品的完整历史，并妥善保存，便于查阅。

8. 降低药品发运过程中的质量风险。

9. 建立药品召回系统，确保能够召回任何一批已发运销售的产品。

10. 调查导致药品投诉和质量缺陷的原因，并采取措施，防止类似质量缺陷再次发生。

质量保证贯穿于 GMP，为确保药品符合其预定用途、并达到规定的质量要求，新版药品 GMP 增加了一些新的质量保证措施：

1. 供应商的评估和批准。

2. 变更控制。

3. 偏差管理、超标（OOS）调查。

4. 纠正和预防措施（CAPA）。

5. 持续稳定性考察计划。

6. 产品质量回顾分析。

7. 投诉与不良反应报告。

8. 物料和产品放行等。

这些措施分别从原辅料采购、生产工艺变更、操作中的偏差处理、发现问题的调查和纠正、上市后药品质量的持续监控等各个环节保证药品生产质量，及时发现影响药品质量的不安全因素，主动防范质量事故的发生，确保持续稳定地生产出符合预定用途和注册要求的药品。

第五节　质量控制

质量控制（quality control，QC）也是质量管理的一部分，是药品生产质量管理规范的重要组成部分，企业必须建立有效的质量控制，设置一个或多个实验室，包括车间化验室。实验室配置的设施、仪器、设备和足够的人员按照规定的方法和规程对原辅料、包装材料、中间品和成品进行取样、检查、检验和复核，并对洁净区环境进行监测，以保证药品的安全有效。

一、质量控制的概念

质量控制是企业为保持某一产品过程或服务质量满足规定的质量要求所采取的作业技术活动。质量控制是质量管理的一部分，具体是指按照规定的方法和规程对原辅料、包装材料、中间品和成品进行取样、检验和复核，以保证这些物料和产品的成分、含量、纯度和其他性状符合已经确定的质量标准。

质量控制系统包括相应的组织结构与人员、文件系统、检测设备、方法控制流程以及取样、检验等，确保物料或产品在放行前完成必要的检验，以确保药品质量符合要求。

二、质量控制的基本要求

药品生产企业应建立独立于生产部门的质量控制部门，配备适当的设施、必要的检验仪器和设备，还要有足够并经培训合格的人员来完成所有质量控制的相关活动。它的职能包括取样、质量标准、检验以及组织、文件系统和产品发放等，质量控制主要是保证必要的检验工作准确进行，确保药品检验测试结果的精确性，在检验合格之后，物料才能发放使用，质量控制不仅仅局限于实验室的检验，它还涉及影响产品质量的过程控制，质量控制结果作为产品发放依据之一。

按照《药品生产质量管理规范(2010 年修订)》对质量控制的基本要求如下：

1. 应当配备适当的设施、设备、仪器和经过培训的人员，有效、可靠地完成所有质量控制的相关活动。

2. 应当有批准的操作规程，用于原辅料、包装材料、中间产品待包装产品和成品的取样、检查、检验以及产品的稳定性考察，必要时进行环境监测，以确保符合本规范的要求。

3. 由经授权的人员按照规定的方法对原辅料、包装材料、中间产品、待包装产品和成品的取样。

4. 检验方法应当经过验证和确认。

5. 取样、检查、检验应当有记录，偏差应当经过调查并记录。

6. 物料、中间产品、待包装产品和成品必须按照质量标准进行检查和检验，并有记录。

7. 物料和最终包装的成品应当有足够的留样，以备必要的检查或检验；除最终包装容器过大的成品外，成品的留样包装应当与最终包装相同。质量控制实验室工作流程如图 2-2 所示。

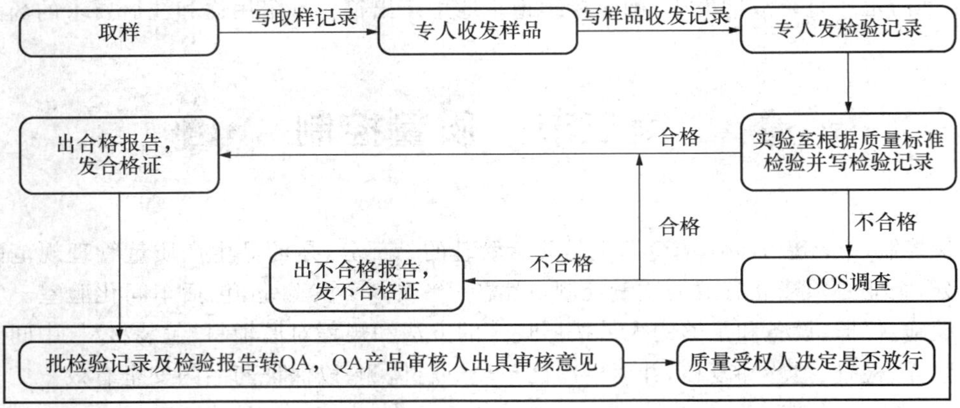

图 2-2　质量控制实验室工作流程示例图

第六节　质量风险管理

风险管理理论越来越多地被应用在各个行业，尤其在金融业和保险业发展得比较成熟。现今，制药行业也已经认识到了质量体系完整性的重要性，而且质量风险管理是质量体系的一个重要的组成部分，因此新版 GMP 增加的质量风险管理的理念。

《药品生产质量管理规范》所控制的目标就是基于质量风险的控制，通过对过程风险分析这一工具来“设计质量”，避免质量问题出现；质量风险管理(QRM)是通过掌握足够的知识、事实、数据后,前瞻性地推断未来可能会发生的事件,通过风险控制,避免危害发生;有效的质量风险管理可以对可能发生的失败有更好的计划和对策,便于对生产过程中有更多的了解,可以有效地识别对关键生产过程参数,帮助管理者进行战略决策。

一、质量风险管理概述

(一)风险

风险是指危害发生的可能性及其严重程度的综合体,危害是指对健康造成的损害,包括由产品质量(安全性、有效性、均一性、稳定性)损失或可用性问题所导致的危害。对于药品而言,主要包括以下几个方面:

1. 生物性,细菌、霉菌、病毒的污染等。

2. 化学性,物料在生产、贮存、转运过程中一些致敏物质、有害金属方面的污染,交叉污染等。

3. 物理性,主要包含杂质、性状等方面不符合产品质量标准要求。

4. 品质,主要指在规格、装量、产品标志等方面因生产过程中的差错引起的不合格。

风险具有客观性、偶然性、必然性、可变性、可识别性、可控性和可收益性等特征。

(二)风险管理

风险管理是一个过程,由风险的识别、量化、评价、控制、评审等过程组成,通计划、组织、指挥、控制等职能,综合运用各种科学方法来保证活动顺利完成。风险管理具有生命周期性,在实施过程的每一个阶段,均应进行风险管理,根据风险变化状况及时调整风险应对策略,实现全生命的动态风险管理。

(三)质量风险管理

质量风险管理,《药品生产质量管理规范(2010 年修订)》定义为“是在整个产品生命周期中采用前瞻或回顾的方式,对质量风险进行评估、控制、沟通、审核的系统过程”。质量风险管理是质量管理方针、程序及规范在评估、控制、沟通和审核风险时的系统应用。

质量风险管理(QRM)应用范围很广,可以贯穿于质量和生产的各个方面,包含多种方法和适应性。质量风险管理方法的应用,针对不同的风险所用的方法和文件可以有所不同。对质量风险的评估应该基于科学性和保护患者的出发点,质量风险管理流程和文件的复杂程度应该与所对应的风险程度相一致。质量风险管理方法的应用,针对不同的风险所用的方法和文件也可以有所不同。

质量风险管理可以应用于,但不仅限于以下方面:

1. 确定和评估产品或流程的偏差或产品投诉对质量和药政法规造成的潜在的影响,包括对不同市场的影响。

2. 评估和确定内部的和外部的质量审计的范围。

3. 厂房设施、建筑材料、通用工程及预防性维护项目或计算机系统的新建或改造的评估。

4. 确定确认、验证活动的范围和深度。

5. 评估质量体系,如材料、产品发放、标签或批审核的效果或变化。

6. 其他方面的应用。

二、质量风险管理的基本程序

新版 GMP 第十四条:“应当根据科学知识及经验对质量风险进行评估,以保证产品质量”。药品的质量风险管理是在药品的整个生命周期对产品质量的风险进行评估、控制、沟通和审核的系统过程。

药品的生命周期是指从药品研发开始,到注册批准、生产批准、上市销售及上市后监测和再评价直至退市的整个过程,主要由研发、生产阶段、流通阶段、使用阶段、上市后监测阶段组成。药品的质量风险管理贯穿于质量和生产的各个方面,如图 2-3 所示。

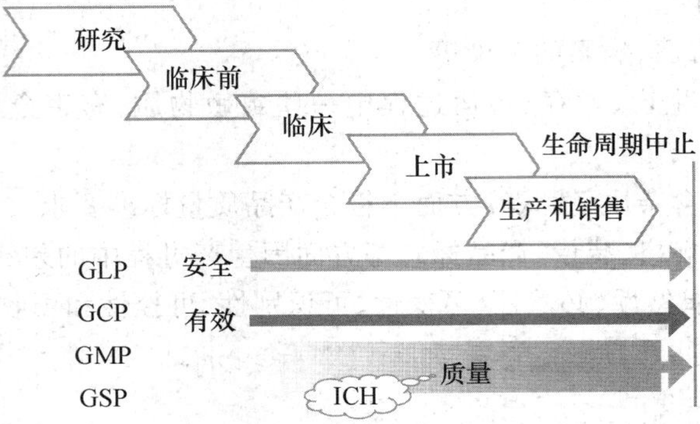

图 2-3　药品的生命周期示意图

药品质量风险管理是指在以上的各个环节中都有各自的风险需要进行风险管理,并且均按照以下流程去管理,如图 2-4 所示。

根据质量风险管理的模式图,质量风险管理流程可以概括为以下基本步骤:

1. 风险识别(risk identification),确定事件并启动质量风险管理。系统地运用信息来辨识危险因素,这些信息可能包括历史数据、理论分析、意见以及基于风险涉众的考虑。风险识别主要是关注“什么可能出错”这个问题,包括识别可能的结果。质量风险管理有一个系统化的流程,以协调、改善与风险相关的科学决策。启动和规划一个质量风险管理包括下列步骤:

(1)确定问题及/或风险提问,包括风险潜在性的有关假设。

(2)收集与风险评估相关的潜在危害源或对人类健康影响的背景信息与资料。

(3)明确决策者如何使用信息、评估和结论。

(4)确立领导者和必要的资源。

(5)质量风险管理进程的日程和预期结果。

在此阶段清楚地确定风险的问题或事件对 QRM 的结果有很重要的影响。通常需要考虑的风险包括对患者的风险;产品不符合标准要求的风险;法规不符合的风险等。在此阶段还需收集背景信息并确定 QRM 项目小组人员及资源配置等。用于识别风险的信息可以包括历史数据、理论分析、成型的意见以及影响决策的一些利害关系等。

2. 风险分析(risk analysis),在进行风险分析时,将要评估风险发生和重现的可能性。也可以考虑测定风险发生或重现的能力。针对不同的风险项目需选择应用不同的分析工具:

(1)选择风险评估的工具(choose risk assessment tool),参见后续介绍。

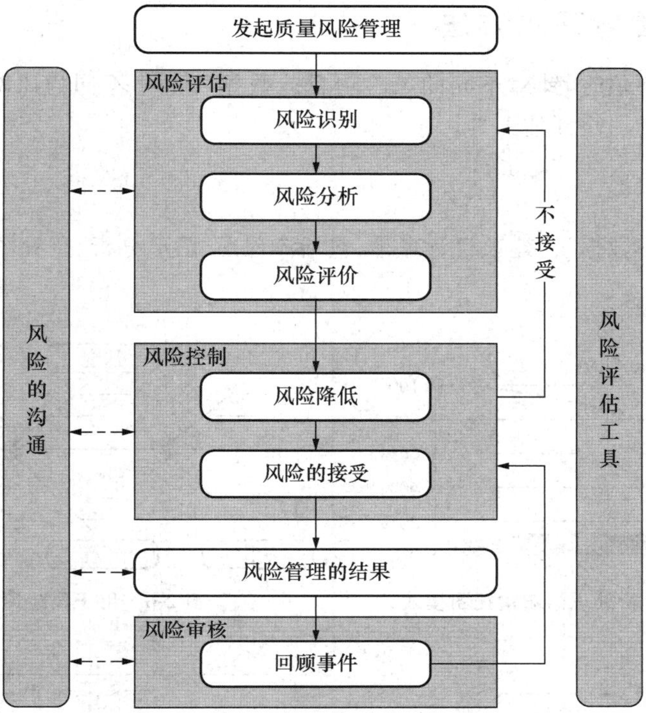

图 2-4　质量风险管理模式图

(2)确定风险的因素(determine risk factors),如发生的可能性、危害的严重性、可测量性。

(3)界定风险因素的范围(define the scales for the risk factors)。

(4)界定风险的类型或确定风险的矩阵(define the risk terms and/or develop matrix)。

(5)确定采取的行动(determine the threshold for action)。

3. 风险评估(risk evaluation),应用风险评估的工具(apply the tool)进行风险评价,风险评价可以确定风险的严重性,将已识别和分析的风险与预先确定的可接受标准比较。可以应用定性和定量的过程确定风险的严重性。风险评估的结果可以表示为总体的风险值,例如定量的表示为具体的数字,如 0~10(0~100%),或定性的表示为风险的范围,如高、中、低。

4. 风险降低(risk reduction),确定风险降低的方法(define risk mitigating measures)。当风险超过可接受的水平时,风险降低将致力于减少或避免风险,包括采取行动降低风险的严重性或风险发生的可能性;应用一些方法和程序提高鉴别风险的能力。需要注意的是,风险降低的一些方法可能对系统引入新的风险或显著提高其他已存在的风险,因此风险评估必须重复进行以确定和评估风险可能的变化。

5. 风险接受(risk acceptance),确定可接受的风险的最低限度。设计理想的 QRM 策略来降低风险致可接受的水平。这个可接受水平由许多参数决定并应该具体情况分别对待。

6. 风险沟通和审核(ongoing risk review),文件记录和批准(document and approve)。当应用 QRM 时,应有必要的风险的沟通以及文件记录和批准。QRM 的决定或行动基于当时的条件下做出,QRM 结果应根据新知识、新环境而更新,根据风险控制项目及水平在必要时进行回顾。

三、质量风险管理的方法

进行质量风险评估时，针对不同的风险项目或数据可选择不同的风险评估工具和方法。这里介绍几种常用的风险评估工具。

(一)常用统计工具

用于收集或组织数据、构建项目管理等，包括流程图、图形分析、鱼骨图、检查列表等，如图 2-5 至图 2-7 所示。

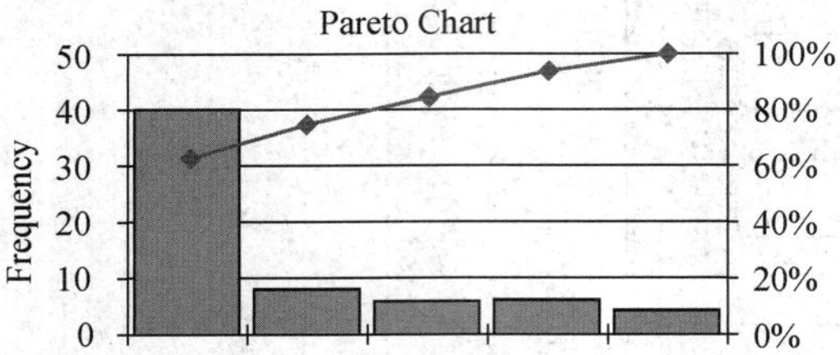

图 2-5　用于数据分析处理的帕雷托图模式

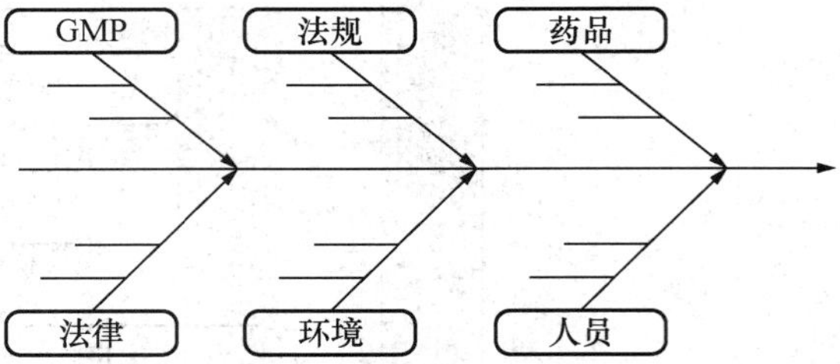

图 2-6　用于风险评估的鱼骨图

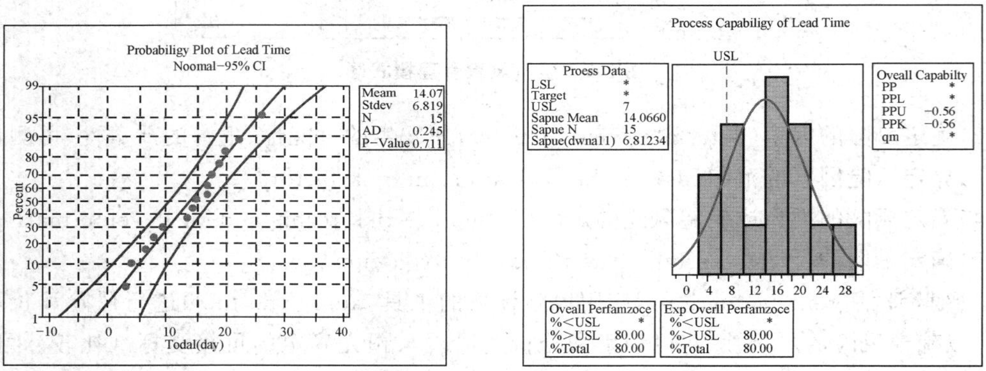

图 2-7　用于风险评估的统计分析图

这些技术分析数据可用于汇总数据、分析趋势等以帮助完成不复杂的质量偏差、投诉、缺陷等的风险管理。

(二)风险排列和过滤

风险排列和过滤(risk ranking and filtering，RRF)是将风险因素进行排列和比较，对每种风险因素做多重的定量和定性的评价，权重因素并确定风险得分。

风险评价可以使用“低/中/高”或“1/2/3”的分类和简单的矩阵。用于风险评估的矩阵图，见图 2-8。RRF 列表见表 2-1。

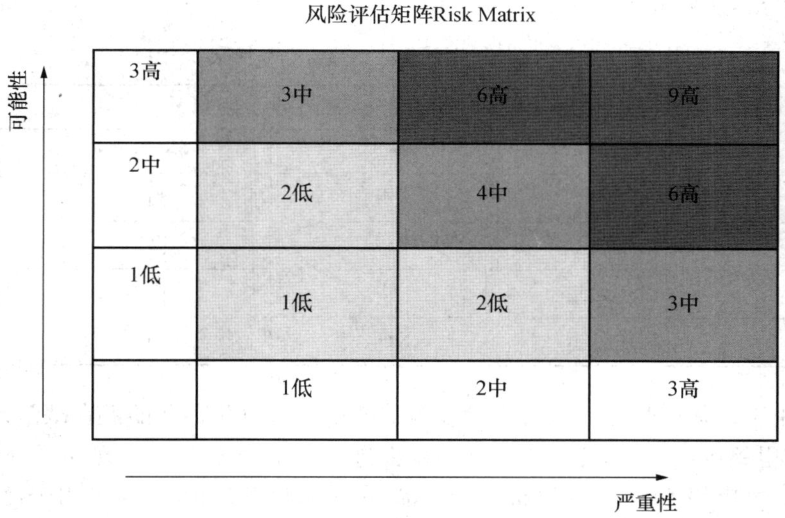

图 2-8　用于风险评估的矩阵图

表 2-1　用于风险评估的 RRF 表

潜在的风险	风险分析		风险评价
	可能性	严重性	得分
风险 1	低(1)	高(3)	中(3)
风险 2	中(2)	低(1)	低(2)
风险 3	中(2)	中(2)	中(4)

RRF 适用于对事件定性及定量的全面分析。

(三)事先危害分析

事先危害分析(preliminary hazard analysis,PHA)是一种通过利用已有的关于危害源或失败的经验或知识,来识别将来的危害源、危险局面和会导致危害的事件的分析方法。它也应用于评估既定活动、设施、产品或系统中危险发生的可能性。这种方法包括:

1. 确定风险事件发生的可能性。

2. 定量评估对健康可能导致和损害或毁坏程度。

3. 确定可能的补救办法。

这个方法基于在给定的条件下对风险矩阵的开发,包括:

1. 严重性的定义和排列:严重,主要,次要,可忽略。

2. 发生频次(可能性)的定义和排列:频繁,可能,偶尔,罕见。

3. 风险的水平和定义:

高,此风险必须降低。

中,此风险必须适当地降低至尽可能低。

低,考虑收益和支出,降低至尽可能低。

微小,通常可以接受的风险。

事先危害分析矩阵表见表 2-2。

表 2-2 事先危害分析(PHA)矩阵表

可能性	严重性			
	可忽略	次要	主要	严重
频繁	低	中	高	高
可能	低	中	高	高
偶尔	微不足道	中	中	高
罕见	微不足道	低	中	中

PHA 常用于评估产品、过程、厂房设施等前期设计阶段所存在的潜在缺陷。

潜在的应用领域：当实际情况不允许使用更进一步的技术来分析现存系统或对危害源进行有限排序时，可应用 PHA。它可被用于产品、工艺和设备的设计，也可用于评估从某一类别的产品，到某一等级的产品，直至某种产品的危害种类。PHA 最常应用于项目的早期开发阶段，此时在设计细节以及运行程序方面的信息多比较缺乏，因而，它经常成为进一步分析的基石。通常，在 PHA 阶段中确定的危害源将用本节中的其他风险管理工具作进一步评估。

(四)失败模式效果分析

失败模式效果分析(failure mode effects analysis，FMEA)是一种对工艺的失败模式及其对结果和/或产品性能的可能产生的潜在影响的评估。一旦失败模式被建立，风险降低就可被用来消除、减少或控制潜在的失败。这有赖于对产品和过程的理解。FMEA 合理地对复杂过程的进行分析，将其分解为可操作的步骤。在总结重要的失败模式、引起这些失败和因素和这些失败的潜在后果方面，它是一个强有力的工具。

FMEA 工具依赖于对产品和流程的深入了解，针对每种失败模式确定相应的风险得分。FMEA 排列标准和失败得分举例如下：

$$严重性 \times 可能性 \times 可测定性 = 风险得分$$

失败模式效果分析打分见表 2-3，矩阵见表 2-4。

表 2-3 失败模式效果分析(FMEA)打分

序数排列	严重性	发生的频率	可测量性	风险得分
1	潜在的次要伤害且不是永久的伤害；次要的药政法规问题且可以改正	孤立发生	很容易被鉴别的风险并可采取行动避免	1
2	潜在的严重伤害但不是永久的伤害；显著的药政法规问题	发生的可能性中等	中等	8
3	潜在的死亡或永久的伤害：主要的药政法规的问题	某种程度上不可避免	不容易被鉴别的风险，不易采取行动避免	27

表 2-4 失败模式效果分析矩阵

风险	行　　动	风险得分
高	此风险必须降低	12,18,27
中	此风险必须适当地降至尽可能低	8,9
低	考虑费用和收益,此风险必须适当地降至尽可能低	3,4,6
微小	通常可以接受的风险	1,2

潜在的应用领域:FMEA 可被用来排列风险的优先次序,监控风险控制行为的效果。FMEA 可被用于设备和设施中,也可用于分析生产过程以确定高风险步骤或关键参数。FMEA 的评价结果是每一种失败模式相对的风险性"分数",这种"分数"被用于评价风险模式的等级。

(五)危害分析及主要控制点

危害分析及主要控制点 HACCP(hazard analysis and critical control points)是一个系统的、前瞻性的和预防性的用于确保产品质量、可靠性和安全性的方法。它是一个结构化的方法,应用于了解技术和科学的原理分析、评估、预防和控制风险或与设计、开发、生产和产品使用有关的危害的负效应。

HACCP 共有七步,该工具的应用需基于对过程或产品有深刻的理解。

1. 列出过程每一步的潜在危害,进行危害分析和控制。
2. 确定主要控制点。
3. 对主要控制点建立可接受限度。
4. 对主要控制点建立监测系统。
5. 确定出现偏差时的正确行动。
6. 建立系统以确定 HACCP 被有效执行。
7. 确定所建立的系统被持续维持。

HACCP 用于产品的物理、化学性质等危害分析,只有对产品及过程有全面的了解和认识时方可正确地确定控制点,其输出结果可推广用于不同的产品生命周期阶段。

潜在的应用领域:它可以用来确定和管理与物理、化学和生物学危害源(包括微生物污染)有关的风险。当对产品和工艺和理解足够深刻、足以支持危机控制点的设定时,HACCP 是最有效的。HACCP 分析的结果是一种风险管理工具,有助于监控生产过程的关键点。

(六)过失树分析

过失树分析(fault tree analysis,FTA)是鉴别假设可能会发生过失的原因分析方法。是用于确定引起某种假定错误和问题的所有根本性原因的分析方法,这种方法一次评价一个系统(或子系统)错误,但是它也能通过识别因果链将多个导致失败的原因结合起来。这结果可以通过过失模式的树状图形式来表示,在树状图的每一级,过失模式的结合方式通过逻辑符号(AND、OR 等)来描述。FTA 依赖于专家们对工艺的理解,以确定错误因素。

FAT 结合过失产生原因的多种可能假设,基于对过程的认识做出正确的判断。基本图形见图 2-9。

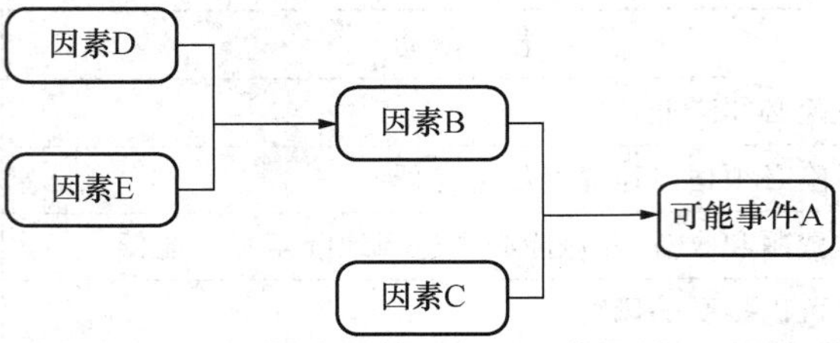

图 2-9 过失树分析图

潜在的应用领域：这种方法可被用于建立一个途径以找到错误的根源。在对投诉或者偏差进行调查时，可以利用 FTA 充分了解造成错误的根本原因，确保针对性改进方法能根本性地解决一个问题，而不引起其他问题。过失树状分析是一个评估多种因素如何影响一个既定结果的好方法。FTA 的分析结果既包括了对错误模式的一种形象化描述，又包括了对每一个错误模式发生可能性的量化评估。它在风险评估及设计阶段的监控程序都十分有用。

复 习 题

一、单选题

1. 以下不需要进行质量风险管理的是（ ）。

A. 生产工艺变更 B. 原辅料采购 C. 办公室主任请假 D. 上市后药品质量的监控

2. 制定生产管理和质量管理文件的要求不包括（ ）。

A. 文件的标题应能清楚地说明文件的性质

B. 各类文件应有便于识别其文本、类别的系统编码和日期

C. 填写数据时应有足够的空格

D. 文件制定、审查和批准的责任应明确，不需要负责人签字

3. 以下不是质量管理部门的主要职责的是（ ）。

A. 制定和修订物料、中间产品和成品的内控标准和检验操作规程，制定取样和留样制度

B. 对物料、中间产品和成品进行取样、检验、留样，并出具检验报告

C. 确保严格执行与生产操作相关的各种操作规程

D. 审核不合格品处理程序

4. 全面质量管理的基础是（ ）。

A. 全员参与 B. 质量控制 C. 领导 D. 信息反馈

5.（ ）是质量体系文件的主要内容，它阐明了一个组织的质量方针和质量体系的基本结构，是实施和保持质量体系所应长期遵循的文件。

A. 质量手册 B. 程序文件 C. 质量计划 D. 质量记录

6. 企业应当建立变更控制系统，对所有影响产品质量的变更进行评估和管理。需要经药品监督管理部门批准的变更应当在得到（ ）批准后方可实施。

A. 质量管理部 B. 生产技术部 C. 药品监督管理部门 D. GMP 办公室

7. 改变原辅料、与药品直接接触的包装材料、生产工艺、主要生产设备以及其他影响药品质量的主要因素时,还应当对变更实施后最初至少(　　)个批次的药品质量进行评估。

A. 2　　B. 3　　C. 4　　D. 以上都不是

8. GMP 规范为药品生产质量管理的基本要求。对无菌药品、生物制品、(　　)等药品或生产质量管理活动的特殊要求,由国家食品药品监督管理局附录方式另行制定。

A. 中药制剂　　B. 液体制剂　　C. 固体制剂　　D. 血液制品

9. 企业建立的药品质量管理体系不涵盖(　　),包括确保药品质量符合预定用途的有组织、有计划的全部活动。

A. 人员　　B. 厂房　　C. 财务　　D. 验证

10.(　　)应当保存所有变更的文件和记录。

A. 质量管理部　　B. 生产技术部

C. 药品监督管理部门　　D. GMP 办公室

二、多选题

1. 下面哪种工具用于前瞻式质量风险管理(　　)。

A. 防错设计　　B. 患者健康危害评价　　C. 鱼骨图　　D. 失效模式分析

2. 企业建立的药品质量管理体系涵盖(　　),包括确保药品质量符合预定用途的有组织、有计划的全部活动。

A. 人员　　B. 厂房　　C. 验证　　D. 自检

3. 药品生产企业质量保证系统应当确保(　　)。

A. 管理职责明确

B. 确认、验证的实施

C. 中间产品得到有效控制

D. 每批产品经质量受权人批准后方可放行

4. 下列哪些职责属于生产管理负责人(　　)。

A. 确保药品按照批准的工艺规程生产、贮存,以保证药品质量

B. 确保厂房和设备的维护保养,以保持其良好的运行状态

C. 监督厂房和设备的维护,以保持其良好的运行状态

D. 确保完成各种必要的验证工作

5. 下列哪些职责属于质量管理负责人(　　)。

A. 确保在产品放行前完成对批记录的审核

B. 确保完成各种必要的验证工作

C. 确保完成各种必要的确认或验证工作,审核和批准确认或验证方案和报告

D. 确保完成自检

6. 下列哪些职责属于质量管理负责人(　　)。

A. 确保在产品放行前完成对批记录的审核

B. 确保完成自检

C. 评估和批准物料供应商

D. 确保完成产品质量回顾分析

7. 下列哪些属于质量管理负责人和生产管理负责人的共有职责（　　）。
A. 批准并监督委托生产
B. 批准并监督委托检验
C. 确保完成生产工艺验证
D. 确保药品按照批准的工艺规程生产、贮存，以保证药品质量
8. 哪些是质量保证系统应当确保符合的要求内容（　　）。
A. 药品的设计与研发体现本规范的要求；生产管理和质量控制活动符合本规范的要求；管理职责明确
B. 采购和使用的原辅料和包装材料正确无误；中间产品得到有效控制；确认、验证的实施；严格按照规程进行生产、检查、检验和复核
C. 每批产品经质量受权人批准后方可放行；在贮存、发运和随后的各种操作过程中有保证药品质量的适当措施
D. 按照自检操作规程，定期检查评估质量保证系统的有效性和适用性
9. 质量控制的职能是（　　）。
A. 检验职能　　B. 报告职能　　C. 预防职能　　D. 控制职能
10. 药品生产质量管理的基本要求是（　　）。
A. 制定生产工艺，系统地回顾并证明其可持续稳定地生产出符合要求的产品
B. 生产工艺及其重大变更均经过验证
C. 配备所需的人员、厂房、设备、空间、物料、规程等资源
D. 应当使用准确、易懂的语言制定操作规程

三、简答题

1. 什么是质量、质量管理、质量保证、质量控制？
2. 药品生产企业质量管理的主要职责包括哪些？
3. 质量保证包括哪些内容？基本要求是什么？
4. 质量控制包括哪些内容？有何作用？
5. 药品生产质量管理的基本要求是什么？
6. 质量控制的基本要求是什么？

第三章

机构与人员

知识目标

- 掌握生产、质量管理部门的职责、质量受权人的职责。
- 掌握培训的内容和方法。
- 熟悉人员选配的各项要求，熟悉人力资源管理流程。
- 了解人力资源管理在企业中的重要性，了解GMP关于机构与人员的相关规定。

技能目标

- 能够清晰组织机构中各门之间的关系及权责分配。
- 能够根据不同岗位的需要制订培训计划和实施培训。

机构是企业为实现共同目标而设置的相互协作的团体，人员是组织机构建立和运行的基础。机构和人员是建立和实施质量体系的重要资源。

药品生产企业要有善于管理、熟悉技术的厂长、总工程师，要有生产管理、质量管理及新产品开发等环节上的技术人员，形成一个强有力的生产、技术、质量管理体系。没有足够的技术人员，没有比较高的管理水平，难以生产出质量好的产品，实施GMP更是如此。在市场竞争的条件下，企业间的竞争从根本上说是人才的竞争。企业管理应从把人看作管理的对象转变成“以人为中心”。把人力资源作为企业制定战略的重要依据和实现企业战略的支撑点。

第一节　人力资源开发与管理

一、人力资源的含义与特点

资源是一个经济概念，《辞海》把资源解释为“财物的来源”。资源是人类赖以生存的物质基础，从经济学的角度来看，它泛指社会财富的源泉。自人类出现以来，财富的来源无外乎有两类，一类是来自自然界的物质，可以称之为自然资源，如森林、矿藏、河流、草地等；另一类就是来自人类自身的知识和体力，可以称之为人力资源。在相当长的时期里，自然资源一直是财富形成的主要来源，但是随着科学技术的突飞猛进，人力资源对财富形成的贡献越来越大，并逐渐占据了主导地位。研究表明，实现资本的收益现在只有人力资本收益的 1/4，科技进步对经济增长的贡献率从 20 世纪初的 5%～20%提高到了 90 年代的 70%～80%。

所谓人力资源，就是指人所具有的对价值创造起贡献作用，并且能够被组织所利用的体力和脑力的总和。简单地说，人力资源就是以劳动能力形态存在的经济资源。因此，劳动者的素质（劳动者素质的构成见图 3-1）就直接决定了人力资源的质量。

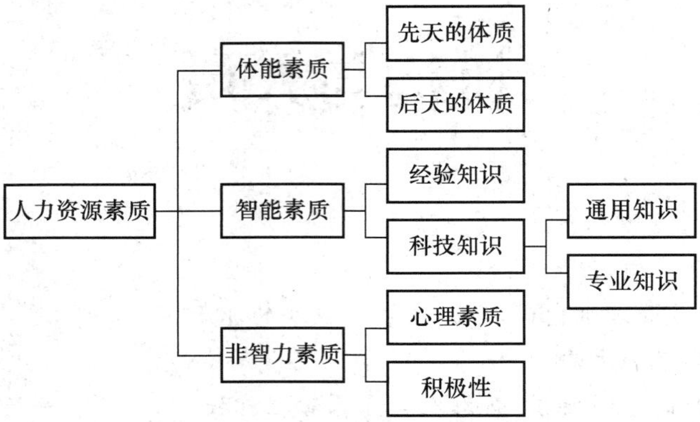

图 3-1　人力资源素质的构成

人类社会的发展历史表明，在人力资源对经济发展的贡献中，智能因素的作用越来越大，体能因素的作用逐渐降低；智能因素中，科技知识的作用不断上升，经验知识的作用相对下降，就现代专业科学知识和技能而言，存在着“老化”与“更新”。企业的人力资源是用来实现企业经营效益的劳动能力，在员工劳动力有偿转让的基础上形成的，企业以一定代价购买的员工劳动力，取得对于员工行为的一定支配权。它是一种很重要的资源。它与自然资源相比，人力资源具有以下几个方面的特点：

1. 能动性。能动性是人力资源区别于其他资源的本质所在。人力资源具有创造性思维的潜能，能够在人类活动中发挥创造性的作用，既能创新观念、革新思想，又能创造新的生产工具、发明新的技术。

2. 增值性。人力资源在开发和使用过程中，一方面可以创造财富，另一方面通过知识经验的积累、更新，提升自身的价值，从而使组织实现价值增值。

3. 社会性。人力资源的社会性，主要表现为人与人之间的交往及由此产生的千丝万缕的联系。人力资源开发的核心，在于提高个体的素质，因为每一个个体素质的提高，必将形成高水平的人力资源质量。这就给人力资源管理提出了要求：既要注重人与人、人与团体、人与社会的关系协调，又要注重组织中团队建设的重要性。

4. 时限性。时限性是指人力资源的形成与作用效率要受其生命周期的限制。作为生物有机体的个人，其生命是有周期的，每个人都要经历幼年期、少年期、青年期、中年期和老年期。其中具有劳动能力的时间是生命周期中的一部分，其各个时期资源的可利用程度也不相同。无论哪类人，都有其才能发挥的最佳期、最佳年龄段。如果其才能未能在这一时期充分利用开发，就会导致人力资源的浪费。因此，人力资源的开发与管理必须尊重人力资源的时限性特点，做到适时开发、及时利用、讲究时效，最大限度地保证人力资源的产出，延长其发挥作用的时间。

5. 磨损性。人力资源在使用过程中会出现有形磨损和无形磨损，劳动者自身的疾病和衰老是有形磨损，劳动者知识和技能的老化是无形磨损。当今社会的人力资源磨损主要表现为无形磨损，而无形磨损的补偿比起有形磨损的补偿要困难得多；同时，由于人力资源磨损速度的加快，也使得补偿的费用越来越高。

6. 再生性。人力资源具有再生性，要实现自我补偿、自我更新、持续开发，这就要求人力资源的开发与管理注重终身教育，加强后期的培训与开发。

二、人力资源开发与管理的含义

过去劳动人事管理将人视为管理的对象，偏重于对单个劳动力的有限使用。而现代人力资源开发与管理，就是运用现代化的科学方法，对与一定物力相结合的人力进行合理的组织、培训和调配，使人力、物力经常保持最佳比例，同时对人的思想、心理和行为进行恰当的诱导、控制和协调，充分发挥人的主观能动性，使人尽其才、事得其人、人事相宜，以实现组织的目标。人力资源开发与管理渗透于社会各个领域，具有较大的复杂性。放到我们实际工作上来，就是事事有人做，而非人人有事做。

三、人力资源管理的任务、内容和流程

人力资源管理的任务：根据企业发展战略的要求，有计划地对人力资源进行合理配置，通过对企业中员工的招聘、培训、使用、考核、评价、激励、调整等一系列过程，调动员工的积极性，发挥员工的潜能，为企业创造价值，确保企业战略目标的实现。简言之，人力资源管理的任务就是把企业所需人力资源吸引到企业中来，将他们保留在企业之内，调动他们的工作积极性，并开发他们的潜能，以便充分发挥他们的积极作用，来为本企业服务。

人力资源管理的内容：见图 3-2。

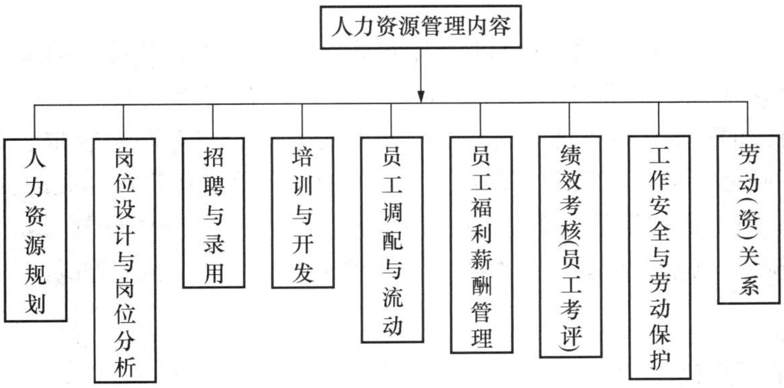

图 3-2　人力资源管理的内容

从员工使用的程序来看，人力资源管理流程为：人力资源部门根据企业的目标，岗位需要，按照职务说明书要求招聘符合条件的员工，员工进入公司后，通过上岗培训，具备上岗资格后担任某一职务。员工在使用一段时间后，公司要对员工考核，考核结果形成的信息反馈是调整员工的使用(奖励、晋升、降级、辞退)依据。

四、人力资源管理的重要性

现代人力资源管理对企业的重要意义，至少体现在以下几个方面：

1. 有利于促进生产经营的顺利进行。
2. 有利于调动企业员工的积极性，提高劳动生产率。
3. 有利于减少劳动耗费，提高经济效益并使企业的资产保值。
4. 有利于建立和加强企业文化建设。优秀的企业文化可以增进企业员工的团结和友爱，减少教育和培训经费，降低管理成本和运营风险，并最终使企业获取巨额利润。

第二节　组织机构与员工职责

一、组织机构

组织机构是发挥管理功能，实现管理目标的工具，成功的组织机构设置会帮助生产单位顺利实现生产管理中的计划、组织、指挥、协调、控制等职能，形成整体力量的汇聚放大，使生产管理工作更卓有成效。药品生产和质量管理的组织机构对保证药品生产全过程受控至关重要，中国 GMP(2010 版)规定“企业应建立与药品生产相适应的管理机构”，企业管理者负责建立适合的组织架构，赋予质量管理体系发挥职能的领导权，并明确相应的人员职责和授权，为生产出合格产品所需要的生产质量管理提供保障。组织架构包括职责以及各级职能部门之间的关系，应将组织架构形成书面文件，一般用组织机构图示意。

企业组织机构的设置没有固定的模式，企业需要根据自身的特点，如企业规模、质量目标、职责分配等，来建立合适的组织机构，以确保质量体系的有效运行。图 3-3 展示了某药业公司的组织机构构成。

从图 3-3 中可以看出，适当的组织机构及人员配备是保证药品质量的关键因素。企业应当配备足够数量并有适当资质(含学历、培训和实践经验)的管理和操作人员，应当明确规定每个部门和每个岗位的职责。岗位职责不得遗漏，交叉的职责应有明确规定。每个人所承担的职责不应过多。所有人员应当明确并理解自己的职责，熟悉与其职责相关的要求，并接受必要的培训，包括上岗前培训和继续培训；培训是实施药品 GMP 的重要环节。职责通常不得委托给他人，确须委托的，其职责可委托给具有相当资质的制定人员，人员的职责必须以文件形式明确规定。

二、各部门职责

(一)生产部工作职责

生产管理部门的职责应以文件规定，通常包括以下各项：

1. 按书面程序起草、审核、批准和分发各种生产规程。
2. 按照已批准的生产规程进行生产操作。

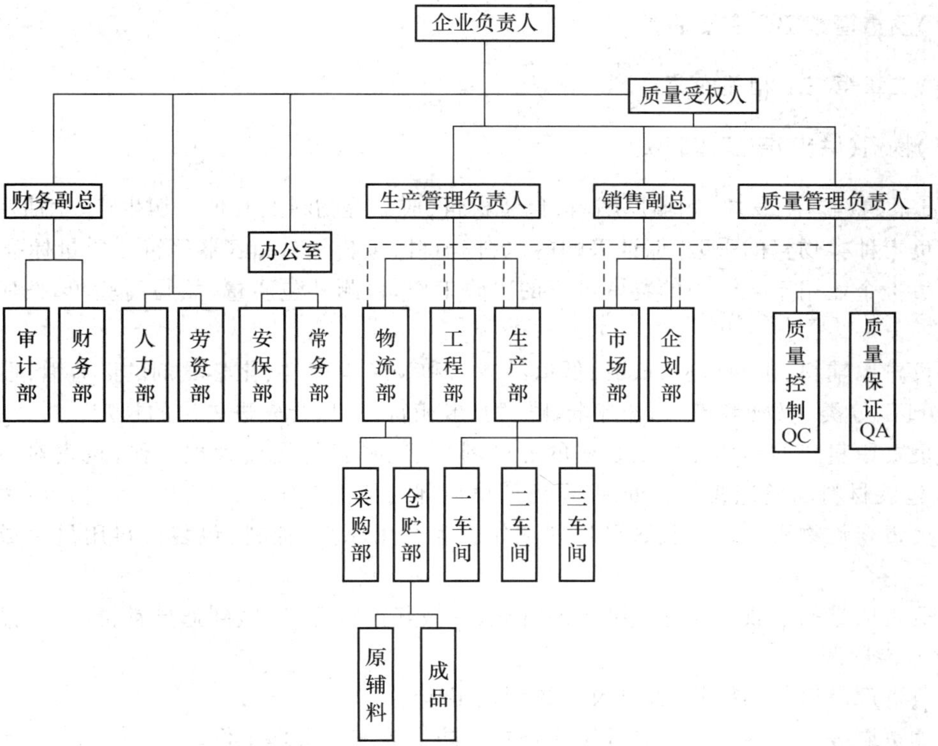

图 3-3 某药业公司组织机构图

3. 审核所有的批生产记录，确保记录完整并已签名。

4. 确保所有生产偏差均都已报告、评价，关键的偏差已作调查并有结论和记录。

5. 确保生产设施已清洁并在必要时消毒。

6. 确保进行必要的校准并有校准记录。

7. 确保厂房和设备的维护保养并有相应记录。

8. 确保验证方案、验证报告的审核和批准。

9. 对产品、工艺或设备的变更进行验证。

10. 确保新的(或经改造的)生产设施和设备通过验证。

11. 因监控某些影响质量的因素而进行取样、试验或调查。

总地来说，从 GMP 管理角度来看，生产部门/车间负责生产车间 GMP 的实施，保证生产人员按规定的文件和规程操作，通过“照章办事”的方式来保证过程受控，发生偏差时及时报告处理，确保做到不使过程失控。

为了强化车间生产的过程管理，有些工厂把工艺设备交给生产车间自己管理，配以适当管理专业人员，以减少管理环节。在“质量是生产出来的”这一原则指导下，车间承担了更多的 GMP 职责。由于他们承担了一部分原技术部门的工作，因此，在人员的结构上，技术人员的比例增高了，技术人员及操作人员总的素质要求也提高了，结果是促进质量管理在生产实践中的升华。生产人员从事的不再仅仅是简单的生产操作，还应尽可能多地了解 GMP 对工艺、设备及操作的要求，了解设备的结构、安装及运行条件，保养要求，消毒或灭菌的方法，以便在生产验证中担任角色，在生产操作中有能力对于故障做出及时而正确的判断并采取必要的措施。

(二)质量管理部门主要职责

见第二章第三节相关内容。

(三)物资(供应)部工作职责

负责采购、贮存、发放、运输原辅料、包装材料、成品等物料及其他一切生产、生活用品。

1. 负责种类物资的采购,保证采购的原料、辅料、包装材料和容器等符合质量标准。

2. 负责企业用于生产中的物资进厂的验收工作,目测外包质量,填写请验单,按序号登记入库。

3. 负责原辅料、包装材料、成品、低值易耗品和设备零配件、化学试剂的贮存管理工作,并按规定分区、分类、码放整齐,标志齐全,账、物、卡相符,并执行先进先出的规定。

4. 负责原料药的超期复验及合格的原辅料、包装材料的发放管理工作,负责对不合格的原辅料、包装材料的登记或无法处理,退回原供应部的衔接工作。

5. 负责仓贮物质的盘点及账目处理工作。生产用原料、辅料、包装材料用量及成本的统计与预估。

6. 负责成品的验收入库、贮存、出库管理,并做好销售记录,做到遇异常情况,产品能全部追回(批号能跟踪)。

7. 负责产品退货的接收、保管及发放管理工作。

8. 负责搞好各库区的卫生管理工作,防火、防盗等安全管理工作。

9. 建立主要物资的供应厂商资料及价格体系,配合质量部、生产部对货源单位进行质量保证能力的审核,择优选择供应厂商。

(四)工程部工作职责

负责企业各项建筑工程的施工管理,维护、修缮及各种零星修缮,各类设备的选型、采购、安装、维护和检修等任务。

1. 各项建筑工程的维护、修缮及厂区各种零星修缮。

2. 按 GMP 要求进行各类设备的选型、采购、安装和调试。

3. 加强设备、能源、计量的技术管理,认真搞好技术档案工作。保质保量提供生产工艺需要的能源、动力(水、电、气、风、冷等)。

4. 编制生产设备及备件采购计划,适时适量供应。统一安排设备和备件的分配、调换、拆迁、更新、增置、转让、出售。

5. 负责联系外加工及外单位的来料加工等工作。

6. 会同有关部门校验计量器具、仪器设备,保证在用计量器具、仪器设备处于完好状态。

7. 组织对设备的管理、保养、维修工作,保持设备完好,运转正常。

8. 负责按 GMP 要求对工程部人员、设备操作人员进行各种专业技术培训并组织考核。

9. 完成 GMP 验证中对本部门所规定全部项目。

10. 环境保护(废水、废气处理系统、绿化及环境卫生、防火安全等),生产辅助系统,如制备氮气的空气分离站、压缩空气、净化空调系统、水处系统,以保证生产正常运行,三废达标排放等。

(五)销售部门工作职责

在新产品开发之后,重点是市场开发;切实做好销售记录,确保每批产品售后的可追踪性,负责把产品质量问题和用户投诉信息及时反馈给质量管理部门和生产部门。

三、质量受权人职责

(一)质量受权人的概念和科学内涵

受权人源自于欧盟、世界卫生组织(WHO)等发达国家与组织。欧盟早在1975年就引入质量受权人制度,经过长期探索,30多年的成功实践证明,药品质量受权人制度比较有效地完善了企业质量管理体系,确保了药品质量与安全。

受权人在欧盟的指南和GMP指南中表述为"Qualified Person",意为"具备资质的人",被赋予了以负责成品批放行为目标的相关药品生产质量管理权利,而WHO的GMP则采用"Authorized Person",意为"被授权的人",其履行的质量管理职责同样围绕药品批放行展开。两种表述虽有不同,但实质一样,都是指负责产品批放行的有资质的人员。但其职责往往不仅限于产品批放行,而是要参与和产品批放行有关的药品质量各方面的活动。

我国GMP(2010年修订版)中对质量受权人这样要求:"质量受权人应当至少具有药学或相关专业本科学历(或中级专业技术职称或执业药师资格),具有至少五年从事药品生产和质量管理的实践经验,从事过药品生产过程控制和质量检验工作。质量受权人应具有必要的专业理论知识,并经过与产品放行有关的培训,方能独立履行其职责。"由此可以将药品质量受权人理解为:依据国家有关规定,接受企业授予的药品质量管理权利,负责对药品质量管理活动进行监督和管理,对药品生产的规则符合性和质量安全保证性进行内部审核,并承担药品放行责任的高级专业管理人员。

虽然在受权人定义、要求及管理等细节问题上,我国与欧盟、世界卫生组织存在一些差异,但受权人的精神本质和内涵是一致的。受权人的科学内涵可以归纳为五个关键词:独立、权威、专业、体系、团队。

1. 受权人具有独立性。这是受权人最核心的内涵。无论受权人在一个企业的组织机构中处于什么样的位置,他(她)的工作都必须是保持相对独立的。也就是说,受权人能独立于总经理、独立于生产活动而行使质量管理职责,不受公司利益、财务或生产等因素的影响,而是从产品质量出发来发表意见、作出判断。保证产品质量不受其他因素干扰,不向其他因素妥协,对于保证产品质量具有重要意义,也是受权人制度实施的根本目的。

2. 受权人具有很高权威性。受权人是药品质量管理方面的专家,对企业的产品质量负有直接责任,因此必须在企业中具有很高的权威性。当企业要在药品质量方面做出决策,特别是一些重大决策如产品召回时,必须充分尊重并听取受权人的意见。树立受权人的权威,也就是树立了质量管理部门和质量管理人员的权威。

3. 受权人具有很强专业性。药品质量管理是专业性很强的工作,必须有专业水平高、管理能力强的专业人员担任。受权人要充分胜任产品质量管理与放行的职责,必须具备丰富的专业知识和较强的解决实际问题的能力。因此,对受权人的学历、专业知识和事件经验等资质作出规定,并对受权人进行考核评估,或是通过监管部门的培训及继续教育,这些都是为了保证受权人在质量管理方面的专业性。

4. 受权人应实施和维护质量管理体系。受权人制度是一个管理体系，而不是一个单独的个体，其职责绝不仅仅是产品批放行，他要承担或是履行产品放行的职责，就必须关注与产品质量有关的方方面面的情况。受权人通过质量管理体系的正确运行来确保生产质量符合要求，其行使职责以质量管理体系全面建立和良好运行为基础。

5. 受权人要依靠团队力量。受权人不可能全面掌握药品生产过程中所涉及的每一个阶段或步骤，受权人要决定一批产品是否可以放行，往往要依据前天质量管理人员的建议或决定。受权人职责的履行在很大程度上取决于一个团队的努力。在企业质量管理体系良好运作的基础上，团队中的每一个人都理解受权人的地位和职责并为其提供全力支持，受权人依靠这个团队的合作来实现质量目标。

(二)质量受权人的职责

质量受权人的职责就是要确保产品生产能够遵从于最终产品质量有关的技术和法规要求，并负责最终产品的批次放行。每一批次产品的生产制造符合生产许可的各项规定。

质量受权人在履行职责时，必须始终遵守和实施有关药品管理法规或技术规范；树立质量意识和责任意识；以实事求是、坚持原则的态度，在履行相关职责时把公众利益放在首位；以保证药品质量，保障人民用药安全、有效为最高准则。这也是受权人的工作目标和工作宗旨。

《药品生产质量管理规范(2010 年修订)》第二十五条规定，质量受权人主要职责：

1. 参与企业质量体系建立、内部自检、外部质量审计、验证以及药品不良反应报告、产品召回等质量管理活动。

2. 承担产品放行的职责，确保每批已放行产品的生产、检验均符合相关法规、药品注册要求和质量标准。

3. 在产品放行前，质量受权人必须按照上述第 2 项的要求出具产品放行审核记录，并纳入批记录。

(三)质量受权人的法律地位及责任

在我国当前的药品管理体系中，受权人制度是一种创新性的企业内部质量管理模式。对受权人的管理，还需要进一步完善相关法规。还需要进一步明确受权人的法律地位和责任。但是受权人履行药品质量管理职责，确保药品质量的工作行为是应当受法律保护的。同时，受权人必须按照国家食品药品监督管理局的《关于推动药品生产企业实施药品质量受权人制度的通知》规定，严格履行工作职责。如果受权人在履行职责时，玩忽职守或失职渎职，也应承担相应的责任。

四、员工资历

GMP 对企业的管理人员和操作人员都提出了资质的要求，即企业应当配备足够数量并具有适当资质的管理和操作人员。人员资质一般包含三个方面的含意：个人学历、工作经验和所接受的培训。

参与药品生产的每一个人都要对质量负责，中国 GMP(2010 版)中人员的范围包括：企业高层管理人员、供应商、经销商、质量受权人以及企业从事采购、生产、检验、仓贮、销售、卫生、清洁等各级别管理人员和一线操作工等。

中国GMP(2010版)对关键人员(质量管理负责人、生产管理负责人、质量受权人)的资质有明确的规定。企业负责人是药品质量的主要责任人,全面负责企业日常管理,为确保企业实现质量目标并按照GMP要求生产药品,应当负责提供必要的资源,合理计划、组织和协调,保证质量管理部门独立履行其职责。生产管理负责人应当至少具有药学或相关专业本科学历(或中级专业技术职称或执业药师资格),具有至少三年从事药品生产和质量管理的实践经验,其中至少有一年的药品生产管理经验,接受过与所生产产品相关的专业知识培训。质量管理负责人应当至少具有药学或相关专业本科学历(或中级专业技术职称或执业药师资格),具有至少五年从事药品生产和质量管理的实践经验,其中至少一年的药品质量管理经验,接受过与所生产产品相关的专业知识培训。质量受权人应当至少具有药学或相关专业本科学历(或中级专业技术职称或执业药师资格),具有至少五年从事药品生产和质量管理的实践经验,从事过药品生产过程控制和质量检验工作。质量管理负责人和质量受权人可以兼任。对其他人员的资质规定主要体现在所接受的培训方面,企业应根据其工作内容和职责自行规定相应的个人学历和工作经验的要求,如表3-1所示。

表3-1　关键人员和生产操作及检验人员资质和能力表

人员＼要求		个人学历	工作经验	所接受的培训	能力要求	备　注
关键人员	企业负责人				药品质量的主要负责人;提供必要的资源配置,合理计划、组织和协调	企业负责人不干扰和妨碍质量管理部门独立履行其职责,确保质量受权人的独立性,企业负责人和其他人员不得干扰其独立履行职责
	生产管理负责人	至少药学或相关专业本科学历(或中级专业技术职称或执业药师资格)	至少三年从事药品生产和质量管理的实践经验,至少一年的药品生产管理经验	接受过与所生产产品相关的专业知识培训	确保药品按生产工艺规程和操作规程生产、贮存,以保证药品质量	生产管理部门和质量管理部门负责人不得相互兼任
	质量管理负责人	至少药学或相关专业本科学历(或中级专业技术职称或执业药师资格)	至少五年从事药品生产和质量管理的实践经验,至少一年的药品质量管理经验	接受过与所生产产品相关的专业知识培训	确保相关物料和产品符合注册要求和质量标准	
	质量受权人	至少药学或相关专业本科学历(或中级专业技术职称或执业药师资格)	至少五年从事药品生产和质量管理的实践经验,从事过药品生产过程控制和质量检验工作	具备必要专业理论知识,产品放行培训	必须保证每批放行产品生产和检验均符合法规/注册要求/质量标准	质量管理负责人和质量受权人可以兼任

续表 3-1

要求 人员	个人学历	工作经验	所接受的培训	能力要求	备　注
药品生产操作和质量检验人员	高中(中专)以上学历	基础理论水平和实际操作能力	经过专业技术培训。身体健康状况必须符合药品生产规定要求		从事高活性、高毒性、传染性、高致敏性及有特殊要求的生产操作和质量检验人员应通过专门的技术培训

第三节　人员的教育和培训

当代是一个知识更新十分迅速的时代，制药企业员工所需掌握的知识和技能也处于快速的变化中，例如法规更新带来的规章制度的变化，设备更新带来的操作的变化，以及新的技术和新的系统的应用带来的观念、操作和要求上的变化等。因此，为了保证员工的知识和技能能够适合环境的变化，在中国 GMP(2010 版)中提出“所有人员应明确并理解自己的职责，熟悉与其职责相关的要求，并接受必要的培训，包括上岗前培训和继续培训”。员工要接受上岗培训，这意味着员工必须通过培训可以获得上岗或独立操作的资格；员工要接受继续培训，意味着企业对员工的培训应该是长期的和有计划的工作，而不是一次性或临时性的工作。

由此可知，人员的培训工作是一个企业 GMP 工作能否开展、深入和持续的关键。只有制订了明确方针的教育计划，通过科学教育培训的积累，使质量意识深入人心，才能真正完善 GMP 管理，才能确保产品的质量。

培训与开发工作是一项非常复杂的活动，为了保证它的顺利实施，在实践中应当遵循一定步骤来进行，一般来说，培训与开发要按照如图 3-4 所示的程序来进行。

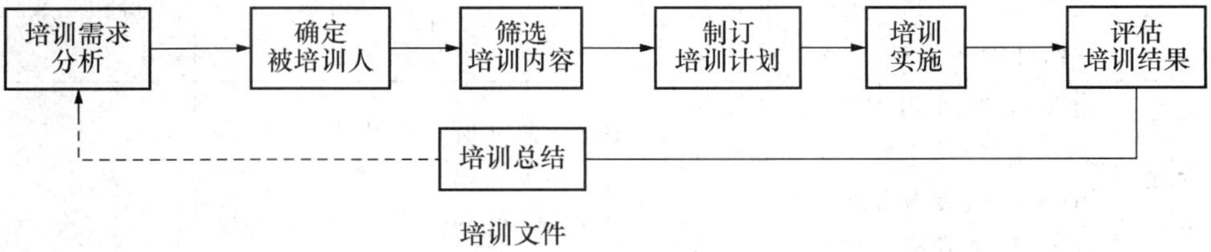

图 3-4　培训与开发实施步骤示意图

一、培训的意义

制药企业的培训要求企业通过教育和实习等方法，促使员工在知识、工作技能、品德等方面不断提高，以获得足够能力履行其职责，为实施 GMP 奠定坚实的基础。

首先，培训是降低企业成本的重要途径。据资料统计，在同样的技术条件下，不同素质的员工产生不同的生产经营成本。如果一般工人的成本节约空间是5%，那么经过培训的工人为10%～15%，受过良好培训的工人是20%～30%。

其次，培训是增强企业竞争力的必要手段。而今越来越多的企业强调，不仅要向员工传授广泛的工作技能，包括解决问题的技能、沟通协作的技能以及团队建设的技能等，而且要使员工具有强烈的敬业精神，包括工作责任心、上进心和事业心。

最后，培训是提高员工满意度的主要方法。企业发展依赖于一支稳定的骨干员工队伍，这就需要建立企业和员工之间的心理契约，使员工认同企业的发展目标和管理政策。

二、培训的原则

为了有效地实施GMP培训，应贯彻下述基本原则：做到既重视业务教育，又要重视德育教育；既重视学习理论，也注重实践运用；既学习操作技术，也学习基础知识；既有数量指标，也有质量指标。

三、培训的对象与要求

(一)培训对象

药品质量取决于生产全过程中全体人员的共同努力，人员素质的高低，对推行GMP将起决定性的作用。GMP是全员质量管理，GMP培训也必须进行全员培训。培训的对象包括企业负责人、质量、技术、生产制造等部门的负责人和从事技术、质量、科研、计划、设备、采购、供应、销售等部门的技术人员和管理人员以及生产操作工。哪些人是主要培训对象？根据二八法则，20%的人是公司的重点培训对象，即中高层管理人员、关键技术人员、质量管理人员以及业务骨干等作为重点培训对象。

(二)培训要求

确定培训对象后还需要根据人员对培训内容进行分组或分类，把同样水平的人员放在一组进行培训，这样可以避免培训浪费。

1. 各级负责人进行药品法规的学习，GMP、《药品生产管理规范实施指南》、《药品管理法》及企业规章制度等的教育与培训。

(1)通过培训使他们认识药品的生产、经营、使用等各个方面都已进入法制化管理的阶段，药品是防病治病的物质基础，是特殊商品，保证人民群众用药安全有效是药品监督管理工作的宗旨，也是药品生产、经营活动的目的。这是社会主义药品生产、经营活动的基础。

(2)确立质量第一的原则。药品是特殊商品，药品的质量问题是一个严肃的原则问题，保证药品质量、增进药品疗效、保障人民用药安全、维护人民身体健康是所有药品法规的宗旨。

(3)使其具有高度的管理知识，懂得实施GMP的意义和内容。掌握实施GMP的有关知识、方法和评价的基本原则。

(4)使其掌握企业的规章制度。

2. 技术、管理人员应进行专业知识和管理知识的培训，使其在各自的岗位上，认真实施GMP所规定的本岗位职责和活动的内容。

3. 检验及操作人员应全面进行GMP学习以及药品检验专业知识的培训和本岗位的操作

规程、工艺流程、岗位责任制度的学习，使他们了解本岗位的质量责任。

4. 新员工应进行综合介绍，使他们了解药品的特殊性和产品质量的重要性，组织参观生产操作现场，了解企业的规章制度等。

5. 企业必须对全体职工进行清洁卫生教育，使之养成良好的卫生习惯。特别是对从事无菌生产和清洁卫生人员，使他们了解清洁卫生和无菌在药品生产中的重要性，掌握清洁卫生的基本知识和无菌生产的概念，以及无菌操作程序、无菌操作方法等。

6. 企业应着重从事洁净区净化设施管理人员、设备维修保养人员进行 GMP 知识、技能和方法的培训，明确本岗位的质量责任。

(三)培训形式

培训形式的分类方式多样，大致可以分为企业内训和外部培训两大类。内训包括集中培训、交流讨论、个人学习等；外训包括外部短训、进修、专业会议交流等。也可按照培训目的分类，大致可包括：

1. 新员工培训，对接受培训的人员进行综合介绍，使他们了解药品的特殊性和产品质量的重要性，组织参观生产操作现场，了解企业的规章制度。

2. 岗位培训，不仅使员工对所在岗位专业知识、技能应知应会，更重要的是促使他们能够按照质量管理要求和标准操作规程正确做好本岗位工作，达到标准化、规范化。

3. 继续培训，以药政法规及国家有关政策、新的标准操作规程、新的操作系统为主，同时也可根据实际需要巩固和深化原来的培训内容。

四、培训的基本内容

培训内容以 GMP 为主，同时对《中华人民共和国药品管理法》、质量管理基本知识、专业基本知识、岗位技能、岗位操作、岗位责任，卫生规范等相关内容进行培训教育。根据不同培训对象，培训教育的侧重点应当有所不同。具体培训内容及对象可参见表 3-2。

表 3-2　制药企业培训内容示例

分类	培训内容	具体信息	培训对象	培训师
基础培训内容	企业介绍	企业历史、企业架构、企业产品、各部门职责及负责人及其他企业相关信息和数据等	企业所有员工	企业内部培训员工
	法律法规	药品管理法及其实施条例、GMP 等	企业所有员工	企业内部培训员工
	质量管理	企业质量管理系统、质量目的、质量方针、工作职责	企业所有员工	企业内部培训员工
	文件	文件系统的架构、管理、记录的填写等	企业所有员工	企业内部培训员工
	卫生	健康、卫生习惯、人员着装、清洁卫生的基本知识等	企业所有员工	企业内部培训员工
	变更管理	变更的定义、分类、申请、批准等	企业所有员工	企业内部培训员工

续表 3-2

分类	培训内容	具体信息	培训对象	培训师
基础培训内容	偏差管理	偏差的定义、分类、处理程序等	企业所有员工	企业内部培训员工
	安全	安全责任制、安全生产和消防安全等	企业所有员工	企业内部培训员工或相关方面的专家
	标准化法和计量法	计量基准器具、计量标准器具、计量检定、修理等	企业所有员工	企业内部培训员工或相关方面的专家
	药品包装管理办法	药品包装用材料、容器分类和标准、注册管理等	企业所有员工	企业内部培训员工或相关方面的专家
	环境保护法	保护和改善环境、防治环境污染和其他公害、环境监管和相关法律责任	企业所有员工	企业内部培训员工或相关方面的专家
	职业道德	帮助企业员工树立正确的工作心态和工作原则，提高其自身素质。强化提高员工的忠诚，敬业精神以及工作责任心。增强企业凝聚力，促使员工遵章守纪，养成自律品质，完善职业操守	企业所有员工	企业内部培训员工
	设备操作规程	—	操作员工	相关方面的专家
针对性培训内容	生产工艺	—	生产操作和过程监管相关的员工	相关方面的专家
	投诉和召回	投诉和召回的定义、分类及管理流程	生产、质量、库房等相关的员工	相关方面的专家
	分析方法分析仪器操作	—	实验室员工	相关方面的专家
	自检管理	自检的准备、实施和后续整改的管理流程	相关员工	相关方面的专家
	特种作业	叉车、压力容器、电工和焊工等	相关员工	有资格的国家培训机构
	微生物知识	无菌生产的概念以及无菌操作程序、无菌操作方法等	进出洁净区的员工（基础培训）、微生物实验室员工（专业培训）	相关方面的专家
	…	…	…	…

五、培训方法

培训方法是完成培训任务的具体措施。一次成功的培训关键在于选择最适合的培训方法，所谓最适合，就是培训方法要适合培训对象，即考虑到成年人在学习时需要自主、参与及实用导向的特点，让学员多做多说，使他们身心参与，得到最佳的学习效果。一般的培训方法有以下几种：

1. 讲授法。这是最普遍也是最基本的一种培训方法。这种方法的优点在于，可以同时对一大批受训人员进行培训，成本比较低；培训者能够对培训过程进行有效的控制。同时，它的缺点也非常明显，教师讲，学员听。以单项沟通为主，学员处于被动地位，没有练习机会，不适用与技能的培训。因此，这种方法大多用于一般性的知识培训。如请外单位老师介绍国外药事法规的概况等，以扩大员工视野和知识面，这种培训并不以直接解决企业具体问题为目的。

2. 讨论法。以讨论的形式来达到传授知识和技能的目的，讨论是否热烈、深入，有赖于教师的引导以及学员的素质和兴趣。

3. 案例法。针对某种情况，就其状况的原因，进行分析、讨论，并提出解决方法。案例可以刺激学员思考问题，也可以作为一个培训课程结束时总结工具。

4. 视听法。利用投影、幻灯片、录像带等方法展示培训内容，这种方法一般适用于辅助教学培训。GMP 培训，一般采用投影薄膜、幻灯片、录音磁带、电影和录像教学等，可交替使用。

5. 实际作业和知识竞赛法。前者是指由受训者一边进行作业，同时还接受教员的指导和纠正的培训方法，这种方法实用性强，效果较好，但只适用于基层操作人员；后一方法则是将 GMP 要求或 SOP 的重点编写成节目的内容，通过问答、游戏的方式使受训者掌握某些知识、技能。

讲授法和视听法这类方法注重知识理论和经验的传授，其余几种方法侧重于分析和探讨。美国制药工业协会的一项调查表明，“做”效果最好，其次是“说”。因此，在选用培训方法时，可选用让员工多说、多做的参与式的培训方法。

六、培训效果评估

中国 GMP(2010 版)规定“定期评估培训的实际效果”。所以，制药企业需要对员工的培训进行评估，以保证员工的培训达到相应的效果。培训工作的成效包括最终成效和直接成效。培训工作的最终效用是提高企业效益，促进企业发展，常常不能在短时间内看到；直接成效是对于员工队伍状况的改进，可以通过一定的指标来进行测评。培训的评估可以针对每次的具体培训，也可以针对全员的 GMP 素质。例如，通过每次培训时的提问或测验来评估员工对培训内容的掌握情况。或者通过组织全员性的 GMP 考试，来评估企业员工的 GMP 素质。评估可以划分相应的级别，例如通过或不合格等，也可以采用具体的分值，例如百分制或十分制。无论采取何种评估方式，都需要明确员工是否达到了相应的培训效果，是否需要再次培训。

员工的培训情况需要每年进行总结。总结应至少包括培训完成情况和培训结果的评估情况。以确定员工是否按照培训计划完成了相应的培训，并且是否所用的培训均达到了相应的效果。

技能实训

××有限公司 GMP 文件

题目:员工体检管理规程			
编码:		起草:	日期:
审核:	日期:	批准:	日期:
部门名称:行政部		共　2　页	
生效日期:		分发部门:公司各部门	
变更记录:			

目的:为贯彻 GMP,明确人员体检有关规定,保证药品生产质量,特制定本规程。

范围:适用于公司所属各部门全体员工。

职责:行政部,负责组织新员工体检,每年按要求组织员工体检,并对健康异常员工及时采取措施;

各部门负责人及管理人员,配合行政人事部搞好员工每年的体检,随时关注部门员工身体健康状况,发现健康异常员工及时进行暂时性调岗、休假等处理。

公司各部门管理人员对执行本制度负责。

内容:

1　人员健康检查规定:

1.1　凡是从事直接接触药品生产的每一位员工,不得有传染病、隐性传染病、皮肤病和精神病;在洁净区内从事药品生产和现场管理的员工除达到上述规定外,还不得患有皮肤病,体表不得有伤口及对药物过敏症;具体健康要求如下:

健康状况	不适合岗位
传染病(包括隐性传染病)、精神病、皮肤病、体表有伤口者	直接接触药品的生产人员
传染病(包括隐性传染病)、精神病、皮肤病、体表有伤口者及对制品质量有潜在不利影响者	质量检验人员、实验动物工作人员
裸视力 0.9 以下	灯检工、化验员、质监员
色弱	化验员、仓管员、质监员、材料员、包衣工、压片工、灯检工
过敏	会产生过敏的工种

1.2 体检管理：

1.2.1 体检项目：

(1)呼吸系统检查(包括胸部X光透视等)；

(2)消化系统检查(包括粪便检查等)；

(3)皮肤病方面的检查；

(4)肝功能检查；

(5)其他必要的检查。

1.2.2 体检频次：

(1)新员工进厂前必须进行全面的身体检查，只有身体检查全部合格的员工方可考虑录用，否则不予录用。

(2)直接从事药品生产和现场管理的员工，每年必须按体检范围要求进行体检一次；其他员工必须每两年按体检范围要求进行体检一次，体检合格方能继续从事其岗位的工作，体检不合格者必须立即停止其工作，调离岗位。

1.2.3 工作程序：

(1)新员工体检由行政人事部负责组织到指定医院体检。

(2)员工每年常规体检由各部门组织人员，行政部定期联系体检医院并组织体检。凡体检合格者，由体检医院发放健康证及相关体检原始资料，存入本人健康档案。体检不合格者，按下述“员工健康异常处理程序”办理。

1.2.4 员工健康异常处理程序：

(1)凡员工常规体检不合格者，由行政部填写《员工健康异常申报表》，说明健康异常原因、建议处理意见，报员工的原部门主管签署意见。

(2)《员工健康异常申报表》经异常员工部门主管签署意见后，由分管副总经理审核，总经理批准。

(3)经总经理批准的《员工健康异常申报表》由行政部执行，并归入员工个人档案。

(4)立即停止患病员工的工作，调离岗位，让其回家休息。

(5)有传染病发生的岗位，凡与之有关的可能感染的员工均应体检。

(6)对传染病患者所在的岗位环境、设备、设施、用具等立即采取有效的消毒措施，并且对人员、环境、设备、用具等进行特殊强化的监控，以便有效地防止传染病蔓延。

2 所有员工需持体检合格证上岗。

3 因病离岗的员工在疾病痊愈、身体恢复健康后，应持公司指定医院医生所开具的健康合格证明方可重新上岗。

复　习　题

一、单选题

1. 生产管理负责人应当至少具有药学或相关专业本科学历(或中级专业技术职称或执业药师资格),具有至少(　　)年从事药品生产和质量管理的实践经验,其中至少有(　　)年的药品生产管理经验,接受过与所生产产品相关的专业知识培训。

A. 3,1　　B. 2,1　　C. 3,2　　D. 1,2

2. 企业应当对人员健康进行管理,并建立健康档案。直接接触药品的生产人员上岗前应当接受健康检查,以后(　　)年至少进行一次健康检查。

A. 4　　B. 3　　C. 2　　D. 1

3. 企业对新录用的员工进行集中的培训,这种方式叫作(　　)。

A. 岗前培训　　B. 在岗培训　　C. 离岗培训　　D. 业余自学

4. 在培训中,先由教师综合介绍一些基本概念与原理,然后围绕某一专题进行讨论的培训方式是(　　)。

A. 讲授法　　B. 讨论法　　C. 角色扮演法　　D. 案例分析法

5. 应当有专人及足够的辅助人员负责进行质量投诉的调查和处理,所有投诉、调查的信息应当向(　　)通报。

A. 企业负责人　　B. 质量管理负责人　　C. 质量受权人　　D. QA 主管

6. 每批药品均应由(　　)签名批准放行。

A. 仓库负责人　　B. 财务负责人　　C. 生产负责人　　D. 质量受权人

7. (　　)是设置岗位的基本原则。

A. 因人设岗　　B. 因人定岗　　C. 因事设岗　　D. 因职设岗

8. 培训要取得预期的效果,就必须保证(　　)的合理衔接。

A. 培训时间与受训者的爱好　　B. 培训要求与受训者的要求

C. 培训内容与受训者的需求　　D. 培训地点与受训者的需求

9. 资源泛指(　　)的源泉,指给人们带来新的使用价值和价值的客观存在物。

A. 社会财富　　B. 精神财富　　C. 物质财富　　D. 文化财富

10. 下列(　　)不属于在职培训。

A. 派出培训　　B. 在岗培训　　C. 学徒培训　　D. 工作轮换

二、多选题

1. 药品生产企业关键人员至少应当包括(　　)。

A. 企业负责人　　B. 生产管理负责人

C. 质量管理负责人　　D. 总工程师

2. 必须每年体检一次的人员包括(　　)。

A. 生产操作人员　　B. 质量管理人员

C. 洗衣工作人员　　D. 食堂工作人员

3. 仓贮区内的原辅料应当有适当的标识，并至少标明下述内容（　　）。

A. 指定的物料名称和企业内部的物料代码

B. 企业接收时设定的批号

C. 物料质量状态（如待验、合格、不合格、已取样）

D. 有效期或复验期

4. 下列哪些职责属于生产管理负责人（　　）。

A. 确保药品按照批准的工艺规程生产、贮存，以保证药品质量

B. 确保厂房和设备的维护保养，以保持其良好的运行状态

C. 监督厂房和设备的维护，以保持其良好的运行状态

D. 确保完成各种必要的验证工作

5. 下列哪些属于质量管理负责人和生产管理负责人的共有职责（　　）。

A. 批准并监督委托生产

B. 批准并监督委托检验

C. 确保完成生产工艺验证

D. 确保药品按照批准的工艺规程生产、贮存，以保证药品质量

6. 有下列疾病的员工不得从事与药品直接接触的生产工作（　　）。

A. 传染病　　B. 隐性传染病　　C. 皮肤病　　D. 精神病

7. 人力资源管理主要工作内容主要包括（　　）。

A. 薪酬福利与工作分析　　B. 绩效考评与培训开发

C. 工作分析与劳动关系　　D. 员工招聘与工作异动

8. 培训是根据实际工作的需要，为改变组织员工的（　　），使他们能在自己现在或将来工作岗位上的工作表现达到组织的要求而进行的有计划、有组织的培养和训练活动。

A. 价值观　　B. 工作态度　　C. 精神状态　　D. 工作行为

9. 企业应当指定部门或专人负责培训管理工作，应当有经（　　）审核或批准的培训方案或计划，培训记录应当予以保存。

A. 企业负责人　　B. 生产管理负责人

C. 质量管理负责人　　D. 质量受权人

10. 人力资源概念指（　　）的人的总和，反映一个国家或地区人口总体中所拥有的劳动力。

A. 智力正常　　B. 劳动力与非劳动力

C. 具有劳动能力　　D. 所有人口

三、简答题

1. 药品生产企业组织机构中各部门之间的关系是什么？

2. 生产部门职责是什么？

3. 质量受权人职责是什么？

4. 人员培训的内容及方法是什么？

第四章

厂房与设施

知识目标

- 掌握空气净化调节系统及通风装置的基本技术要求、空气净化处理的要求。
- 掌握空调净化的管理要求，洁净室（区）环境参数的控制与监测。
- 理解工艺布局、洁净厂房的基本要求、人净与物净及安全措施的实施要求。

技能目标

- 能够对室内装修材料进行选择并对施工提出建议，对净化调节系统及通风装置选择和布置。
- 能熟练进行洁净室（区）各项参数的监测，对监测结果能够进行正确分析与判断。

硬件设施是药品生产的基本条件。我国1998年版GMP第三章厂房与设施共有23条，2010年修订的GMP吸收了国外发达国家GMP相关条款并结合我国药品生产企业现状，第四章厂房与设施条款增加到33条，说明厂房与设施作为硬件在药品生产中的重要性。药品生产企业的厂房设施主要包括：厂区建筑物实体（含门、窗），道路，绿化草坪，围护结构；生产厂房的附属公用设施，如洁净空调和除尘装置，照明，消防喷淋，上、下水管网；洁净公用工程，如纯化水、注射用水、洁净气体的产生及其管网等。对以上厂房设施的合理设计，直接关系到药品质量。

GMP的核心就是防止药品生产过程中污染、交叉污染以及混淆、差错。本章将从厂址的选择和总体布局、工艺布局、空调净化调节设施、室内装修四个方面，通过质量法规风险和技术风险的评估，设计和实施GMP的相关规范条款。医药工业洁净厂房设施的设计除了要严格遵守GMP的相关规定之外，还必须符合国家的有关政策，执行现行有关的标准、规范，符合实用、安全、经济的要求，节约能源和保护环境。在可能的条件下，积极采用先进技术，既满足当前生产的需要，也要考虑未来的发展。对于现有建筑技术改造项目，要从实际出发，充分利用现有资源。

用于药品生产的设施应以满足现行GMP为最基本的要求，并在此基础上优化以满足生产的要求及企业的商业利益。优化的设施设计与厂区的实际情况，生产的具体要求，生产方式，设备的选择等紧密相关。因此没有所谓的放之四海而皆准的优化的设施设计。

第一节　厂址的选择和总体布局

一、厂址的选择

选择厂址是药品生产企业开办必须首先进行的重要决策，对企业未来的发展具有决定性的意义，是药品生产企业能否顺利实施 GMP 的基础。根据以上原则和要求，药品生产企业在进行厂址选择时应从以下几方面考虑：

(一)地理环境

1. 厂址宜选择在大气含尘、含菌浓度低，无有害气体，自然环境好的区域，如无明显异味，无空气、土壤和水的污染源、污染堆等。

2. 医药工厂厂址应远离铁路、码头、机场、交通要道以及散发大量粉尘和有害气体的工厂、贮仓、堆场等严重空气污染，水质污染，振动或噪声干扰的区域。如不能远离严重空气污染区时，则应位于其最大频率风向上风侧，或全年最小频率风向下风侧。

3. 排水良好，应无洪水淹没危险。

4. 水、电、燃料、排污、物资供应和公用服务条件较好或所存在的问题在目前和今后发展时能有效、妥善地解决。

(二)投资、成本

厂址选择主要考虑的成本：第一是原辅材料成本。第二是动力成本。药品生产企业是燃料、电力、蒸汽的使用大户，如果没有充足的动力源，将无法正常生产，因此应选择动力充足且价格低廉的区域。第三是劳动力成本，主要是工资成本。

(三)消防安全

与其他生产企业一样，安全生产对于药品生产企业来讲也是头等大事，尤其是使用有毒、有害、易燃易爆等化工原料生产药品的企业，消防安全绝不可疏忽。因此在进行厂址选择时除应按照国家有关规定、规范执行外，还应保持与相邻企业之间有足够的安全距离。

二、厂区整体布局

厂区总体布局就是对企业进行总体的规划设计。在进行厂区布局时应从以下几方面考虑：

1. 厂区总体布局除应符合 GB 50187—2012《工业企业总平面设计规范》外，同时应满足新版 GMP 相关厂房设施的要求。

2. 厂区按行政、生产、辅助和生活等划区布局。

3. 医药工业洁净厂房应布置在厂区内环境清洁，人流、货流不穿越或少穿越的地方，并应考虑产品工艺特点，合理布局，间距恰当。

4. 兼有原料药和制剂生产的药厂，原料药生产区应位于制剂生产区全年最大频率风向的下风侧。三废化处理、锅炉房等有严重污染的区域应置于厂区的最大频率下风侧。

5. 青霉素类等高致敏性药品生产厂房应位于厂区其他生产厂房全年最大频率风向的下风侧。

6. 动物房的设置应符合 GB 14925《实验动物环境及设施》的有关规定。

7. 医药工业洁净厂房周围宜设置环形消防车道（可利用交通道路），如有困难时，可沿厂房的两个长边设置消防车道。

8. 厂区主要道路应贯彻人流与货流分流的原则。洁净厂房周围道路面层应选用整体性好，发尘少的材料。

9. 医药工业洁净厂房周围应绿化。宜减少露土面积。不应种植散发花粉或对药品生产产生不良影响的植物。

药品生产企业的运行是由生产、行政、生活、辅助四大功能运行而构成，它们的划分、间隔、区别、衔接、使用、组合是总体布局与设计中首先要考虑的。药品的质量是在生产中形成的，因此，预防、减少与消除环境中有害的物质与生产过程中产生的差错，是 GMP 要达到的主要目的。这种污染（交叉污染）与差错有可能是从厂房外带入，也有可能在厂房内产生，而厂房与设施存在的缺陷则是其带入和产生的主要原因之一，故需解决这一问题，首先要从厂区的布局与厂房设计开始做起。

药品生产企业厂区的总平面布置除遵循国家有关工业企业总体设计原则外，还应按照不对药品生产产生污染，营造整洁的生产环境的原则确定。

1. 生产、行政、生活和辅助区的总体布局应合理，不得互相妨碍。

2. 生产厂房应布置在厂区环境清洁区域，洁净厂房应布置在人流、物流不穿越或少穿越的地方。

3. 药品生产厂房与市政交通干道之间距离不宜小于 50 m。

4. 对于兼有原料药和制剂的药厂，应考虑产品的工艺特点和防止生产过程中的交叉污染，合理布局、间距恰当。

原料药生产区应置于制剂生产区的下风侧，青霉素生产厂房的设置应严格考虑与其他产品的交叉污染。

在符合消防安全和尽量减少互相交叉污染的原则下，宜减少独立厂房幢数，建立联合厂房，以减少厂区道路及其造成的污染，减少厂区运输量和缩短运输线路。但生产青霉素类等高致敏性药品必须使用独立的厂房与设施；避孕药品的生产厂房应与其他药品生产厂房分开；生产用菌毒种和非生产用菌毒种、生产用细胞与非生产用细胞、强毒与弱毒、死毒与活毒、脱毒前与脱毒后的制品和活疫苗与灭活疫苗、人血液制品、预防制品等的加工或灌装不得同时在同一生产厂房内进行，其贮存要严格分开。

5. 三废处理、锅炉房等有严重污染的区域应设置在厂区处于最多风向（主导风向）的下风侧。

6. 易燃、易爆、有毒、有害物质等危险品库应设于厂区安全位置，并有防冻、降温、消防措施。可设计成半地下式，所用排风设施需具有防爆设计。

7. 麻醉药品和剧毒药品应设专用仓库，并有防盗措施。

8. 中药材的库房应分别设置原料库与净料库。毒性药料、贵细药材应分别设置专库或专柜。

9. 仓贮区应有与生产规模相适应的面积和空间。可设取样室，取样环境的空气洁净级别应与生产要求一致，也可设置能达到生产要求净化级别的取样车。

10. 动物房的设置应符合国家颁布的有关规定，并有专用的排污和空调设施。

11. 厂区布置和主要道路应贯彻人流与物流分流的原则，尽量避免相互交叉。

12. 厂区的地面、路面及运输不应对药品的生产造成污染。厂区路面应选用整体性好、灰尘量少的材料，如沥青、混凝土。

13. 绿化的总体布局应合理、科学。洁净厂房周围应绿化，宜铺植草坪，厂房与草坪间有一个水泥隔离带。要尽量减少厂区内的露土面积。绿化有利于保护生态环境，改善小气候，净化空气，起滞尘、杀菌、吸收有害气体和提供氧气的作用。

种植树木要以常青树为主，不可种花，因为花开时有花粉飞扬，会造成污染。绿化面积的比例应适宜，宜大于建筑面积。不能绿化的道路应铺成不起尘的硬化路面，暂时不能绿化的空地也应采取措施，杜绝尘土飞扬。

14. 厂房周围宜设环形消防车道（可利用交通道路），如有困难时，可沿厂房的两个长边设置消防通道。

15. 药品生产厂房周围不宜设置排水明沟。车辆的停车场应远离药品生产厂房。生产废弃物的回收应独立设置。

16. 水、电、汽、热、冷等公用设施，应靠近负荷中心，使各种公用系统介质和输送距离最短，以便节省能耗。

图 4-1 为某药品生产企业厂区总体布局。

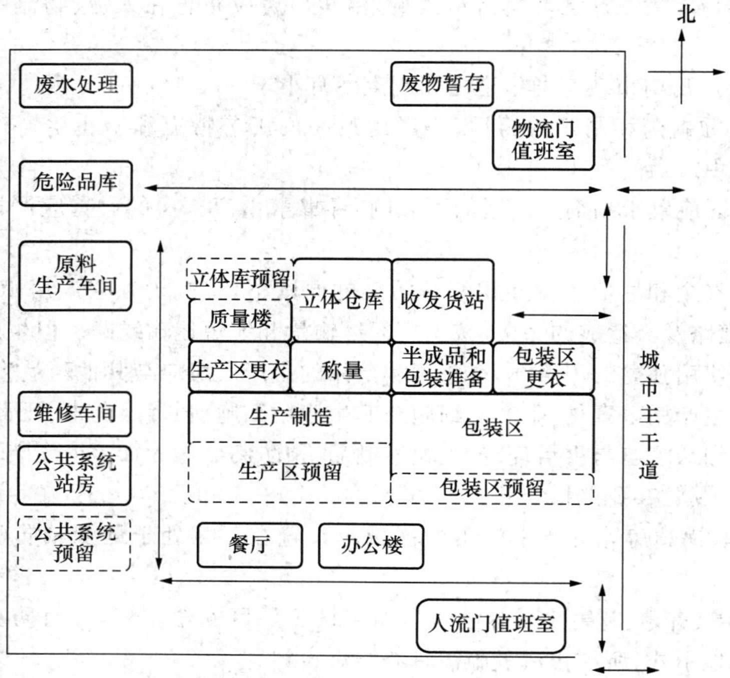

图 4-1　厂区总体布局示例

第二节 工艺布局

厂房的合理布局取决于设计的科学合理，要达到防止人流、物流混杂和交叉污染的基本要求，以及区域布置的要求，还要能保证对生产过程的有效管理，重点是洁净室（区）的管理。

一、工艺布局的基本要求

药品的生产设施涉及很多种类，如化学原料药、生物原料药、非无菌制剂（口服固体制剂和液体制剂、外用制剂等）、无菌制剂（注射剂、眼用剂等）等。不同种类的生产由于其物料和产品的性质和标准不同而对生产设施有不同的要求。生产方式如单一品种生产、多品种阶段性生产、多品种同时生产等，物料的投放和转运如开放式或密闭式或半开放、半密闭式；药品的生产规模（如大批量或小批量）等不同都会对生产设施有不同的要求。

生产厂房工艺布局是根据生产工艺流程、设备、空调净化、给排水、各种设施及各规范、规章要求的综合设计结果。体现着设计的规范性、技术性、先进性、经济性和合理性，是 GMP 硬件的重要组成部分。

1. 工艺布局应按生产工艺流程要求做到布置合理、紧凑，有利于生产操作，并能保证对生产过程进行有效果管理。

2. 工艺布局要防止人流、物流之间的混杂和交叉污染，并符合下列要求：

（1）分别设置人员和物流进入生产区域的通道，必要时应设置极易造成污染的物料和废弃物的专用出入口。

（2）进入洁净区的人员必须有相应的净化用室和设施，其要求应与生产区洁净级别相适应。

（3）进入洁净区的物料必须有与生产区洁净级别相适应的净化用室和设施，根据生产实际情况可采用物料清洁室、气闸室或传递窗（柜）进入洁净区，进入非最终灭菌无菌药品生产区的原辅料、包装材料和其他物品必要时还应设置灭菌室或灭菌设施，但不得对洁净环境产生不良影响。

（4）洁净区内物料传递输送路线要尽量短，减少折返。

（5）生产中的废弃物不宜与物料进口合用一个气闸室或传递窗（柜）。

（6）洁净区内的半成品不宜直接进入一般生产区，可采用传递窗（柜）、气闸或设置相应的设施进入一般生产区。

（7）C 级洁净室（区）使用的传输设备不得穿越空气洁净度较低级别区域。

3. 生产操作区内应只设置必要的工艺设备和设施。用于生产、贮存的区域不得作为非本区域内工作人员的通道。

4. 人员和物料使用的电梯宜分开。电梯不宜设置在洁净区内，必须设置时，电梯前设气闸室或采取确保洁净区空气洁净度的其他措施。

5. 在满足工艺条件的前提下，为了提高净化效果，节约能源，有空气洁净度要求的房间尽量做到以下要求：

(1)空气洁净度相同的房间或区域相对集中。

(2)空气洁净度高的房间面积合理布置。

(3)不同空气洁净度房间之间相互联系应有防止污染措施,如气闸室或传递窗(柜)等。

6. 在药品洁净生产区域内应设置与生产规模相适应的备料室、原辅材料、中间体、半成品、成品存放区域。存放区域内应安排待验区、合格品区和不合格品区,并按下列要求布置:

(1)备料室、原辅材料存放区、中间体存放区、半成品存放区其空气洁净度与生产区空气洁净度相同。

(2)备料室可视生产规模设置在仓库或生产车间内,并配备相应的称量室(区)。

(3)不合格中间体、半成品需设置专用回收间,其空气洁净等级宜同生产区的等级。

(4)原辅材料、中间体、半成品存放区尽可能靠近与其相联系的生产区域,减少运输过程中的混杂和污染。

(5)成品待检区与成品仓库区应有明显区别标志,不得发生混杂。成品待检区可布置在生产区或入库前区。

7. 洁净区使用的设备、容器具、清洁工具及洁净服的清洁、洗涤用室的布局要求:

(1)需在洁净室(区)清洗的设备及容器具,其清洗室的空气洁净度等级与该区域相同。A/B级洁净室(区)的设备及容器具宜在本区域外清洗,洗涤后应干燥,在本区域内消毒或灭菌。进入无菌洁净室(区)的容器具应消毒或灭菌。

(2)清洁工具洗涤、存放室如需设在洁净区内,其空气洁净度等级与该区域相同,并有防止污染的措施。

(3)B级洁净工作服的洗涤、干燥、整理及必要时灭菌的房间应设在洁净室(区)内,其空气洁净度等级不应低于D级。无菌工作服的整理、灭菌室其空气洁净度等级与使用无菌工作服的洁净室(区)相同。

8. 质量管理部门的布局要求:

(1)质量控制实验室通常应当与生产区分开。生物检定、微生物和放射性同位素的实验室还应当彼此分开。

(2)实验室的设计应当确保其适用于预定的用途,并能够避免混淆和交叉污染,应当有足够的区域用于样品处置、留样和稳定性考察样品的存放以及记录的保存。

(3)必要时,应当设置专门的仪器室,使灵敏度高的仪器免受静电、震动、潮湿或其他外界因素的干扰。

(4)处理生物样品或放射性样品等特殊物品的实验室应当符合国家的有关要求。

(5)实验动物房应当与其他区域严格分开,其设计、建造应当符合国家有关规定,并设有独立的空气处理设施以及动物的专用通道。

(6)生物检定、微生物限度检定和放射性同位素检定等应分室进行。

(7)用于生物制品生产的动物室、质量检定动物室应与制品生产区分开。

(8)生物制品所使用动物的饲养管理要求,应符合实验动物管理规定。

9. 需设置独立厂房或与其他药品生产区域严格分开的布局要求:

(1)应当综合考虑药品的特性、工艺和预定用途等因素,确定厂房、生产设施和设备多产品共用的可行性,并有相应的评估报告。

(2)生产特殊性质的药品,如高致敏性药品(如青霉素类)或生物制品(如卡介苗或其他用活性微生物制备而成的药品），必须采用专用和独立的厂房、生产设施和设备。青霉素类药品产尘量大的操作区域应当保持相对负压，排至室外的废气应当经过净化处理并符合要求，排风口应当远离其他空气净化系统的进风口。

(3)生产 β-内酰胺结构类药品、性激素类避孕药品必须使用专用设施（如独立的空气净化系统）和设备，并与其他药品生产区严格分开。

(4)生产某些激素类、细胞毒性类、高活性化学药品应当使用专用设施（如独立的空气净化系统）和设备；特殊情况下，如采取特别防护措施并经过必要的验证，上述药品制剂则可通过阶段性生产方式共用同一生产设施和设备。

(5)用于上述第(2)、(3)、(4)项的空气净化系统，其排风应当经过净化处理。

(6)避孕药品生产厂房与其他药品生产厂房应分开，应装有独立的专用空气净化系统。生产性激素类避孕药品的空气净化系统的气体排放应经净化处理。

(7)生产激素类、抗肿瘤类化学药品应避免与其他药品使用同一设备和空气净化系统；不能避免与其他药品交替使用同一设备和空气净化系统时，应采取有效的防护、清洁措施并进行必要的验证。

(8)生产用菌毒种与非生产用菌毒种、生产用细胞与非生产用细胞、强毒与弱毒、死毒与活毒、脱毒前与脱毒后的制品和活疫苗与灭活疫苗、人血液制品、预防制品等加工或灌装不得同时在同一生产厂房内进行。

(9)生产用菌毒种与非生产用菌毒种、生产用细胞与非生产用细胞、强毒与弱毒、死毒与活毒、脱毒前与脱毒后的制品和活疫苗与灭活疫苗、人血液制品、预防制品等贮存应严格分开。

(10)不同种类的活疫苗的处理及灌装应彼此分开。

(11)强毒微生物操作区应与相邻区域保持相对负压，应有独立的空气净化系统。

(12)芽孢菌制品操作区应与相邻区域保持相对负压，应有独立的空气净化系统，排出的空气不应循环使用，芽孢菌操作直至灭活过程完成之前应使用专用设备。

(13)各类生物制品生产过程中涉及高危致病因子的操作，其空气净化系统等设施应符合特殊要求。

(14)生物制品生产过程中使用某些特定活生物体阶段的设备应专用，应在隔离或封闭系统内进行。

(15)卡介苗生产厂房和结核菌素生产厂房应与其他制品生产厂房严格分开，卡介菌生产设备要专用。

(16)炭疽杆菌、肉毒梭状芽孢杆菌和破伤风梭状芽孢杆菌制品应在相应专用设施内生产。

(17)聚合酶链反应试剂(PCR)的生产和检定应在各自独立的建筑物中进行，防止扩增时形成的气溶胶造成交叉污染。

(18)生产人免疫缺陷病毒(HIV)等检测试剂，在使用阳性样品时，应有符合相应规定的防护措施和设施。

(19)生产用种子批和细胞库，应在规定贮存条件下专库存放，应只允许指定的人员进入。

(20)以人血、人血浆或动物脏器、组织为原料生产的制品应使用专用设备，应与其他生物制品的生产严格分开。

(21)未使用密闭系统生物发酵罐生产的生物制品不得在同一区域同时生产（如单克隆抗体和重组 DNA 制品）。

(22)各种灭活疫苗(包括重组DNA产品)、类毒素及细胞提取物,在其灭活或消毒后可以与其他无菌制品交替使用同一灌装间和灌装、冻干设施。但在一种制品分装后,应进行有效的清洁和消毒,清洁消毒效果应定期验证。

(23)操作有致病作用的微生物应在专门的区域内进行,应保持相对负压。

(24)有菌(毒)操作区与无菌(毒)操作区应有各自独立的空气净化系统,来自病原体操作区的空气不得循环使用,来自危险度为二类以上病原体的空气应通过除菌过滤器排放,滤器的性能应定期检查。

(25)使用二类以上病原体强污染性材料进行制品生产时,对其排出污物应有有效的消毒设施。

(26)中药材的前处理、提取、浓缩和动物脏器、组织的洗涤或处理等生产操作应与其制剂生产严格分开。

10. 厂房应有防止昆虫和其他动物进入的设施,如风幕、电子猫、电子捕蚊器、防鼠板等。

二、洁净厂房的基本要求

洁净厂房系指制剂、原料药、药用辅料和药用包装材料生产中有空气洁净度要求的厂房。医药工业洁净厂房设计应做到技术先进、确保质量、安全实用、经济合理。符合节约能源和环境保护的要求。既要满足当前产品的工艺要求,也应考虑今后生产发展和工艺改进的需要。在利用原有建筑和设施进行洁净技术改造时,可根据生产工艺要求,从实际出发,充分利用现有的技术设施;符合因地制宜的原则。

药品的生产设施涉及很多种类,如化学原料药、生物原料药、非无菌制剂(口服固体制剂和液体制剂、外用制剂等)、无菌制剂(注射剂、眼用剂等)等。不同种类的生产由于其物料和产品的性质和标准不同而对生产设施有不同的要求。生产方式如单一品种生产、多品种阶段性生产、多品种同时生产等,物料的投放和转运如开放式或密闭式或半开放、半密闭式;药品的生产规模(如大批量或小批量)等不同都会对生产设施有不同的要求。本章将着重于厂房设施设计的通用要求,而非针对某一特定的生产种类、生产方式和生产规模。

新版GMP对药品生产受控环境的洁净级别与美国、欧盟、世界卫生组织的GMP中的洁净级别的分类基本一致,见表4-1。

在评估医药制剂生产的质量风险时,厂房设施的合理设计和实施,是规避生产质量风险及EHS(安全、环境与健康)风险的最基本、最重要的前提。其中包括合适的空间设计,合理的人流、物流设计,恰当的隔离设计以及合适的建筑装修材料的使用。

概括来讲,合适的空间应满足人员操作,生产设备、生产支持系统以及物料暂存、贮存的需要。除此之外,对生产中设备清洁方式和日常维护因素,在设计中也要给予充分的考虑。

人流、物流(包括原辅料、包装材料、半成品、成品、废物流、设备备件、容器等)设计要兼顾GMP要求、生产效率、产品过程控制和必要的隔离技术的采用。隔离方式有:在洁净区域和非洁净区域之间或者不同洁净等级区域之间,应用气锁间、更衣间、洁净走廊和非洁净走廊设计等。

下面介绍建筑结构、室内装修、生产支持系统及厂房设施设计方面的基本要求。

表 4-1 药品生产受控环境的分级对比表

参考	描述			洁净等级				
ISPE 无菌基准指南,1999	环境分类			5 级	7 级	8 级	控制未分类（带局部监控）	控制未分类（CNC）
	描述性分类			A	B	C	D	未定义
• 中国 GMP,2010 年修订,附录 1“无菌药品” • 欧洲药品管理局 EMEA-GMP,附件 1,第四卷“无菌医药产品的制造”(2009 年 3 月 1 日生效,其中轧盖条款 2010 年 3 月 1 日生效)	静态	每立方米最大允许颗粒数量	>0.5 μm	3 520	3 520	352 000	3 520 000	—
			≥5 μm	20	29	2 900	29 000	—
	动态	每立方米最大允许微粒数量	≥0.5 μm	3 520	352 000	3 520 000	未作规定	—
			≥5 μm	20	2 900	29 000	未作规定	—
• 世界卫生组织 WHO TSR902,2002 附录 6“无菌药品”	静态	每立方米最大允许颗粒数量	0.5～5 μm	3 500	3 500	350 000	3 500 000	
			>5 μm	0	0	2 000	20 000	
	动态	每立方米最大允许微粒数量	0.5～5 μm	3 500	350 000	3 500 000	未作规定	
			>5 μm	0	2 000	20 000	未作规定	
• 美国 FDA,2004 年 10 月《工业指南——用无菌工艺生产的无菌药品》	动态	最大允许微粒数量	≥0.5 μm	100 级（ISO 5）	10 000 级（ISO 7）	100 000 级（ISO 8）	未定义	参见关于生物制药或无菌生产的 ISPE 基准指南

注:FDA 没有“静态”标准,其 100 000 级区指的是动态万级,相当我国和欧盟的 C 级区,FDA 没有相当于“D”的分级。

(一)建筑结构

1. 建筑平面和空间布局应具有适当的灵活性。医药洁净室(区)的主体结构宜采用单层大跨度的柱网结构,不宜采用内墙承重。

2. 洁净厂房的围护结构的材料应能满足保温、隔热、防火和防潮等要求。

3. 医药工业洁净厂房主体结构的耐久性应与室内装备、装修水平相协调,并应具有防火、控制温度变形和不均匀沉陷性能。厂房伸缩缝不宜穿过医药洁净室(区)。当不可避免时,应有保证气密性的措施。同时要符合国家建筑物节能设计的相关要求,如外墙保温要求。

4. 各工艺房间层高应根据工艺需求分别设计。综合考虑建筑结构、工艺操作、设备维修空间和供热通风与空气调节系统(HVAC)节能运行等综合因素。

5. 洁净室(区)内走廊应留有适当宽度。物流通道宜设置防撞构件。

6. 医药制剂车间常常设计成 2~3 层,可利用位差解决物料的输送问题,从而提高工作效率,并减少粉尘扩散,避免交叉污染。

7. 车间参观走廊,一般沿外墙布置,大跨度厂房有时在中间再设置参观走廊。

(二)室内装修

1. 洁净厂房的建筑围护界区和室内装修,应选用气密性良好,且受温度和湿度变化影响下变形小的材料。

2. 洁净室内墙壁和顶棚的交界处以及墙壁与墙壁的交界处,应平整、光洁、无裂缝、接口严密、无颗粒物脱落,并应耐清洗。墙壁和地面交界处宜做成弧形。当采用轻质材料隔墙时,应采用防碰撞措施。

3. 洁净室的地面应整体性好、平整、耐磨、耐撞击,不易积聚静电,易除尘清洗。地面垫层应配筋,潮湿地区应做防潮处理。

4. 技术夹层为轻质吊顶时,宜设置检修通道。

5. 洁净厂房夹层的墙面、顶棚应平整、光滑,需在技术夹层内更换高效过滤器的,墙面和顶棚宜涂料饰面。

6. 洁净室内墙面与顶棚采用涂料面层时,应选用不易燃、不开裂、耐腐蚀、耐清洗、表面光滑、不易吸水变质、生霉的材料。

7. 如果采用建筑回风风道,其内表面装修标准,应满足表面光洁、耐腐蚀、易于清洁。

8. 洁净室外墙上的窗,应具有良好的气密性,能防止空气的渗漏和水汽的结露。

9. 洁净室的窗与内墙面宜平整,不留窗台。如有窗台时宜呈斜角,以防积灰并便于清洗。

10. 洁净室内门窗、墙壁、顶棚、地面结构和施工缝隙,应采取密闭措施。

11. 洁净室门框不应设门槛。洁净区域的门、窗不应采用木质材料,以免生霉生菌或变形。

12. 洁净室的门宜朝空气洁净度较高的房间开启,并应有足够的大小,以满足一般设备安装、修理、更换的需要及运输车辆的安全要求。

(三)给、排水和工艺管道设计安装

1. 洁净室内应少敷设管道,给水、排水主管道应敷设在技术夹层、技术夹道内或地下埋

设。引入洁净室内的支管宜暗敷。

2. 洁净厂房内的管道外表面，应采取防结露措施。

3. 给水、排水支管及消防喷淋管道穿过洁净室顶棚、墙壁和楼板处应设套管，管道与套管之间必须有可靠的密封措施。

4. 生活给水管应采用耐腐蚀，安装连接方便的管材，可选用无缝钢管、镀锌钢管、金属复合管等。生活排水管宜采用无缝钢管、球磨铸铁管、双层 PVC 管等。

5. 洁净室内的设备排水以及重力排水管道，不建议与排水地漏直接相连。排水地漏建议采用上部水封密封，加上地面下部 U 形弯水封双水封密封装置。

6. 排水立管不应穿过 A 级和 B 级洁净室（区）。排水立管穿过其他洁净室（区）时，不得设置检查孔。

7. 空气洁净度 A 级的洁净室（区）不应设置地漏。

8. 空气洁净度 B 级、C 级的洁净室（区）应少设置地漏。必须设置时，要求地漏材质不易腐蚀，内表面光洁，易于清洗，有密封盖，并应耐消毒灭菌。

9. 空气洁净度 B 级、C 级的医药洁净室（区）不应设置排水沟。

10. 洁净厂房内应采用不易积存污物，易于清扫的卫生器具、管材、管架及其附件。

(四)电气、照明设计安装

1. 洁净区内的配电设备，应选择不易积尘、便于擦拭，外壳不易锈蚀的小型暗装配电箱及插座箱，功率较大的设备宜由与配电室直接供电。

2. 洁净区内不宜设置大型落地安装的配电设备。

3. 洁净区内的电气管线管口，以及安装于墙上的各种电器设备与墙体接缝处均应有可靠密封。

4. 洁净区内的电气管线宜暗敷，电气线路保护管宜采用不锈钢管或其他不易腐蚀的材料。接地线宜采用不锈钢材料。

5. 洁净室（区）应根据生产要求提供足够的照明。主要工作室的照度宜不低于 300 lx；对照度有特殊要求的生产部位可设置局部照明。厂房配备应急照明设施。

6. 洁净区内应选用外部造型简单、不易积尘、便于擦拭、易于消毒杀菌的照明灯具。

7. 洁净区内的一般照明灯具宜明装。采用吸顶安装时，灯具与顶棚接缝处应采用可靠密封措施。如需要采用嵌入顶棚暗装时，除安装缝隙应可靠密封外，其灯具结构必须便于清扫，便于在顶棚下更换灯管及检修。

8. 洁净区内与外界保持联系的通信设备，宜选用不易集尘、便于擦洗、易于消毒灭菌的洁净电话。

9. 洁净厂房根据生产管理和生产工艺要求，可设置闭路监视系统。

(五)安全、环保及工业卫生

医药工业洁净厂房设施的设计除了要严格遵守 GMP 的相关规定之外，还要遵循以下国家或行业对厂房设施 EHS 方面的法律法规和技术标准，如《建筑设计防火规范》、《建筑内部装修设计防火规范》等。

三、人流的净化措施

在药品生产的污染源中，人是最大的污染源，主要原因如下：

1. 人在新陈代谢过程中会释放或挥发污染物。每人每天脱落的皮屑数量可达 1 000 万颗，打一次喷嚏可使周围空气微粒增加 5～20 倍，释放细菌数 5 万～6 万个。

2. 人体表面、衣服能沾染、黏附、携带污染物。

3. 人在洁净室内的各种动作也会产生微粒和微生物。坐着时发尘数为 10 万～250 万个/(人・min)，行走时发尘数为 500 万～1 000 万个/(人・min)，发菌数为 700～5 000 个/(人・min)，所以，进入洁净厂房的人员必须净化。

因此，我国 2010 年修订 GMP 关于人流规划主要关注人员对产品、产品对人员及生产环境的风险。涉及的人员包括一般员工、生产人员、参观人员、维修人员、管理人员等。

从保护产品角度来讲，人流规划措施如下：

1. 洁净厂房要配备对人员进入实施控制的系统，如门禁系统。

2. 洁净厂房应设置人员净化用室(区)。

3. 人员净化用室(区)通常包括换鞋区、存外衣区、盥洗区、更换洁净工作服间、气锁间、洁净工衣清洗室等。

4. 通常人员在换鞋区、存外衣区、盥洗区内的活动可视为非洁净的操作活动，可设置一个房间内分区依次操作，不必设置多个房间。

5. 更换洁净工作服间和气锁间，视产品风险和生产方式等，可分别单独设置亦可合并在一起。合适的气流组织和压差控制是必要的。

6. 非无菌产品生产和无菌产品生产的人员净化用室的具体设计，可参见“辅助区”部分的内容。

7. 人流与物流不要求一定是完全分开的，但应尽量减少人流与物流的交叉。

8. 对一些人员不宜同时进/出的区域，可配备气锁间以及报警灯系统。

9. 车间入口处宜设置雨具存放处。洁净室(区)与洁净室(区)之间必须设置缓冲设施，人物流走向合理。

净化要求因药品对生产环境要求的不同而不同。药品按使用要求分为非无菌产品和无菌产品两类。无菌产品按生产工艺又分为最终灭菌产品和非最终灭菌产品两大类。其中，以非最终灭菌产品的环境洁净度要求为最高。

人员净化系统及设施要按照相应的净化程序设计、设置。人员净化程序分两种：

非无菌产品、最终灭菌产品生产区人员净化程序，见图 4-2。

非最终灭菌产品生产区人员净化程序，见图 4-3。

人员净化用室和生活用室应符合下列要求：

1. 人员净化用室的入口处应有净鞋设施。净化室中外衣和洁净工作服应分室放置。外衣存衣柜和洁净工作服存衣柜按设计人数每人一柜。

2. 盥洗室应设洗手和消毒设施，宜装烘干器。水龙头按最大班人数每十人设一个。龙头开启方式以不直接用手为宜。

3. 有空气洁净度要求的生产区内不得设厕所。厕所宜设在人员净化室外，如需设在人员净化程序内则厕所应有前室，供入厕前换鞋、更衣用。

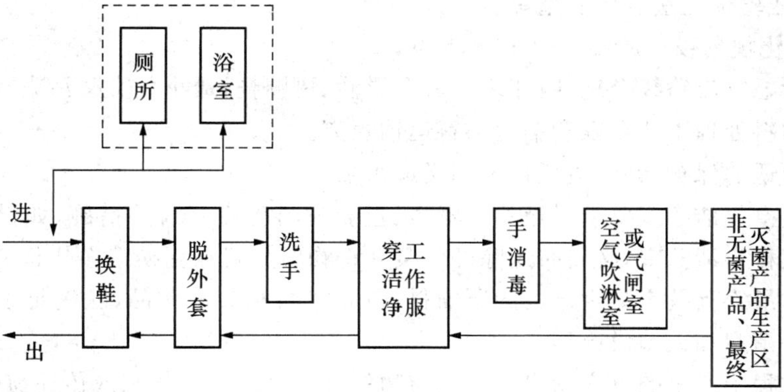

图 4-2　非无菌产品、最终灭菌产品生产区人员净化程序

注：虚线框内的设施可根据需要设置。

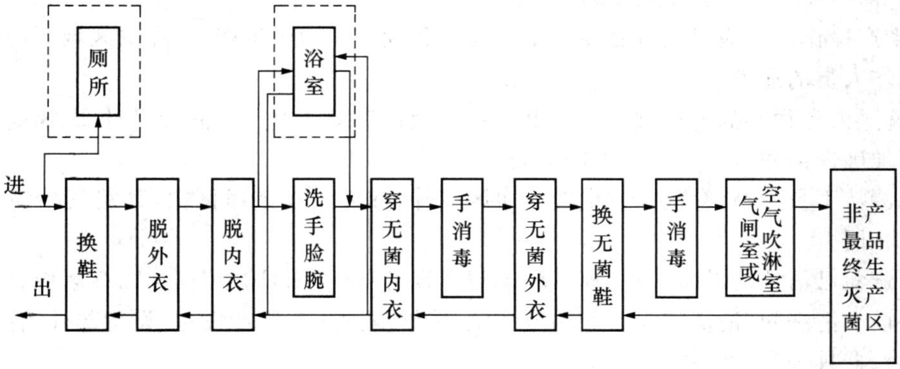

图 4-3　非最终灭菌产品生产区人员净化程序

注：虚线框内的设施可根据需要设置。

4. 淋浴室可以不作为人员净化必要措施。特殊需要设置时，可靠近盥洗室。

5. 洁净区入口处应设置缓冲室（气闸室）或喷淋室。缓冲室的出入门要具备防止同时打开的设施。人员净化用室内的换鞋室、更衣室、盥洗室，应送入与洁净室（区）空气过滤系统同一净化等级的洁净空气。换气次数由外向里逐步增加，但可低于洁净室（区）的换气次数。设置在人员净化室内的卫生间、淋浴室应连续排风，室内空气静压值应低于更衣室内的空气静压值。

四、物流的净化措施

物流是指物料货物获取、加工和处理以及在指定区域内分配所有相关业务的联动，具体包括加工、处理、运输、检测、暂存和贮存等。除了经济上的考虑外，物流对 GMP 来说具有重要意义，例如对物流合理设计能够有效消除混淆、提高与其他房间内的其他生产程序的兼容性。

在人流和物流规划中，首先考虑是物流的规划，也就是生产工艺路线。将建筑物内的生产过程，分解成单个步骤并体现在流程图中，每个加工步骤必须分配到设备上，每台设备分配到房间或洁净区里，然后建筑物内的房间或区域分成若干单元反映物料的流动。无论采用何种方式，必须保证所采用的方式不会对药品生产造成不利影响，例如交叉污染、仪器设备复杂致使所需的确认或验证无法有效实施等。

1. 物流净化规划设计原则：

(1)综合考虑物流路线合理性，使之更有逻辑性、更顺畅，最小化交叉污染。

(2)减少物料处理工艺步骤和缩短物料运输距离。

(3)采取合适的保护措施，避免污染和交叉污染。

(4)进入有空气洁净度要求区域的原辅料、包装材料等应有清洁措施，如设置原辅料外包装清洁室、包装材料清洁室，必要时脱除外包装并将物料放置在更换洁净托板或容器上等。

(5)进入非最终灭菌产品生产区的原辅料、包装材料和其他物品，除满足以上要求外还应设置清洗室、灭菌室和灭菌设施等。

(6)生产过程中产生的废弃物出口不宜与物料进口合用一个气闸或传递窗(柜)，宜单独设置专用传递设施。

(7)分别设置人员和物料进出生产区域的通道，极易造成污染的物料(如部分原辅料、生产中废弃物等)必要时可设置专用出入口。

(8)生产操作区内应只设置必要的工艺设备和设施。用于生产、贮存的区域不得用作非本区域内工作人员的通道。

(9)输送人和物料的电梯宜分开。电梯不宜设在洁净区内。必需设置时，电梯前应设置气锁间或其他确保洁净区空气洁净度的措施。

(10)清洁工具洗涤、存放室宜设在洁净区域外，如需设在洁净区内，其空气洁净度等级应与本区域相同。

(11)避免已清洁的设备部件、模具和未清洗设备部件、模具共用同一贮存区域。

(12)设有清洗间，清洗间大小和功能齐全，能够清洗各类生产设备、设备部件、容器、筛网、滤袋、软管、器具等。

(13)清洗后的设备、物品、工器具等应尽快干燥并在适宜的环境下保存。

(14)在物料运输中充分考虑人机工程设计，如提升机规格、合适的走道宽度和门洞尺寸。

2. 物料自身的状态、物料流动的载体、物料使用时的变化、物料性质的改变等因素都会引起洁净室(区)内空气洁净度的变化，是洁净室(区)乃至药品生产的又一主要污染源，具体表现为以下几个方面：

(1)物料与载体自身附着的尘埃粒子和微生物。

(2)物料的流动、物料的转化过程等都会产生尘埃粒子。

(3)物料的运动会导致空气流动的变化。

3. 物料净化系统、设施及程序：

(1)非无菌药品、最终灭菌药品生产用物料从一般区进入洁净区，必须经过物净系统(包括外包装清洁处理室和传递窗)，在外包装清洁处理室对物料外包装进行净化处理后，经有出入门互锁的缓冲室(气闸室)或传递窗(柜)进入洁净区。其净化程序见图 4-4。

(2)非最终灭菌无菌药品生产用物料从一般区进入 B 级洁净区，必须经物净系统，包括外包装清洁与消毒处理室、传递窗(柜)、消毒与缓冲室，在外包装清洁处理室对其外包装进行净化处理、消毒后，经出入门互锁的传递窗(柜)到缓冲室再次消毒外包装，然后进入备料室待用。其净化程序见图 4-5。

(3)非无菌药品、最终灭菌药品生产，物料从洁净区到一般生产区，必须经出入门互锁的缓

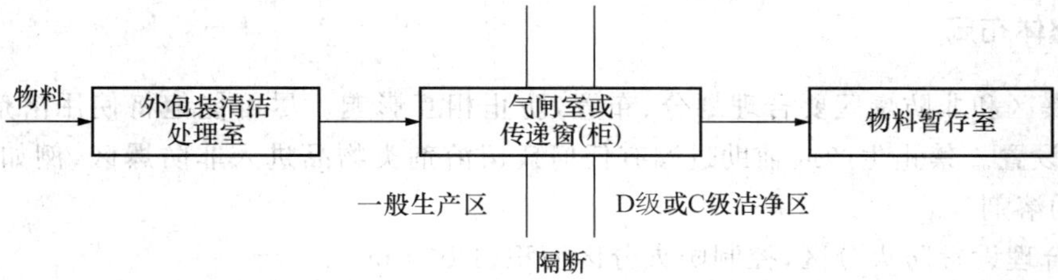

图 4-4 非无菌药品生产、最终灭菌药品用物料净化程序

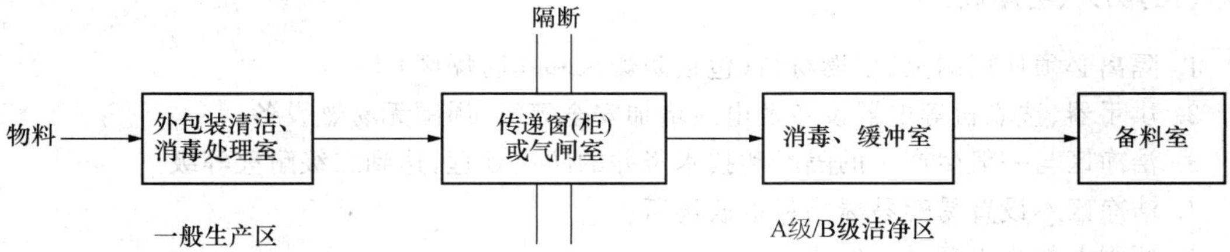

图 4-5 非最终灭菌无菌药品生产用物料净化程序

冲室(气闸室)或传递窗(柜)传出去。其净化传递程序见图 4-6。

(4)非最终灭菌无菌药品生产用物料从 B 级洁净区到一般生产区,必须经缓冲室、传递窗(柜)传出去。其净化传递程序见图 4-7。

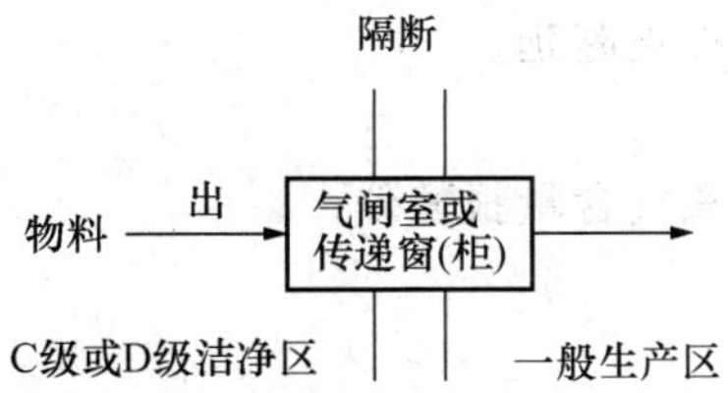

图 4-6 非无菌药品、最终灭菌药品生产用物料洁净区到一般生产区传递程序

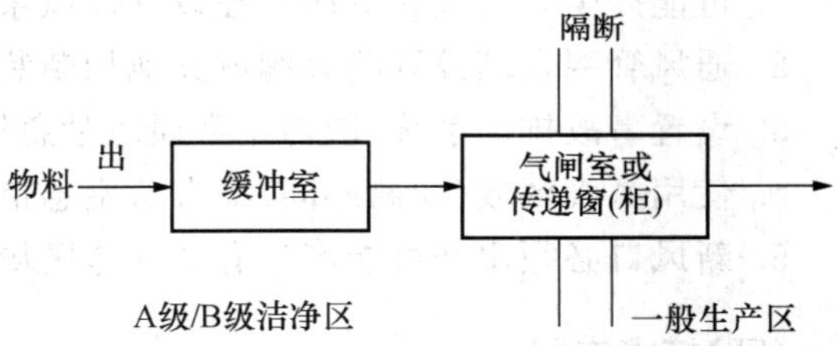

图 4-7 非最终灭菌无菌药品生产用物料从 B 级洁净区到一般生产区传递程序

4. 药品生产的物净系统宜采用带有互锁设施的缓冲室(气闸室)或传递窗(柜)。若采用缓冲室(气闸室),缓冲室(气闸室)不得作人行通道。

5. 原辅料与内包装材料宜分开从各自的物流入口进入洁净区,并存放在靠近使用区的地方。

6. 用于生产过程中产生的废弃物的出口不宜与物料进口合用一个气闸室或传递窗(柜),宜单独设置专用传递设施。

五、洁净区安全

由于洁净区(室)是一个密闭性很强的建筑,其安全疏散是一个重要且突出的问题,和净化空调系统的设置也有着密切的关系。其在设计和使用上要遵循以下国家或行业对厂房设施 EHS 方面的法律法规和技术标准,如《建筑设计防火规范》、《建筑内部装修设计防火规范》、《洁净厂房设计规范》等。洁净区设计安全要求具体如下:

(一)整体布局

1. 防爆区和非防爆区要合理划分、布置,防止相互影响。尽可能地将使用溶剂区域单独隔离,靠边设置。禁止生产或辅助过程有任何残留溶剂类物品进入非防爆区,例如衣物、清洗工具残留的溶剂。

2. 要合理设置防火分区,控制防火分区面积(1 000 m^2)。

3. 合理设置玻璃门、观察窗,易在外面观察洁净区情况。

(二)防火、防爆设计

1. 隔离必须使用耐火、阻燃材料(包括防爆区和非防爆区)。

2. 烘手器、洗衣机等电器设备及电线增加安全等级,周围无易燃设备。

3. 洁净区与一般生产区的隔断和技术竖井的防火处理,达到二级耐火等级。

4. 洁净区不设置易燃易爆物料堆放场所。

5. 原则上禁止出现敞口作业。

6. 溶剂使用区域安装可燃气体报警装置。

7. 使用酒精等溶剂清洗区域按防爆区设计。

(三)通风系统设计

1. 可能产生有毒气体场所单独设立通风系统。

2. 通风管网合理设置防火阀或其他切断装置,防止火灾蔓延。

3. 设置事故排烟系统,能与正常通风紧急切换。

4. 使用氮气区域(如离心间)要有防窒息措施,安装氧气含量报警仪。

5. 新风口必须避开可能产生有毒气体区域上风向。

(四)技术夹层

1. 技术夹层要留应急疏散和救援通道。

2. 技术夹层合理设置烟感探测器。

3. 技术夹层入口设置消防栓。

(五)应急系统

1. 设置事故应急广播(防爆)。

2. 结晶区安全出口采用直通室外或结晶区外安全处,要避免迷宫式,门中门的布置方式,尽量采用自然采光。

3. 保证两套消防水能控制洁净区每个区域,每个生产房间配备灭火器,设置位置便于使用。

4. 生产区域、疏散通道设置应急照明,疏散标志符合国家要求。

除按照上述要求进行规划设计,还应注意以下几点:

1. 每一生产防火区或洁净区至少设置两个安全出口,只有面积<50 m^2,人数<5 人时,可允许只设置一个安全出口。

2. 人流净化入口不应做疏散出口。这是因为人流净化路线往往曲折迂回，一旦烟火弥漫，要求人员很快跑到室外是很困难的。

3. 吹淋室门不能作为一般出入通道，由于这种门常为两侧连锁或自动的，一旦出现故障，非常影响紧急疏散，所以一般应在吹淋室旁设置旁通门。

4. 洁净区内各洁净室的门，考虑维持室内压力状况的需要，其开设方向朝向压力大的房间，因为要靠压力把门压紧，这显然和安全疏散的要求相反，为了考虑平时洁净和紧急疏散的两方面要求，《洁净厂房设计规范》只规定洁净区和非洁净区之间的门和洁净区与室外之间的门作为安全疏散门对待，其开启方向一律朝向疏散方向，当然，单设的安全门也应如此。

第三节　空调净化调节设施

实施药品 GMP 的目的最大限度地降低药品生产过程中污染、交叉污染以及混淆、差错，以确保药品的质量。要保证药品质量形成的过程中不受污染，空气洁净技术是一个必要的条件。在药品生产过程中，存在着各种各样的影响药品质量的因素，包括环境空气带来的污染，药品间的交叉污染和混淆，操作人员的人为差错等。为此，必须建立起一套严格的药品质量体系和生产质量管理制度，最大限度地减少影响药品质量的风险，确保患者的安全用药。作为药品生产质量控制系统的重要组成，药品生产企业空调净化系统主要通过对药品生产环境的空气温度、湿度、悬浮粒子、微生物等的控制和监测，确保环境参数符合药品质量的要求，避免空气污染和交叉污染的发生，同时为操作人员提供舒适的环境。另外，药厂空调净化系统还可起到减少和防止药品在生产过程中对人造成的不利影响，并且保护周围的环境。而在空调净化系统中，洁净室技术是其核心。

一、洁净室的特点

空气经空调净化设备处理后，由送风口向室内送入干净空气，室内滞留的灰尘和细菌被干净空气稀释后强迫其由回风口进入系统的回风管路，在空调设备的混合段和从室外引入的经过过滤处理的新风混合，再经过空调机处理后又送入室内。室内空气如此反复循环，就可以在相当一个时期内把污染控制在一个稳定的水平上。而全新风，则不需回风。

在中国 GMP(2010 年修订)“附录 1：无菌药品”中，对无菌药品生产过程的空气悬浮粒子、微生物限度及其监测等作了具体规定，同时对无菌药品生产各过程的空气洁净度要求，也作了明确说明。

洁净室具有以下三个特点：

1. 洁净室是空气洁净度符合要求的活动空间，具有控制微粒和微生物的功能。我国 GMP(2010 年修订)将洁净区划分为 A 级、B 级、C 级和 D 级四个级别。重要的是，在制药过程中洁净室不仅达到一定的空气洁净度级别，而且必须具有控制微粒与微生物污染、抵抗外界干扰的能力，应当按要求对洁净区的悬浮粒子进行动态监测。这需要有一个合理的满足实用要求的自净时间。不同洁净级别之间的压差设计值是 10 Pa。

2. 洁净室是一个多功能的综合整体。洁净室的多功能主要体现在空气洁净度、风量、风速、压力、噪声及照度等参数上。空气洁净度是洁净室的主要参数，重点控制微粒、微生物；与其相关的风量、风速，也是需要监控的。噪声影响情绪，也需测量噪声。

3. 通过洁净室的设计、施工和运行管理的全过程来体现洁净室的质量。

二、气流组织分类

1. 洁净室按气流组织形式（即气流流型）一般分为单向流洁净室和非单向流洁净室。

（1）单向流洁净室。单向流是指空气朝着同一个方向，以稳定均匀的方式和足够的速率流动。单向流能持续清除关键操作区域的颗粒。单向流洁净室的净化原理是活塞挤压原理，是洁净气流将室内产生的粒子由一端向另一端以活塞形式挤压出去，用洁净气流充满洁净室。单向流洁净室又可分为垂直单向流洁净室和水平单向流洁净室。

垂直单向流洁净室是在其吊顶上满布（≥80%）高效空气过滤器（或风机过滤机组），经其过滤的洁净气流从吊顶用活塞形式以一定的速度，把室内的污染粒子向地面挤压，被挤压的污染空气通过地板格栅排出洁净室，这样不断地进行循环运行来实现洁净室的高洁净度。垂直单向流洁净室可创造最高的洁净度（1～5级），但是，它的初投资最高、运行费最高。

水平单向流洁净室是在其一面墙上满布（≥80%）高效空气过滤器，被其过滤的洁净空气以一定的速度用活塞形式将污染粒子挤压到对面的回风墙，由回风墙排出洁净室，这样不断循环来实现高的洁净度等级。水平单向流可创造5级的洁净度等级。其初投资与运行费用也低于垂直单向流洁净室。水平单向流洁净室与垂直单向流洁净室比较，其最大的区别是垂直单向流气流是由吊顶天花流向地面，所有工作面全部被洁净的气流覆盖。而水平单向流洁净室的气流是由送风墙流向回风墙，因此，气流在第一工作面洁净度最高，后面的工作面的洁净度会越来越差。

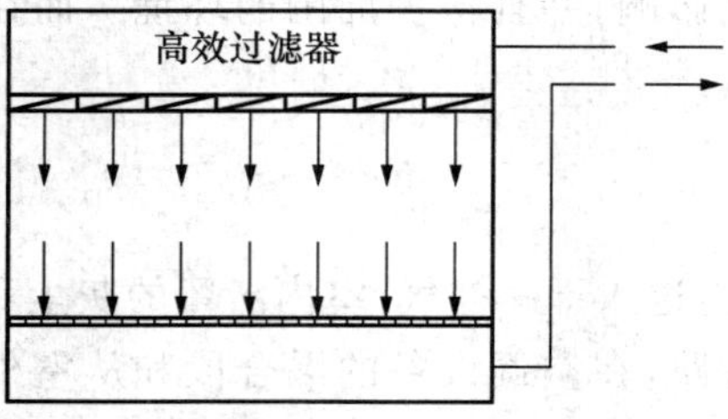

(a)垂直单向流

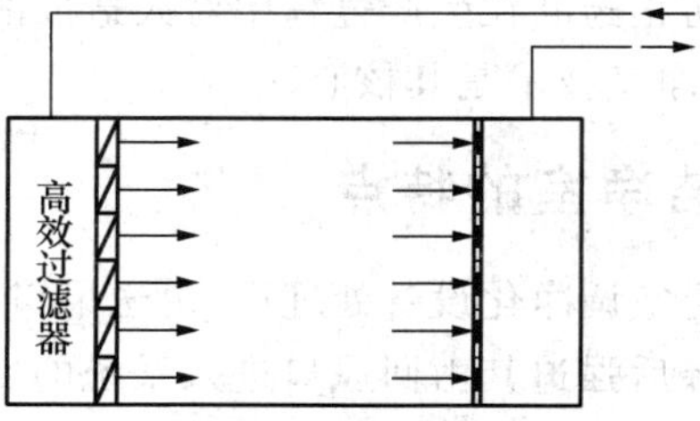

(b)水平单向流

图4-8　单向流洁净室

（2）乱流洁净室。这种洁净室从送风口经散流器进入室内的洁净空气气流迅速向四周扩散，与室内空气混合，稀释室内污染的空气，并与之进行热交换，在正压作用下，从下侧回风口排走。室内气流因扩散、混合作用而非常杂乱，有涡流，故有乱流洁净室之称；乱流洁净室自净能力较低，只能达到较低的空气洁净度级别，通常在D级洁净区范围，其一次投资与运行费用均较低。对紊流稀释洁净室的基本要求：一是送入空间的空气必须比需要保持的房间空气条件更干净；二是送入的洁净空气的体积必须足以抵消空间所产生的微粒数，并保持动态的环境条件；三是必须使房间空气和送入的洁净空气充分混合以达到稀释的作用。以上三个基本条件都必须在房间空气换气次数计算时得到反映。图4-9为乱流洁净室示意图。

2. 洁净室空调系统应能控制空气污染，以保证药品的纯度、均一性和品质。洁净室污染控制通常可通过下述方式实现，即向工作场所送入经过净化过滤的空气，同环境空气混合并稀释洁净室空气中的污染物。在洁净室设计时应考虑换气率、空气含尘浓度、洁净室自净时间的相互关系。虽然换气率是制药厂空调系统设计中的重要参数，但是，相对于生产房间的分级而言，换气率与自净能力之间有着更紧密的关系，换气率取决于房间尺寸和空气流量。任意设定换气率将决定房间的送风量，并影响到工程投资和生命周期成本。气流组织的选择应以有利于微粒排除；气流方向尽可能与微粒沉降方向一致为原则，并应符合下列要求：

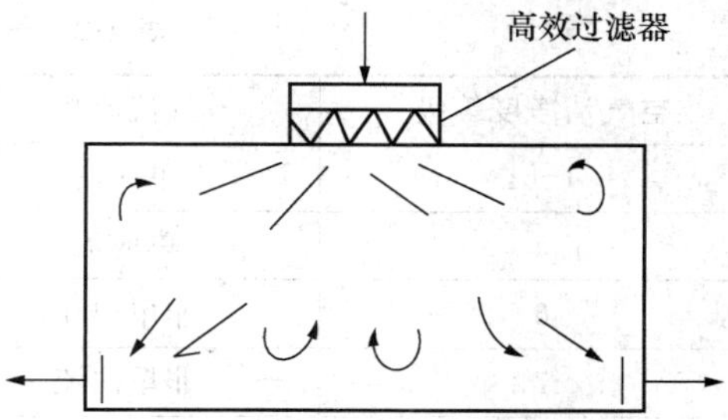

图 4-9 乱流洁净室示意图

(1)洁净工作区的气流速度，应满足洁净度和人体健康要求，并应使洁净工作区气流单一。

(2)送风口应靠近洁净室内洁净度要求高的工序。

(3)回风口宜均匀布置在洁净室下部，易产生污染的工艺设备附近应有回风口。

(4)余压阀宜设在洁净室气流下风侧，不宜设在洁净工作面高度范围内。

3. 非单向流洁净室内设置洁净工作台时，其位置应远离回风口。

4. 洁净室内有局部排风装置时，其位置应设在工作区气流的下风侧。

5. 洁净室的送风量与换气次数。洁净室用以稀释室内污染物、保持生产区环境要求的洁净空气送风量，应取下列最大值：

(1)为保持室内洁净级别所需风量，包括为满足 15～20 min 洁净室自净时间所需风量。

(2)根据热、湿负荷计算确定的风量。

(3)向洁净室供给的新鲜气量。

洁净室的通风状况通常可用“换气次数”这一较为直观的表示方法，“换气次数”即为每小时进入空间的风量除以该空间的体积。

洁净室换气次数同洁净室级别和自净时间有着紧密关系。GMP 法规中并未对换气次数作明确规定，换气次数应通过计算确定。

6. 洁净室气流组织。空气洁净度要求为 5 级时，应采用垂直单向流或水平单向流。空气洁净度要求为 6～9 级时，宜采用非单向流。洁净室工作区的气流分布应均匀，如表 4-2 所示。

(1)药品洁净生产厂房的气流宜采取顶送下回或顶送下侧回的方式。

(2)对产生粉尘和有害物质的车间不应采取走廊回风的方式，也不宜采取顶回风的方式。

(3)单向流洁净室内不宜设置洁净工作台，非单向流洁净室设净化工作台宜远离回风口。

(4)排风口和余压阀宜设在送风气流的下风侧，以减少对送风气流的影响；室内产热宜减少对气流的影响。

(5)局部 A 级洁净生产区的垂直单向流应覆盖洁净的工作区的全部区域。垂直单向流应采取下回或侧下回方式，周围可用硬围挡或软围挡与周围隔开。垂直单向流工作区的气流应均匀，气流速度为 0.36～0.54 m/s。

表 4-2　气流流型和送风量(静态)

空气洁净度等级	气流流型	平均风速/(m/s)	换气次数/(次/h)
1～4	单向流	0.3～0.5	—
5	单向流	0.2～0.5	—
6	非单向流	—	50～60
7	非单向流	—	15～25
8～9	非单向流	—	10～15

注:①换气次数适用于层高小于 4.0 m 的洁净室;②室内人员少、热源少时,宜采用下限值。

三、药品生产区域的环境参数

(一)一般规定

药品生产区域的环境参数主要包括空气洁净度、风量、风速、压力、噪声及照度等。

1. 为了保证药品生产质量、防止生产环境对药品的污染,生产区域必须满足规定的环境参数标准。

2. 药品生产区域应以空气洁净度(尘粒数和微生物数)为主要控制对象,重点控制微粒、微生物;与其相关的风量、风速,也是需要监控的。噪声影响情绪,也需测量噪声。

3. 环境空气中不应有不愉快气味以及有碍药品质量和人体健康的气味。

(二)环境参数的设计标准

1. 空气洁净度。GMP(2010 年修订)无菌药品附录第八至十三条对洁净室(区)空气的微生物数和尘粒数应定期监测,监测结果应记录存档进行也明确的规定要求。

GMP(2010 年修订)无菌药品附录

第十三条　无菌药品的生产操作环境可参照表 4-3 和表 4-4 中的示例进行选择。

表 4-3　最终灭菌药品生产操作示例

洁净度级别	示　例
C 级背景下的局部 A 级	高污染风险[①]的产品灌装(或灌封)
C 级	1. 产品灌装(或灌封) 2. 高污染风险[②]产品的配制和过滤 3. 眼用制剂、无菌软膏剂、无菌混悬剂等的配制、灌装(或灌封) 4. 直接接触药品的包装材料和器具最终清洗后的处理
D 级	1. 轧盖 2. 灌装前物料的准备 3. 产品配制(指浓配或采用密闭系统的配制)和过滤 4. 直接接触药品的包装材料和器具的最终清洗

注:①此处的高污染风险是指产品容易长菌、灌装速度慢、灌装用容器为广口瓶、容器须暴露数秒后方可密封等状况;②此处的高污染风险是指产品容易长菌、配制后需等待较长时间方可灭菌或不在密闭系统中配制等状况。

表 4-4　非最终灭菌药产品无菌生产操作示例

洁净度级别	示　例
B级背景下的A级	1. 处于未完全密封[①]状态下产品的操作和转运，如产品灌装（或灌封）、分装、压塞、轧盖[②]等 2. 灌装前无法除菌过滤的药液或产品的配制 3. 直接接触药品的包装材料、器具灭菌后的装配以及处于未完全密封状态下的转运和存放 4. 无菌原料药的粉碎、过筛、混合、分装
B级	1. 处于未完全密封[①]状态下的产品置于完全密封容器内的转运 2. 直接接触药品的包装材料、器具灭菌后处于密闭容器内的转运和存放
C级	1. 灌装前可除菌过滤的药液或产品的配制 2. 产品的过滤
D级	直接接触药品的包装材料、器具的最终清洗、装配或包装、灭菌

注：①轧盖前产品视为处于未完全密封状态；②根据已压塞产品的密封性、轧盖设备的设计、铝盖的特性等因素，轧盖操作可选择在C级或D级背景下的A级送风环境中进行。A级送风环境应当至少符合A级区的静态要求。

非无菌操作：口服液体、固体、腔道用药（含直肠用药）、表皮外用药品、非无菌的眼用制剂暴露工序及其直接接触药品的包装材料最终处理的暴露工序区域，应参照“无菌药品”附录中D级洁净区的要求设置与管理。

2. 温度与相对湿度。

(1)一般要求：洁净室的温度与相对湿度应与药品生产要求相适应，应保证药品的生产环境和操作人员的舒适感。当药品生产无特殊要求时，洁净室的温度范围可控制在18～26℃，相对湿度控制在45％～65％。考虑到无菌操作核心区对微生物污染的严格控制，对该区域的操作人员的服装穿着有特殊要求，故洁净区的温度和相对湿度可按如下数值设计。

A级和B级洁净区：温度20～24℃，相对湿度45％～60％；

C级和D级洁净区：温度18～26℃，相对湿度45％～65％。

当工艺和产品有特殊要求时，应按这些要求确定温度和相对湿度。

(2)特殊要求：导致产品质量受到负面影响的洁净室温度和相对湿度要求应根据稳定性研究、验证产品或工艺容许工作范围的参数。就无菌设施而言，如果空气与产品直接接触（A级开放式处理区），则温度可能会对产品质量产生影响，因此，可对温度范围实施限定。

对生物原料的处理区而言，保持洁净室的温度和相对湿度通常只是为了使操作人员感到舒适。大多数产品的加工在C级或D级区内进行，并采用密闭操作方式。如生产设备不采用夹套进行温度控制时，此时如能证明洁净室的温度和相对湿度对产品质量或工艺有影响，则应将HVAC系统参数视为关键参数。

对固体制剂设施而言，虽然空气与产品直接接触，但通常情况下，温度并不对产品质量起到关键作用。设定值通常基于穿着隔离衣的操作人员的舒适感。许多粉剂产品具有吸湿性，要求相对湿度低于一般为确保操作人员舒适感而提供的相对湿度。产品或工艺可能需要严格的洁净室环境条件，以满足生产或保持产品质量的要求（例如，配料的吸湿性会导致产品在暴露于环境湿度条件时出现增重现象，这会对基于重量的配方产生影响）。

根据规范要求，成品或原料的贮存条件要得到控制和监测。一般情况下，鉴于成品或原料的贴标要求，空间的温度和相对湿度应受到监测和控制。对封闭和密封的容器而言，相对湿度要求通常并不严格。

3. 洁净室送风量与换气次数。洁净室用以稀释室内污染物、保持生产区环境要求的洁净空气送风量，应取下列四个风量之中最大的风量：

(1)消除室内产生的余热，保证室内温度的空调风量。

(2)消除室内产生的余湿，保证室内相对湿度的空调风量。

(3)消除室内产生的污染，保证室内洁净度的净化风量。

(4)补充排风量和维持室内正压的风量和保证室内人员大于 40 m^3/h 的新鲜空气量。

洁净室的通风状况通常可用“换气次数”这一较为直观的表示方法，“换气次数”即为每小时进入空间的风量除以该空间的体积。

洁净室换气次数同洁净室级别和自净时间有着紧密关系。GMP 法规中并未对换气次数作明确规定，换气次数应通过计算确定。

4. 洁净室的压力控制。洁净室与室外均应维持一定的正压，与其他相邻和周围的房间也应保持一定的压力梯度。若没有特殊要求时，洁净房间与非洁净房间、无菌房间与非无菌房间、高洁净度与低洁净度的房间之间均要维持≥10 Pa 的正压。洁净室(区)与室外应维持≥15 Pa 的正压。

下列房间应设置压差的指示装置：

(1)不同洁净度等级的房间之间。

(2)洁净与非洁净的房间之间。

(3)无菌与非无菌的房间之间。

(4)需保持一定相对负压的房间。

(5)人身净化和物料净化的气闸室。

下列房间应维持相对负压：

(1)产生或散发粉尘的房间。

(2)使用有机溶媒的房间。

(3)产生大量有毒、有害、热、湿气体和异味的房间。

(4)青霉素等特殊药品的精制、干燥、包装及制剂产品分装的房间。

(5)病原体操作房间(区)。

(6)放射性药品的生产区。

5. 噪声。洁净室的空态噪声单向流应≤65 dB(A)，非单向流应≤60 dB(A)。

6. 照度。洁净室(区)应根据生产要求提供足够的照明。主要工作室的照度应≥300 lx；在辅助工作室、走廊、气闸室、人员净化和物料净化用室的照度可低于 300 lx，但应≥150 lx；对照度不特殊要求的生产部位可设置局部照明，厂房应有应急照明设施。

四、空气净化调节系统及通风装置

暖通空调系统(HVAC)设备是实现对受控洁净室环境条件要求的主要设备。GMP 区域所使用的 HVAC 设备，与运行系统的相关控制装置及操作工序相配套，主要实现以下功能：

1. 维持洁净室内的温度。

2. 维持洁净室与相邻环境的正压和负压要求，有效防止交叉污染。

3. 将 HVAC 系统对空调空间所造成的空气污染降低到最低程度。

4. 满足室内通风要求，并为保持室内正压提供补风。

5. 通过加湿或除湿处理，保持室内相对湿度。

6. 如有要求，可提供维持洁净室洁净度分级和段面风速所需的空气流量。

(一)药品生产对净化空调系统的技术要求

1. 洁净室(区)的空气要进行过滤除尘处理，达到生产工艺所要求的空气洁净级别。

2. 进入洁净室(区)的空气温度、相对湿度符合 GMP 要求。

3. 生产工艺条件的前提下，利用循环回风，调节新风比例，合理节省能源，确保并排除洁净室(区)内在生产中发生的余热、余湿和少量的尘粒。

过滤是实现空气净化的主要手段，空气过滤器也是空气净化系统的主要部分。按过滤器的构造分类，常用过滤器有浸油金属网过滤器、静电过滤器、纤维过滤器等几种。按过滤器的功效分类，分为粗效、中效、亚高效和高效过滤器等。

空气处理设备的基本规格和参数应满足 GMP 空调系统的技术要求。空气处理设备的各组成部分，例如冷盘管、热盘管、加湿器、除湿器、风口、风机、电机、过滤器及其他零部件，应符合国家有关标准规定，同时应能够达到设计能力的 1.15 倍，以满足需求量增大或未来扩容的要求。

空气处理设备应具有较高的可靠性，并且重要部位的维护符合要求。

为了便于操作人员工作(特别是在大型空气处理机组中)，内部照明灯可能比便携式照明装置更为方便。照明装置应采用电压不超过 36 V 安全照明，每个有检修门的功能段设置一个灯具。照明装置应采用防水全密封型。

接线盒应采用防风雨型，线管穿过处应密封不透气。

电子元件、电线和端子应标识清楚。高压端子必须标明。内部电源电缆应屏蔽。

箱体应采用绝热、隔声材料，应无毒、无腐蚀、无异味和不易吸水，其材料外露部分和箱体应具有不燃或难燃特性。

(二)净化空调系统的分类

空气处理机组(AHU)是 HVAC 系统的主要设备，通过不同功能的组合可以实现对空气的混合、过滤、冷却、加热、加湿、除湿、消声、加压输送等。空气处理设备的风量，供冷量、供热量、机外静压、噪声及漏风率等性能的优劣直接关系到洁净室受控环境条件的实现与否。

空气处理机组属于成套设备，通常是由对空气进行一种或几种处理功能的单元段组合而成的。其组件包括金属箱体、风机、加热和冷却盘管、加湿器、空气过滤装置等。

国家标准《组合式空调机组》(GB/T 14294—2008)对组合式空调机组的分类、标记等进行了规定。

空气处理机组按结构形式可分为卧式 W、立式 L、吊顶式 D 及其他 Q。按用途特征可分为通用机组 T、新风机组 X、净化机组 J 及其他专用机组 Z。

图 4-10 为空气处理机组常用功能组合形式。图 4-11 为空调系统空气处理基本流程。

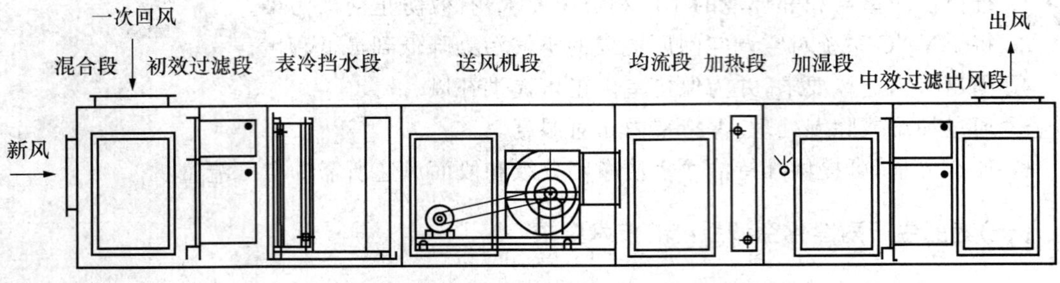

图 4-10　空气处理机组常用功能组合形式示意图

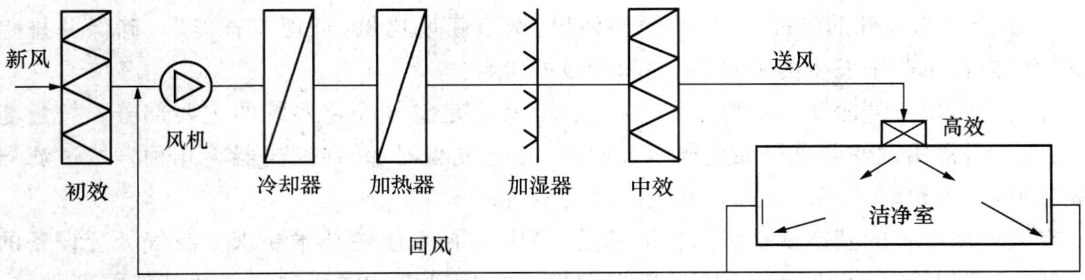

图 4-11　净化空调系统空气处理基本流程图

(三)净化空调系统的设置

1. 对面积较大,空气洁净度较高,位置集中及消声、振动要求严格的洁净室采用集中式空调系统。反之,可采用分散式净化空调系统。

2. 下列情况的空气净化系统宜分开设置:

(1)单向流洁净室与非单向流洁净室。

(2)高效空气净化系统与中效空气净化系统。

(3)运行班次和使用时间不同的洁净室。

(4)青霉素类等高致敏性药品、避孕药品、激素类、抗肿瘤类化学药品、放射性药品、强毒微生物及芽孢菌制品加工或操作病原体等任何有致病作用的微生物的房间必须采用专用和独立的厂房、生产设施和设备,并保持相对负压。上述房间的送风口和排风口均应安装高效空气过滤器。生产或分装上述药品应有独立的净化空调系统,其排风口应当远离其他药品净化空调系统的进风口。

(5)来自病原体作业区的空气不得再循环,来自危险度为二类以上病原体作业区的空气应通过除菌过滤器排放。

(6)放射性药品生产区排出的空气不得再循环,排气应采用过滤装置。

3. 下列情况的空气净化系统,如经处理仍不能避免交叉污染时,则不应利用回风:

(1)固体物料的粉碎、称量、配料、混合、制粒、压片、包衣、灌装等工序。

(2)固体口服制剂的制粒、干燥设备所使用的净化空气。

(3)用有机溶媒精制的原料药精制干燥工序。

(4)凡工艺生产中产生大量有害物质、挥发性气体的生产工序。

(四)局部除尘和排风装置

洁净室内产生粉尘和有毒有害气体的工艺设备，应设单独的局部除尘和排风装置。

1. 局部除尘和排风系统在下列情况下，应单独设置：

(1)非同一净化空气调节系统。

(2)排风介质混合后能加剧腐蚀性、毒性、产生燃烧和爆炸危险性。

(3)所排出的有害物质毒性相差很大。

2. 需要消毒灭菌的洁净室，应设排风设施。

3. 洁净室排风系统应有防倒灌措施。如在排风总管上设止回阀，中效以上空气过滤器或电动密闭阀，且与排风风机连锁。含有易燃、易爆物质的排风系统应有防火、防爆措施。

4. 设在人员净化室的厕所、淋浴室应采取通风措施，其室内静压值应低于更衣室的静压值。

5. 洁净区内的送风机、回风机及与洁净室风量平衡有关的排风机的启闭应联锁，系统的开启程序为先开送风机，再开回风机和排风机，关闭时联锁程序相反。

6. 非连续运行的洁净室可根据生产工艺要求设置值班风机，并保持室内空气洁净度和正压、防止室内结露。

7. 事故排风装置的控制开关应与净化系统联锁，并分别设在洁净室和室外便于操作的地点，室内宜设报警装置。

(五)除尘

除尘的任务是防止工业污染物(粉尘)对人体健康和环境的危害，防止粉尘对室内(尤其是洁净室)空气以及对室外大气的污染。为此一方面要将生产设备(例如糖衣锅)产生的粉尘连同运载粉尘的气体予以捕集，不使其散发到室内，影响房间的空气洁净度；另一方面需要将含尘气体进行净化，将其中的粉尘清除至排放标准值以后排入大气，防止污染环境。

许多工艺和设备在生产时会同时发散出大量粉尘，如固体制剂的压片、粉碎、称量。若将产生的粉尘直接排入大气，对人体健康、环境、自然景物的美观都有影响，影响的严重程度取决于排出的总尘量和粉尘的物理、化学性质以及排放源的周围环境，所以对这些粉尘要进行捕集。

除尘的主要任务是从排出的气流中将粉尘分离出来，为此可利用各种不同的机理，其中主要有：重力、离心力、空气动力、过滤、电力。

除尘器是从气流中将粉尘颗粒予以分离的设备。净化由生产设备产生的含尘气体的设备称为工业除尘器，而净化大气空气的称为空气过滤器(中效、初效、亚高效、高效)。另一方面，工业除尘器也是从气流中回收有用物料(如颗粒、药粉)的主要设备，因而有时也称作分离器。这样分离器又作为工艺设备之一在生产中起重要作用，如真空吸料装置中的分离器。

药品生产企业在实践中采用了多种多样的除尘器，但主要是旋风除尘器、布袋除尘器和湿式除尘器。旋风除尘器是使含尘气体做旋转运动，借助作用于尘粒上的离心力，把尘粒从气体中分离出来的装置；袋式除尘器是使含尘气体通过滤袋，将粉尘分离捕集的装置，根据选用的滤料和设计参数不同，袋式除尘器的效率可高达99.9%以上；湿式除尘器是用液滴、液膜、气泡等洗涤含尘空气，使尘粒黏附和相互凝聚，从而将其分离的装置。湿式除尘器的除尘效率高，主要缺点是会产生污水，需要进行处理以消除二次污染，冬季（特别是北方）必须考虑防冻措施。

除尘器一般应设在服务厂房的外部，一般在一个单独的建筑物内，以便于在维修过程中进行粉尘控制，且应配备爆炸排气装置。集尘器也可设在厂房内，但须靠近外墙，并通过一根直管（一般不超过 3 m）向外排气，还须设置爆炸排气口（根据当地法规要求）。若配有防爆系统，集尘器可设置在厂房内的任何位置。在布置滤尘器时，如有必要，应考虑设置安全更换壳体（即装进袋出过滤系统）。

选择除尘器时，必须从多方面综合考虑，但最主要的是除尘效率和粉尘的性质气体的性质、运行的条件。粉尘的性质有容重、亲水性、黏结性、比电阻及颗粒大小；气体的性质有温度、湿度、化学性质等；运行条件有室内还是室外等。在选用时要充分调查研究粉尘的性质及其分散度。实践证明旋风除尘器及袋式除尘器比较适合药厂使用。但对薄膜包衣产生的粉尘来说，因其是亲水性的，则应选用湿式除尘器。如除尘效率达不到预期的效果，也可以将不同除尘效率的除尘器串联起来使用。

除尘系统的设置有两种基本形式。一是单机除尘系统，一台设备配一台除尘器，如现在许多压片机都单独配有除尘器，这种除尘器的排气口可以接至室外，也可在室内循环；二是集中除尘系统，即多台设备合用一台除尘器。

五、空气净化处理

空气过滤器的选用、布置和安装方式应符合下列要求：

1. 空气净化处理应根据空气洁净度等级合理选用空气过滤器。

2. 空气过滤器的处理风量应小于或等于额定风量。

3. 中效（高中效）空气过滤器宜集中设置在空调系统的正压段。

4. 亚高效和高效过滤器作为末端过滤器时宜设置在净化空调系统的末端；超高效过滤器必须设置在净化空调系统的末端。

5. 设置在同一洁净区内的高效（亚高效、超高效）空气过滤器的阻力、效率宜相近。

6. 高效（亚高效、超高效）空气过滤器安装前应进行检漏，安装应严密，安装方式应简便、可靠，易于检漏和更换。

7. 对较大型的洁净厂房的净化空调系统的新风宜集中进行空气净化处理。

8. 净化空调系统设计应合理利用回风。

9. 净化空调系统的风机宜采取变频措施。

10. 净化空调系统的电加热器、电加湿器应采取安全保护措施。寒冷地区的新风系统应设置防冻保护措施。

第四节　室内装修

洁净室内装即是对有洁净需求的建筑物内部用专用的材料对其进行结构包装来达到设计所需求的美观和洁净功能需求的整套工艺。在设计和建设厂房时，应考虑使用时便于进行清洁工作。洁净室(区)的内表面应平整光滑、无裂缝、接口严密、无颗粒物脱落,并能耐受清洗和消毒,墙壁与地面的交界处宜成弧形或采取其他措施,以减少灰尘积聚和便于清洁。洁净室(区)内各种管道、灯具、风口以及其他公用设施,在设计和安装时应考虑使用中避免出现不易清洁的部位。

一、室内装修的基本要求

洁净厂房的主体应在温度变化的环境下或振动情况下不易产生裂纹和缝隙。主体应使用发尘量少、吸尘性、吸湿性小的材料。墙壁和顶棚表面应光洁、平整、不起灰、不产生静电、耐腐蚀、耐冲击、易清洗。墙与墙、地面、顶棚连接处要有一定的弧度。地面可根据不同要求选用材料,但应光滑、平整、无缝隙、耐腐蚀、耐冲击、不积聚静电,易除尘清洗。门窗结构要密封,与墙面要平,要充分考虑对空气和水的影响,并能使污染粒子不易渗入,门窗类型要简单,不易积尘,清扫便捷。门框不应设门槛。无菌室门窗不得使用木制品,以免受潮长霉。

车间底层应高于室外地坪,通常可在 0.5～1.5 m 考虑。生产车间的层高为 2.8～3.5 m,技术层净高不应低于 0.8 m(具有横梁的而影响夹层中工作的应扣除计算),一般应留出 1.2～2.2 m。

二、装修材料

1. 室内墙体。《医药工业洁净厂房设计规范》第七章第一条规定:“建筑面积和空间布局应有适当的灵活性,洁净区主体结构不宜采用内墙承重”。因此,洁净室(区)采用框架结构、轻质墙体填充材料成为发展趋势,砖瓦结构已不再适用,代之以轻质、环保、节能型新型墙体材料,如彩钢板、硬质 PVC 发泡复合板、刨花石膏板等。

2. 地面。目前洁净室(区)主要采用地面材料有:塑胶贴面、耐酸瓷板、水磨石、水磨石环氧树脂涂层、合成树脂涂面等。塑胶贴面的特点是光滑、耐磨、不起尘、易清洁,缺点是弹性较小、易产生静电、受紫外线照射易老化。水磨石材料光滑、不起尘、整体性好、耐冲洗、防静电,但无弹性。水磨石环氧树脂涂层材料,耐磨、密封、有弹性,但施工复杂。合成树脂涂面透气性好,价格高,弹性差。

3. 内墙装饰。不论国内或国外,大部分控制区的墙面均为无光油漆,以免产生眩光而影响操作,但万级区域,国内外有用环氧树脂或聚氨酯罩面。内墙装饰材料多采用瓷砖、环氧树脂漆、乳胶漆、不锈钢板或铝合金材料。其中,乳胶漆面料不能水洗,不锈钢材料价格较高。技术夹层的墙面、顶棚应抹面。无洁净度要求的房间以抹灰刷白墙面较经济;有关涂布材料尚有聚氨基甲酸酯、过氯乙烯漆等,前者表面光滑耐磨且能擦洗并可用蒸汽冲洗;后者防潮性能好,耐酸碱。

4. 门窗。洁净室的门窗应密封,洁净室与参观走廊相邻的玻璃窗应采用大玻璃窗,便于参观和生产监测。洁净室的门应由洁净度级别高的区域向洁净度级别低的区域开启。空调区与非空调区隔墙应设双层窗,一层固定,空调区外墙设双层窗,一层固定。传递窗应采用平开钢窗或玻璃拉窗。洁净级别不同的区段间的联系门要紧密、平装、造型简单。钢板门强度高、光滑、易清洁,但漆膜要求牢固能耐擦洗。蜂窝贴塑门表面平整光滑、易清洁、面材耐腐蚀。传递窗的材料采用不锈钢制作较理想,混凝土顶及底板,表面贴白磁板亦常用。

5. 天棚。由于洁净环境要求各种管道暗设,故设技术隔层(或称技术吊顶),此吊顶有硬吊顶或软吊顶，前者检修安装可承载较大的荷重，建成后维修费用省，属永久性，它为钢筋混凝土结构，现已逐渐被用按一定距离设置拉杆吊顶取代，此种结构自重大大减轻，拉杆最大距离可达 2 m，载荷完全可满足安装要求，费用大幅度下降。为提高保温效果，可在中间夹以保温材料。软吊顶系采用铝合金轻钢龙骨（有主龙骨、次龙骨）下面用石膏板、石棉石膏板、塑料板、宝丽板（或贴塑板）封闭，此结构用料省但维修麻烦，而且顶棚材料要根据环境的相对湿度，粉尘浓度等具体情况加以确定。饰面材料可与墙面相同。

6. 地漏。洁净室内的地漏，均使用洁净型地漏，不使用时用盖板盖住，使用时拿掉。并应经常进行消毒或灭菌，最好将地漏布置在房间易接近的地方。

三、电气照明

1. 洁净室（区）配电设施。洁净室（区）的电源进线（不包括消防用电），应设置切断装置，并宜设在非洁净区便于操作管理的地点；配电设备应选择不易积尘、便于擦拭、外壳不易锈蚀的小型暗装配电箱及插座箱。配电线路应按不同空气洁净度等级划分的区域设置配电回路。电气管线宜敷设在技术夹层、技术夹道或墙面暗敷，管材应采用非燃烧材料，不宜选用不锈钢材料。

2. 洁净室（区）照明设施。洁净室（区）应根据生产要求提供足够的照度。主要工作室，一般照明的照度均匀度不应小于 0.7；照明光源宜采用荧光灯，应选用外部造型简单、不易积尘、便于擦拭的照明灯具，不应采用格栅型灯具；一般照明灯具宜明装，但不宜悬吊；采用吸顶安装时，灯具与顶棚接缝处应采用可靠密封措施；有防爆要求的洁净室（区），照明灯具选用和安装应符合国家有关规定；厂房内应设置供疏散用的事故照明，在应急安全出口和疏散通道及转角处应设置标志，在专用消防口处应设置红色应急明灯。

3. 洁净室（区）其他电气的设置要求。对于易燃易爆岗位则应设有报警信号及自动切断电源措施。灯具开关应设有报警信号，电脑自动切断电源措施。

紫外线杀菌灯是灭菌室常用的灭菌工具之一，由于它是一种比可见紫光波长还短的不可见电磁波，其波长是 100～380 nm，其中 200～275 nm 具有杀菌作用，而波长 253.3 nm 杀菌效果最佳。根据经验，一支 30 W 灯可对 7～10 m^2 作业区起作用。使用时应防止对人直接辐射，以免损害人体健康。

四、动力系统

动力系统是指洁净厂房在日常运行中需要的支持系统，动力系统一般包括真空、压缩空气、冷冻、加热、蒸汽、水、排水、电气等，除有特殊要求外，一般这些设备都应设置在洁净室外，主管一律在室外，管线多设于技术夹层中。与药品直接接触的干燥用空气、压缩空气和惰性气体应经净化处理，符合生产要求。

五、排水系统

GMP 的要求是在洁净厂房内应尽量少设或不设下水设施。但在洁净厂房内由于生产操作的要求，必须设置下水排放系统。在洁净厂房的下水系统中，因各生产工艺和生产环节的要求不同，所排放下水的量、质等均有较大差异，在下水、凝水等排放上有不确定性。所以，在下水排放时，下水管道内瞬时间处于汽气混合状态，排放不顺畅时，在地漏处极易产生水汽倒冲、冒汽等现象。在绝对标高较低的地区，因排水管道内始终存有积液，使排放不畅，尤其容易产生“水汽倒冲”现象，尽管在洁净区内所设置的洁净地漏有液封、有盖。因有时下水管内水汽正压力过大，将会从洁净地漏盖处返溢。这无疑将对洁净环境区域的洁净产生破坏，引起环境的污染或交叉污染。解决问题的方法是：

1. 洁净厂房内下水系统应分区、分排放介质单独设置下水系统。若难以做到，也至少应使凝水排放与一般下水排放分开。

2. 在洁净地漏与下水管道连接处增设防倒灌装置。尤其是像沿海如上海地区这类绝对标高较低地区建设洁净厂房，显得更为重要。若凝水排放与下水排放设在同一排水系统中，而凝水排放时的压力如不能及时释放，就将对地漏形成冲击，引起地漏的倒冲、掀盖等现象。其次凝水排放时放出大量的热，无疑是给下水管内存液在进行加热，洁净地漏的水封也会受热，产生冒气现象。这些情况都会对洁净生产环境起到破坏作用，造成生产环境的污染。若该下水系统是同几个不同生产环境相连，就极易造成生产区域的交叉污染。因此，下水系统的分区、分介质设置，再加上防倒灌装置，可将其污染的可能性降至最低。结合有效的清洁、卫生、管理制度，可确保药品生产环境的洁净、卫生。

第五节　仓贮区、质量控制区与辅助区

一、仓贮区

(一)仓贮区 GMP 风险

医药工业洁净厂房内应设置与生产规模相适应的原辅材料、半成品、成品存放区域，且尽可能靠近与其相联系的生产区域，减少运输过程中的混杂与污染。存放区域内应安排待验区、合格品区和不合格品区。制药生产企业在生产过程中，由于以下工作需求，很容易造成人为差错和物料的交叉污染：

1. 产品种类、规格繁多，相应的原辅料、包装材料、中间产品和待包装产品、成品数量大，没有足够的物理空间。

2. 已放行物料与未放行物料的混淆。

3. 在入库检验和生产过程中产生或发现的不合格品没有设置适用的不合格区。合格物料与不合格物料物料混淆。

4. 物料安全性，物理化学特性对贮存环境的要求，没有温湿度控制或温湿度分布不均、空调设计不当。

5. 物料外包装污染物，进厂物料外包装没有设置缓冲清洁区。

6. 昆虫或其他动物的进入及外界天气(如雨、雪)的影响，没有必要的防虫和防雨设施。

7. 物料贮存、转运、发放过程中因破损造成的污染。

(二)平面布局、设施设计原则

1. 贮存面积和空间、设施设备应与生产规模和生产品种相适应，以保证物料和产品能够

有序存放。

2. 生产过程中的物料贮存区的设置靠近生产单元，面积合适。可分散或集中设置。

3. 非 GMP 相关物料(如办公用品、劳保用品、促销用品等)，建议和 GMP 相关物料单独设置，减少 GMP 库房建设规模，降低库房管理成本。

4. 仓库和外界，仓库与生产区接界处应当能够保护物料和产品免受外界天气的影响，其接界处都应有缓冲间，缓冲间两边均应设门，并设互锁，不允许两边门同时开启。

5. 仓库应做到人流、物流分开。仓库在人流通道中应设有更衣室等设施。

6. 仓贮区域通常分一般贮存区、不合格品区、退货区、特殊贮存区，辅助区域通常分接收区、发货区、取样区、办公/休息区。仓贮区应有足够的空间用于待验品、合格品、不合格品、退货的存放，并在包装容器上有明确的状态标识，对于不合格品及退货物料采用物理隔离方式贮存。但如果采用计算机化仓贮管理系统，物料的状态标识及隔离可以在系统中进行，可能不涉及物料的物理隔离。

7. 配置合适的空调通风设施，以保持仓库内物料对环境的温、湿度要求。根据产品及物料的贮存条件，选择常温库、阴凉库或者冷库等进行物料的贮藏。由于库房空间较生产房间大，宜通过当地最热和最冷季节的温湿度分布验证，确认空调通风设施的性能。

8. 在原辅料、包装材料进口区应设置取样间或取样车。取样设施常装有层流装置。取样间内只允许放一个品种、一个批号的物料，以免混料混淆。仓贮区的取样区洁净级别应与生产要求一致。

9. 仓库设计一般采用全封闭式，可采用灯光照明和自然光照明，对光照有一定的要求。仓库周围一般设置窗户，即便有窗也不允许开启，以防积尘，也防鼠类、虫类进入。有窗部位外面要安装铁栅栏，以保证物品安全。

10. 仓库的地面要求平整，尤其是高位货架和高位铲车运作区，要求地面平整。一般要求平整度为 1 000 mm±2 mm。

11. 高位货架应采用冷轧钢板质量较好，如用热轧钢板，对钢板厚度要求稍厚些。焊接货架焊接处要求质量较高，无砂眼，表面要进行防锈处理。货架竖立时要求测量其垂直度，不得有倾斜。

12. 仓库地面要进行硬化处理，其处理可用环氧树脂或聚氨酯涂层，一般不用水泥地面，尤其用高位铲车运作时，易起尘，难以清洁。

13. 仓库内不设地沟、地漏，目的是为了不让细菌滋生。仓库内应设洁具间，放置专用的清洁工具，用于地面、托盘等仓贮设备的清洗。

14. 仓库地面结构要考虑承重。高层货架已不再用底脚螺丝预埋件固定，而用膨胀螺栓固定，装卸均较简便。物料都应堆放在托盘上，宜采用金属或塑料托盘，其结构应考虑便于清洁和冲洗。

15. 对于头孢类、青霉素类、激素类产品应分开放置，并需要吸塑包装，以免交叉污染。

16. 青霉素类和头孢素类用的托盘应分开，不能和一般物料用托盘混用，如要混用，则需用清洗剂(如 12%的氢氧化钠溶液或氨溶液)清洗，以防交叉污染。

17. 对于贮存条件或安全性(特殊的温度、湿度要求或毒、麻、精、放)有特殊要求的物料或产品，仓贮区应有特殊贮存区域以满足物料或产品的贮存要求。

二、质量控制区

(一)质量控制区的技术要求

根据GMP对的相关要求，质量控制区应符合以下要求：

1. 质量控制检验、留样观察以及其他各类实验室通常应与药品生产区分开设置。

2. 阳性对照、无菌检查、微生物限度检查和抗生素微生物检定等实验室，以及放射性同位素检定室等应分开设置。

3. 无菌检查室、微生物限度检查实验室应为无菌洁净室，其空气洁净度等级不应低于C级，并应设置相应的人员净化和物料净化设施。

4. 抗生素微生物检定实验室和放射性同位素检定室的空气洁净度等级不宜低于D级。

5. 有特殊要求的仪器应设置专门的仪器室。

6. 原料药中间产品质量检验对环境有影响时，其检验室不应设置在该生产区内。

(二)质量控制区的总体平面布局

质量控制区是指质量控制(QC)实验室，其规模和布局可根据企业实际工作量的大小，以及企业生产药品的主要质检控制内容和检测项目进行设置，应与企业的检验要求相适应，并满足各项实验需要。

根据GMP中的相关要求“质量控制实验室、中药标本室通常应与生产区分开”，制药企业应设置质量控制区应与生产区相对独立的；而考虑到企业生产中的实际效率和管理，如抽取样品的方便，对质量保证(QA)的技术支持，质量控制区又不应与生产区太远。

依照以上原则，企业总体平面布局中质量控制区的设置有如下建议：

1. 质量控制区可与生产区位于同一建筑物内，分区设置。

2. 质量控制区位于独立的建筑物，但临近生产区。

三、辅助区

辅助区包括多个功能间(区域)，如更衣间(含人员气锁间)、物料气锁间、休息室、盥洗间、维修间等，以下重点讨论更衣间和盥洗间设计的技术要求。

(一)更衣间

进入制药工厂内一般区、洁净区和无菌区的人员更衣设施，应根据生产性质、产品特性、产品对环境的要求等设置相应的更衣设施。

更衣设施须结合合理的更衣顺序、洗手(消毒)程序、洁净空气等级和气流组织及合理的压差和监控装置等来满足净化更衣的目的。

人员更衣设施设计，各个国家或制药公司并没有统一的设计模式。以下介绍更衣室设计的通用的要求以及现行的设计理念。

更衣室的通用要求如下：

1. 更衣间的大小与同时需更衣的人员数量相适应。

2. 更衣间不能用于在区域之间运送产品、物料或设备。

3. 对无菌更衣间的设计，我国 GMP 和 GMP 的无菌附录有以下明确要求：应按照气锁方式设计，使更衣的不同阶段分开，尽可能避免工作服被微生物和微粒污染，更衣室应有足够的换气次数，更衣室后段的静态级别应与其相应洁净区的级别相同。气锁间两侧的门不应同时打开，可采用互锁系统，防止两侧的门同时打开。气锁两侧门建议采用相互可视或配备指示装置的方式提示操作人员是否可开启气锁门。

(二)盥洗室

(厕所、淋浴室)可根据需要设置、应当方便人员进出，并与使用人数相适应。盥洗室不得与生产区和仓贮区直接相通。

1. 盥洗室不得与生产区及仓贮区直接相连，要保持干净，通风，无积水。盥洗室应根据实际使用情况提供足够的洗手消毒和干燥设施。

2. 盥洗室应方便人员出入，面积并与使用人员数量相适应。

3. 盥洗室须设置在洁净更衣室外，设计时需考虑员工方便使用。

4. 盥洗室可设置在总更衣间外；盥洗室亦可设置在总更衣间区域内，与之相连；也可设置总更衣后的一般区内，方便外包装区域和或仓贮区人员进出，后两种情形，设计盥洗室时都应采取必要防污染措施，如设置缓冲间、排风等。

若采用人员从室外区直接进入洁净区时，通常应单独设置一个脱外衣和拖鞋的房间，盥洗室也可设置在人员脱外衣间的区域内，与之相连，应采取必要防污染措施，如设置缓冲间、排风等。

(三)洁净工服洗衣室

应设置在洁净区内，建议靠近脏衣存放间和更衣间，便于洁净工服的清洗和使用。

第六节　实验动物饲养区

我国 GMP(2010 年修订)对实验动物饲养区的相关要求是(第六十七条)实验动物房应当与其他区域严格分开，其设计、建造应当符合国家有关规定，并设有独立的空气处理设施以及动物的专用通道。

一、实验动物饲养条件与标准

实验动物是指经人工饲育，对其携带微生物实行控制，遗传背景明确或者来源清楚的用于科学研究、教学、生产、检定以及其他科学实验的动物。实验动物繁育、生产设施是指用于实验动物繁育、生产的建筑物、设备以及运营管理在内的总和。动物实验设施是指以研究、试验、教学、生物制品、药品生产等为目的进行实验动物饲育、试验的建筑物、设备以及运营管理在内的总和。

实验动物的性状主要由遗传和环境因素决定。在实验动物的遗传性状相对稳定的情况下，应尽量排除环境因素所造成的影响。只有严格监控实验动物的环境设施，才能有实验动物科学的发展。因此应当：

1. 严格监控实验动物环境可保证实验动物的健康和质量。

2. 环境控制可保障实验研究获得正确的结果。

3. 标准的环境能为实验动物及动物实验工作人员提供合适的条件。

总之，重视实验动物环境，改善环境条件，并对环境设施实施严格的监控，才能保证实验动物监控和质量标准化。

GMP要求：实验动物房的布局应与其他区域严格分开，其设计、建造应符合国家有关规定；实验动物房内的应设施符合国家有关规定，应有独立的空气处理设施以及动物专用通道；实验动物的饲养、实验、清洗、消毒、废弃物等各室应分开。

实验动物饲养区的选址：

1. 实验动物繁育、生产及实验场所应避开自然疫源地。

2. 宜选在环境空气质量及自然环境条件较好的区域。

3. 宜远离铁路、码头、飞机场、交通要道以及散发大量粉尘和有害气体的工厂、贮仓、堆场等有严重空气污染、振动或噪声干扰的区域。若不能远离上述区域则应布置在当地夏季最小频率风向的下风侧。

4. 实验动物繁育、生产、实验设施应与生活区保持大于50 m的距离。

实验动物饲养区的建筑卫生要求：

1. 动物繁育、生产、实验场所所有围护结构材料均应无毒、无放射性。

2. 内墙表面应光滑平整，阴阳角均为圆弧形，易于清洗、消毒。墙面应采用不易脱落、耐腐蚀、无反光、耐冲击的材料。地面应防滑、耐磨、无渗漏。天花板应耐水、耐腐蚀。

实验动物饲养区的建筑设施要求：

1. 建筑物门、窗应有良好的密封性。

2. 走廊宽度不应小于1.5 m，门宽度不应小于1.0 m。

3. 动物繁育、生产及实验室通风空调系统保持正压操作，应合理组织气流布置送排风口的位置，避免死角，避免断流，避免短路。

4. 各类环境控制设备应定期维修保养。

5. 动物繁育、生产、实验室的电力负荷等级，应根据工艺要求确定。应备有应急电源。

6. 室内的配电设备，应选择不易积尘的设备，并应暗装。电气管线应暗敷，由非洁净区进入洁净区的电气管线管口，应采取可靠的密封措施。

二、实验动物饲养区的管理

实验动物饲养区的环境条件分类：

1. 普通环境，该环境设施符合动物居住的基本要求，不能完全控制传染因子，适用于饲育教学等用途的普通级实验动物。

2. 屏障环境，该环境设施适用于饲育清洁实验动物及无特定病原体(specific pathogen free，SPF)实验动物，该环境严格控制人员、物品和环境空气的进出。

3. 隔离环境，该环境设施采用无菌隔离装置以保存无菌或无外来污染动物。隔离装置内的空气、饲料、水、垫料和设备均为无菌，动物和物料的动态传递须经特殊的传递系统，该系统既能保证与环境的绝对隔离，又能满足转运动物时保持内环境一致。该环境设施适用于饲育无特定病原体(SPF)、悉生(gnotobiotic)及无菌(germ free)实验动物。

实验动物饲养区的设施区域设置：

1. 前区的设置，包括办公室、维修室、库房、饲料室、一般走廊。

2. 繁育、生产区，包括隔离检疫室、缓冲间、育种室、扩大群饲育室、生产群饲育室、待发室、清洁物品贮藏室、清洁走廊、污物走廊。

3. 动物实验区，包括缓冲间、实验饲育间、清洁物品贮藏室、清洁走廊、污物走廊。

4. 辅助区，包括仓库、洗刷间、废弃物品存放处理间（设备）、密闭式实验动物尸体冷藏存放间（设备）、机械设备室、淋浴间、工作人员休息室。

5. 屏障环境和隔离环境均应在压强变化相交接处设有缓冲设置。

6. 动物实验区的设施应与饲养繁育系统分开设置。

7. 有关放射性实验操作应参照 GB 4792《放射卫生防护基本标准》实施。

8. 带烈性传染性、致癌、使用剧毒物质的动物实验，均应在负压隔离设施或有严格防护的设备内操作。此类设施（设备）须具有特殊的传递系统，确保在动态传递过程中与外环境的绝对隔离，排出气体和废物须经无害化处理。应体现“人、动物、环境”的三保护原则。

9. 在实验环境中设置设备时，其设备性能和指标均须与环境设施指标要求相一致（表 4-3、表 4-4）。

10. 不同实验要求的正压、负压设备，必须达到环境设施的指标，方能取得相应的证书。

11. 废弃物应作无害化处理并应达到 GB 18918《城镇污水处理厂污染物排放标准》的要求。

12. 动物尸体应立即焚烧处理，其排放物应达到医院污物焚烧排放规定要求。

13. 应选用无毒、耐腐蚀、耐高温、易清洗、易消毒灭菌的耐用材料制成的笼具。

14. 各类动物所占笼具最小面积应满足表 4-5 的要求。笼具内外边角均应圆滑、无锐口。

表 4-5　各类动物所需居所最小空间

项　目	小鼠/g		大鼠/g		豚鼠/g		地鼠/g		兔/kg	
	＜20	＞20	＜150	＞150	＜350	＞350	＜100	＞100	＜2.5	＞2.5
单养时/m²	0.006 5	0.01	0.015	0.025	0.03	0.065	0.01	0.012	0.20	0.46
群养时（母＋同窝仔）/m²	0.016		0.08		0.09/只		0.09		0.93	
最小高度/m	0.13	0.15	0.18	0.18	0.18	0.22	0.18	0.18	0.40	0.45

项　目	猫/kg		犬/kg			猴/kg			小型猪/kg		鸡/kg	
	＜2.5	＞2.5	＜10	10～20	＞20	＜4	4～6	＞6	＜20	＞20	＜2	＞2
单养时/m²	0.28	0.37	0.60	1.0	1.5	0.5	0.6	0.75	0.96	1.2	0.12	0.15
群养时（母＋同窝仔）/m²												
最小高度/m	0.76（栖木）		0.8	0.9	1.5	0.6	0.7	0.8	0.6	0.8	0.4	0.6

15. 垫料应选用吸湿性好、尘埃少、无异味、无毒性、无油脂的材料。

16. 垫料须经消毒、灭菌后方可使用。

17. 普通实验动物饮水应符合 GB 5749—2006《生活饮用水卫生标准》的要求。

18. 屏障和隔离环境内饲养的实验动物饮用水须经灭菌处理。

19. 动物运输应符合安全和微生物控制等级要求。不同品种、品系和等级的动物不得混合装运。

20. 动物运输应配置专用车辆，专人负责，定期消毒、保洁，车辆应装有空调设备。

21. 运输笼具须经消毒、灭菌后方可回收使用。

复习题

一、单选题

1. 洁净区与非洁净区之间、不同级别洁净区之间的压差应当不低于(　　)Pa。

A. 20　　B. 15　　C. 10　　D. 5

2. 无特殊要求时，洁净区的温湿度应控制在(　　)。

A. 温度 18～24℃，相对湿度 50%～70%　　B. 温度 20～24℃，相对湿度 40%～60%

C. 温度 18～28℃，相对湿度 50%～70%　　D. 温度 18～26℃，相对湿度 45%～65%

3. 关于厂区布局的要求不当的是(　　)。

A. 生产、行政、生活和辅助区应当严格分开布局

B. 厂区和厂房内的人、物流走向应当合理

C. 原料药生产区应位于制剂生产区全年最大频率风向的下风侧

D. 厂区主要道路应贯彻人流与货流分流的原则

4. 可在 D 级洁净区内进行的操作是(　　)。

A. 最终灭菌产品的灌装　　B. 非最终灭菌产品的过滤

C. 中药注射剂浓配前的精制工序　　D. 非最终灭菌产品无菌原料药的粉碎

5. 关于 A 级洁净区的叙述正确的是(　　)。

A. 不得有活的微生物存在

B. 不得设置地漏

C. 噪声级(空态)应不大于 60 dB

D. 温度应为 18～26℃，相对湿度应为 45%～65%

6. 下列空调系统的空气可以循环使用的是(　　)。

A. 麻醉药品生产区

B. 病原体操作区

C. 放射性药品生产区

D. 生产中使用有机溶媒，且因气体积聚可构成爆炸或火灾危险的工序

7. 关于洁净室的叙述正确的是(　　)。

A. 安装有空调净化系统的活动空间

B. 具有杀灭微生物的功能

C. 无菌药品生产的暴露工序必须在 A 级或 B 级洁净区内进行

D. 具有控制微粒和微生物的功能

8. 关于气流组织的说法正确的是(　　)。

A. 水平单向流效果优于垂直单向流
B. 乱流一般只适用于 D 级洁净区范围
C. 洁净的送风量应以能满足 20～30 min 洁净室自净时间所需风量为宜
D. 为保证无菌产品的高质量，宜在 A 级洁净区内加设洁净工作台
9. 对仓贮区的要求不当的是(　　)。
A. 不合格、退货或召回的物料或产品应当隔离存放
B. 仓库应做到人流、物流分开
C. 仓库内设有地沟或地漏，以防止地面积水
D. 仓库内应设洁具间，放置专用的清洁工具，用于地面、托盘等仓贮设备的清洗
10. 下列关于实验动物饲养区的叙述正确的是(　　)。
A. 实验动物房应当与其他区域严格分开
B. 实验动物繁育、生产、实验设施应与生活区的距离应控制在 50 m 内
C. 实验动物饲养区应选择靠近铁路、码头、飞机场、交通要道等交通方便的地方
D. 动物繁育、生产及实验室通风空调系统应保持负压操作，以防造成污染

二、多选题

1. 关于洁净区人员的卫生要求正确的是(　　)。
A. 进入洁净区的人员不得化妆和佩戴饰物
B. 操作人员应当避免裸手直接接触药品、与药品直接接触的包装材料和设备表面
C. 员工按规定更衣
D. 生产区、仓贮区、办公区应当禁止吸烟和饮食，禁止存放食品、饮料、香烟和个人用药品等杂物和非生产用物品
E. 参观人员按要求更衣后即可进入洁净区
2. 应设置独立的空气净化系统的是(　　)。
A. 生产细胞毒性类药品　　B. 生产 β-内酰胺结构类药品
C. 生产麻醉药品　　D. 生产毒性药品
E. 性激素类避孕药品
3. 无菌药品的生产操作环境正确的是(　　)。
A. 最终灭菌高污染风险产品的灌装(或灌封)应在 C 级背景下的局部 A 级洁净区进行
B. 非最终灭菌产品灌装(或灌封)、分装、压塞、轧盖应在 B 级背景下的 A 级洁净区进行
C. 非最终灭菌产品直接接触药品的包装材料的转运应在 B 级洁净区进行
D. 最终灭菌产品的灌装(或灌封)应在 B 级洁净区进行
E. 中药注射剂浓配前的精制工序应当至少在 D 级洁净区内完成
4. 应当保持相对负压的是(　　)。
A. 青霉素类药品产尘量大的操作区域
B. 生产无菌药品的区域
C. 产尘操作间(如干燥物料或产品的取样、称量、混合、包装等操作间)
D. 生产放射性药品的区域
E. 如轧盖采用无菌操作方式完成，则轧盖间与相邻的分装间和无菌走道之间

5. 需设置独立厂房或与其他药品生产区域严格分开的是(　　)。
A. 高致敏性药品(如青霉素类)　　B. 生物制品
C. 避孕药品　　D. 抗肿瘤类化学药品
E. 细胞毒性类
6. 应设置压差的指示装置的是(　　)。
A. 不同洁净度等级的房间之间　　B. 洁净与非洁净的房间之间
C. 无菌与非无菌的房间之间　　D. 人身净化和物料净化的气闸室
E. 需保持一定相对负压的房间
7. 人员净化用室和生活用室应符合下列要求(　　)。
A. 人员净化用室的入口处应有净鞋设施
B. 盥洗室应设洗手和消毒设施,宜装烘干器
C. 有空气洁净度要求的生产区内不得设厕所
D. 洁净区入口处应设置缓冲室(气闸室)或喷淋室
E. 淋浴室是人员净化必要措施
8. 在物流净化的规划设计时应按照以下原则进行(　　)。
A. 清洁工具洗涤、存放室宜设在洁净区域内,以减少出入的机会
B. 综合考虑物流路线合理性,使之更有逻辑性,更顺畅,最小化交叉污染
C. 减少物料处理工艺步骤和缩短物料运输距离
D. 输送人和物料的电梯宜分开,电梯不宜设在洁净区内
E. 在物料运输中充分考虑人机工程设计
9. 洁净区安全应急系统设计时应注意(　　)。
A. 每一生产防火区或洁净区至少设置两个安全出口
B. 人流净化入口不应做疏散出口
C. 吹淋室门可作为一般出入通道
D. 洁净区内各洁净室的门开启方向一律朝向压力小的方向
E. 洁净区内应当设置事故应急广播(防爆)
10. 洁净区(　　)。
A. 不含有活的微生物和热原
B. 不含有致病菌
C. 是药品生产使用的区域
D. 是对环境中尘粒及微生物数量进行控制的房间(区域)
E. 其建筑结构、装备及其使用应当能够减少该区域内污染物的引入、产生和滞留

三、简答题

1. 如何正确选择厂址?
2. 厂区布局的基本原则是什么?
3. 工艺布局的基本要求是什么?
4. 人流、物流净化措施有哪些?
5. 药品生产区域环境参数的标准是什么?

第五章

设　　备

知识目标

- 掌握制药用水的制备方法、贮存要求和主要监测项目、标准和监测周期。
- 掌握设备的清洁、维护的要求、设备管理的具体内容和要点。
- 理解药品生产设备的设计选型应遵循的要求。

技能目标

- 能够根据不同产品的特点选择适用的药品生产设备。
- 能根据设备的说明书和其他相关资料编制设备操作、设备维护、设备清洁程序。
- 会监测工艺用水的各项参数；能够熟练掌握纯化水、注射用水的日常管理要求，并进行监测。

设备是药品生产中物料投入其中转化成产品的工具或载体。药品质量的最终形成是通过生产而完成，所以，药品质量的是否符合药典与设备这个生产的主要要素息息相关，无论药品生产的质量保证还是数量需求都需要获得设备系统的支持，而这种支持如何体现、如何规范，这正是药品生产企业GMP硬件与软件建设的主要内容之一。

我国制药企业发展迅猛，已摆脱单机加手工业小规模生产，转入采用自动化设备大规模生产模式，产品的质量、数量、成本都依赖于设备的运行状态，建立有效、规范的“设备管理”体系，确保所有生产相关设备自投资计划、设计、选型、安装、改造、使用，直至报废的设备生命周期全过程均处于有效控制之中，并能做到设备活动都有据可查，便于追踪，最大程度降低药品生产过程发生的污染、交差污染、混淆和差错，并需持续保持设备的此种状态，是当前制药企业管理设备始终追求的目标。

第一节　GMP对设备的要求

一、设备的设计、选型、安装

制药设备设计、选型需慎重考虑防污染、防交叉污染和防差错，合理满足工艺需求因素，通常通过起草《用户需求》(URS)文件来指导设计选型，内容涉及生产计划、设备操作、产品工艺、质量控制、安全环境健康、设备维修、生产效率等诸多因素，需要有经验的专业人员起草，并由各专业人员充分讨论定稿。

1. 设备的设计、选型、安装应符合生产要求，应易于清洗、消毒或灭菌，便于生产操作和维修、保养，能防止差错和减少污染。

2. 无菌药品生产用灭菌柜应具有自动监测、记录装置，其能力应与生产批量相适应。

3. 生物制品生产使用的管道系统、阀门和通气过滤器应便于清洁和灭菌，封闭性容器(如发酵罐)应使用蒸汽灭菌。

4. 与药品直接接触的设备表面应光洁、平整、易清洗或消毒、耐腐蚀，不与药品发生化学变化或吸附药品。

5. 洁净室(区)内设备保温层表面应平整、光洁，不得有颗粒性等物质脱落。

6. 无菌药品生产中与药液接触的设备、容器具、管路、阀门、输送泵等应采用优质耐腐蚀材质，管路的安装应尽量减少连接或焊接。

7. 无菌药品生产中过滤器材不得吸附药液组分和释放异物，禁止使用含有石棉的过滤器材。

8. 生产过程中应避免使用易碎、易脱屑、易长霉器具；使用筛网时应有防止因筛网断裂而造成污染的措施。

9. 原料药生产中难以清洁的特定类型的设备可专用于特定的中间产品、原料药的生产或贮存。

10. 与中药材、中药饮片直接接触的工具、容器表面应整洁、易清洗消毒、不易产生脱落物。

11. 设备所用的润滑剂、冷却剂等不得对药品或容器造成污染。

二、对制药用水的基本要求

制药用水通常指制药工艺过程中用到的各种质量标准的水。对制药用水的定义和用途，通常以药典为准。各国药典对制药用水通常有不同的定义、不同的用途规定。

在《中国药典》2010年版附录中，有以下几种制药用水的定义和应用范围：

饮用水，为天然水经净化处理所得的水，其质量必须符合现行中华人民共和国国家标准《生活饮用水卫生标准》。

纯化水，为饮用水经蒸馏法、离子交换法、反渗透法或其他适宜的方法制得的制药用水。不含任何添加剂，其质量应符合纯化水项下的规定。

注射用水，为纯化水经蒸馏所得的水。应符合细菌内毒素试验要求。注射用水必须在防止细菌内毒素产生的设计条件下生产、贮藏及分装。其质量应符合注射用水项下的规定。

灭菌注射用水，本品为注射用水按照注射剂生产工艺制备所得，不含任何添加剂。制药用水应用范围见表5-1。

对制药用水的基本要求如下：

1. 与设备连接的主要固定管道应标明管内物料名称、流向。

2. 制药用水应当适合其用途，并符合《中华人民共和国药典》的质量标准及相关要求。

表 5-1 制药用水应用范围

类别	应用范围
饮用水	药品包装材料粗洗用水、中药材和中药饮片的清洗、浸润、提取等用水 《中国药典》同时说明，饮用水可作为药材净制时的漂洗、制药用具的粗洗用水。除另有规定外，也可作为药材的提取溶剂
纯化水	非无菌药品的配料、直接接触药品的设备、器具和包装材料最后一次洗涤用水、非无菌原料药精制工艺用水、制备注射用水的水源、直接接触非最终灭菌棉织品的包装材料粗洗用水等 纯化水可作为配制普通药物制剂用的溶剂或试验用水；可作为中药注射剂、滴眼剂等灭菌制剂所用饮片的提取溶剂；口服、外用制剂配制用溶剂或稀释剂；非灭菌制剂用器具的精洗用水。也用作非灭菌制剂所用饮片的提取溶剂。纯化水不得用于注射剂的配制与稀释
注射用水	直接接触无菌药品的包装材料的最后一次精洗用水、无菌原料药精制工艺用水、直接接触无菌原料药的包装材料的最后洗涤用水、无菌制剂的配料用水等 注射用水可作为配制注射剂、滴眼剂等的溶剂或稀释剂及容器的精洗
灭菌注射用水	灭菌注射用灭菌粉末的溶剂或注射剂的稀释剂，其质量应符合灭菌注射用水项下的规定

3. 纯化水、注射用水的制备、贮存和分配应当能够防止微生物的滋生和污染。纯化水可采用循环，注射用水可采用 70℃以上保温循环。生物制品生产用注射用水应在制备后 6 h 内使用；制备后 4 h 内灭菌 72 h 内使用。

4. 纯化水、注射用水储罐和输送管道所用材料应当无毒、耐腐蚀；储罐的通气口应当安装不脱落纤维的疏水性除菌滤器；管道的设计和安装应当避免死角、盲管。

5. 水处理设备及其输送系统的设计、安装、运行和维护应当确保制药用水达到设定的质量标准。

6. 应规定纯化水、注射用水储罐和管道清洗、消毒周期，并有相关记录。发现制药用水微生物污染达到警戒限度、纠偏限度时应当按照操作规程处理。

7. 应当对制药用水及原水的水质进行定期监测，并有相应的记录。

三、对计量器具与设备的基本要求

药品质量是企业的生命，计量工作则是保证产品质量的重要手段。为此制药企业应该建立计量管理体系，依据体系指导并开展企业内的计量校准工作的实施，应设专门的部门和人员管理并执行计量工作，应建立计量管理规程、校准台账计划、校准操作程序、校准记录表、偏差处理和变更控制流程等。

用于生产和检验的仪器、仪表、量具、衡器等，其适用范围和精密度应符合生产和检验要求，应有明显的合格标志，应由国家法定计量机构或授权的计量单位执行定期检定或校准。

四、对设备使用与维护的基本要求

1. 生产设备应有明显的状态标志。

2. 生产设备应定期维修、保养。设备安装、维修、保养的操作不得影响产品的质量。

3. 不合格的设备如有可能应搬出生产区，未搬出前应有明显状态标志。

4. 非无菌药品的干燥设备进风口应有过滤装置,出风口应有防止空气倒流装置。

5. 生物制品生产过程中污染病原体的物品和设备应与未用过的灭菌物品和设备分开,并有明显状态标志。

6. 生产、检验设备应有使用、维修、保养记录,并由专人管理。

7. 生产用模具的采购、验收、保管、维护、发放及报废应制定相应管理制度,应设专人专柜保管。

第二节 设备的选型、制造与安装

药品生产设备是GMP的重要组成部分。制药产业的发展取决于药品生产工艺与制药工程的进步,而药品生产设备与药品生产工艺、制药工程都有密切关系。制药工程中包含了药品生产设备,药品生产工艺也体现在设备上。

一、设备的设计选型

药品生产企业必须具备与生产药品相适应的生产设备和检验设备,其性能和主要参数应能保证生产和产品质量控制的需要。不论原料药的成品或各种剂型的产品,均通过设备加工而成,所以设备对产品的形成与质量优劣至关重要。生产中使用的设备大致可分为容器、泵和其他机械三大类。设备质量好,防爆、防毒、防腐有保证,不污染环境,合理的结构和加工精度,不仅可以便于清洗消毒,还可降低噪声污染,便于保养与维修。对于频繁作机械运动的部件应采用耐磨性能高的材料,以减少微粒污染。对于选用者则除上述因素外还应考虑重量轻、体积小,以减少建筑面积与荷重,达到节约工种费用之目的。总之,在设备设计与选型中应注意装备的防止内污染和生产环境污染的保证措施。原料药尤其是合成药,精制、烘干、包装设备一般按设计单位图纸加工,而制剂的绝大部分生产设备则根据设计者选型而定。

设备设计及选型应符合生产要求,易于清洗、消毒或灭菌。便于生产操作和维修保养,并能防止差错和减少污染。因此在选择设备时应遵循以下要求:

1. 设备选择首先要满足工艺流程、各项工艺参数要求,依据这些要求选择设备相应的功能尤为重要。

2. 设备最大生产能力应大于设计工艺要求,尽量避免设备长期在最大能力负荷下运行。

3. 设备的最高工作精度应高于工艺精度要求,对产品质量参数范围留有调节余量。

4. 设备尽可能选择密闭工艺过程结构设计,以避免暴露产生污染及交叉污染。

5. 设备内表外面平整光滑无死角及砂眼,易清洗、消毒或灭菌。设备结构需考虑方便维修,例如,采用可靠性设计,有足够的维修空间拆装零部件,易损零件应便于拆装,有逻辑关系的传动系统零位有明确标记,尽可能采用故障报警系统显示重要故障信息,所有电线及接线端子具有可靠连接和标号,配电箱有上锁挂牌的功能。

6. 凡与药物直接接触的设备部位的材料,需查明材料物理化学特性,保证其不与药品发生反应、吸附或释放等不利影响,并根据产品工艺特性考虑耐温、耐蚀、耐磨、强度等特性进行适当选择,避免盲目选择不能满足工艺要求或产生浪费。凡与药物直接接触的容器、工具、器具应表面整洁，易清洗消毒，不易产生脱落物。

7. 设备所用润滑剂、冷却剂等不得对药品或容器造成污染。设备的润滑和冷却部位应可靠密封，防止润滑油脂、冷却液泄露对药品或包装材料造成污染，对有药品污染风险的部位应使用食品级润滑油脂和冷却液。

8. 生产中发尘量大的设备如粉碎、过筛、混合、制粒、干燥、压片、包衣等设备，应设计或选用封闭并有吸尘或除尘装置，吸尘或除尘装置的出风口应有过滤及防止空气倒灌的装置。

9. 与药物直接接触、与内包装容器接触的压缩空气和洗瓶、分装、过滤用的压缩空气均应已经过除油、除水、过滤等净化处理。灌装中填充的惰性气体应经净化。流化态制粒、干燥、气流输送、起模、泛丸、包衣等工艺设备所用空气均应净化，尾气应除尘后排空，出风口应有防止空气倒灌装置。

10. 用于制剂生产的配料罐、混合槽、灭菌设备及其他机械和用于原料精制、干燥、包装的设备，其容量尽可能与批量相适应，以尽可能减少批次、换批号、清场、清洗设备等。

11. 原料药生产中难以清洁的特定类型的设备可专用于特定的中间产品、原料药的生产或贮存。

12. 洁净室(区)内设备保温层表面应平整、光洁，不得有颗粒性等物质脱落。

13. 无菌药品生产中与药液接触的设备、容器具、管路、阀门、输送泵等应采用优质耐腐蚀材质，管路的安装应尽量减少连接或焊接。

14. 无菌药品生产中过滤器材不得吸附药液组分和释放异物，禁止使用含有石棉的过滤器材。

15. 生产过程中应避免使用易碎、易脱屑、易长霉器具；使用筛网时应有防止因筛网断裂而造成污染的措施。

16. 用于加工处理活生物体的生产设备应便于清洁和去除污染，能耐受熏蒸消毒。

17. 生物制品生产使用的管道系统、阀门和通气过滤器应便于清洁和灭菌，封闭性容器(如发酵罐)应使用蒸汽灭菌。

18. 灭菌柜宜采用双扉式，并具有自动监测、记录装置，其能力应与生产批量相适应。

19. 禁止使用含有石棉的过滤器材及易脱落纤维的过滤器材。过滤器材质不得吸附药液中的组分或向溶液释放异物而影响药品质量。

20. 设备选择需考虑当地政府对安全环境的法规要求。特种危险设备需选择有设计、制造、安装资质的供应商。

21. 特种危险设备、管道需有安全卸压装置、防腐防泄漏装置、防爆防静电装置、困境通信装置、紧急故障切断功能。

22. 排放的工艺废水和工艺废气需经过恰当的处理，使其满足环保规范要求。

23. 设备设计或选用应考虑其性能能满足生产工艺的有关要求。

24. 用于生产和检验的仪器、仪表、量具、衡器等，其适用范围和精密度应符合生产和检验要求，有明显的合格标志。

25. 设备需考虑人身和产品安全。通常有过载保护、进入危险部位的光电感应停机保护、安全报警装置、电离辐射防护、噪声、照度等设计。

26. 设备考虑人机工程设计，减少劳动者的劳动强度和长期高频活动损伤。

27. 选用设备宜从实用、先进、经济和方便维修保养、清洁等方面综合考虑，切忌片面追求先进和大而全，以至加大投资与维护费用的负担。

二、设备的制造

设备的制造要使得所有与药品接触的设备表面和设备本身所使用的物料以及加工均符合规定的要求。一般从以下几个方面考虑：

（一）制药设备的用材

制药设备的取材，特别是与药品接触的设备部件的取材，对药品质量有很大影响。要针对工艺要求与用材的优缺点进行试验研究，以择优使用最佳方案。直接接触药品的材料，需查明材料物理化学特性，保证其不与药品发生反应、吸附或释放等不利影响，并根据产品工艺特性考虑耐温、耐蚀、耐磨、强度等特性进行适当选择，避免盲目选择不能满足工艺要求或产生浪费。目前所使用的制药设备的用材有下列几类：

1. 高聚合物、塑料，例如聚氯乙烯、氯化聚氯乙烯、聚丙烯、聚砜等。其优点是性质稳定，不与水反应，可用化学方法清洁和灭菌。其缺点是不耐高温，不能接触有机溶媒，表面比较粗糙。一般仅用于制造常温下水处理设备，或涂布于铝合金等金属材料表面。

2. 玻璃，有中性玻璃和碱性玻璃。碱性玻璃的优点是化学稳定性好，几乎不与任何化学物质反应（氢氟酸除外）。其缺点是机械强度差、价格高，缺乏必要的配套零部件，因而使用不广。

3. 搪玻璃。搪玻璃基质是薄钢板。其优点是机械强度较好，表层涂料与水和有机溶媒不起反应。其缺点是经不起过分撞击，否则表层涂料易破裂。适用于原料药过滤和精制以前。

4. 有色合金。其优点是化学抗腐蚀性好，机械性能高。其缺点是价格太高。

5. 不锈钢，是目前药界采用较多的金属材料，具有上述有色合金的优点，还耐高温，价格相对来说尚能承受。

由于药品原料以及制药设备的多样性，究竟选择哪种材料制造制药设备，除了考虑上述所讲的工艺要求与用材的优缺点，还要考虑重要的一点是所加工药品的原料与辅料的性质。例如，水和有机溶媒通常比固体物料反应性更强，因而要求较为特殊的加工设备。再如，化学反应速率是温度的函数，高温操作则增加了影响产品纯度、一致性或含量的可能性，也对加工设备提出了一定的附加要求。国际制药工程协会（ISPE）最低要求为 AISI300 以上的不锈钢，对接触药品处目前国内药企多采用超低碳奥氏体不锈钢 316L，不接触药品的重要部位选用 304 不锈钢。应注意超低碳不锈钢易发生渗碳反应，316L 周围不宜安装铁碳溢出的材料。

（二）设备自身的密闭性

制药设备与其他设备一样，存在着需要润滑或冷却的部件。为了避免由此而引起的可能污染，要求在设备的设计与制造过程中采用一系列措施，以保证所使用的润滑剂或冷却剂，不得与药品原料、容器、塞子、中间体或药品本身接触。具体地说，应将所有需要润滑的部件（如电机、驱动带、齿轮等），尽可能地与设备和产品接触的开口处或接触表面分隔开。对于难以完全满足这一要求的设备，则要求润滑油不流到产品中，对有药品污染风险的部位应使用食品级润滑油脂和冷却液。

(三)设备的加工

要求设备的加工有较高的精密度，不仅可避免不能完全分隔部件所用的润滑油或冷却剂不污染产品，而且对于可能与药品直接接触的泵、搅拌器等设备来说更为重要。在使用不锈钢为材料的设备加工中更要求加工质量提高，特别是成型加工、抛光焊接等工艺要避免带来杂质或由抛光磨砂引起锐边等。这就促使制药用不锈钢设备采用全自动运行焊接和电抛光法等先进工艺技术。另外，还要重视加工过程所选用的配件质量。例如，纯化水、注射用水系统，要使用具光洁面层的连接件，可使用快速卡箍式接头代替传统的法兰接头和螺丝接头。

三、设备的安装、调试与启用

药品生产设备的安装也应以符合生产要求，易于清洗、消毒和灭菌，便于生产操作和维修保养，并能有效预防、减少污染(交叉污染)和差错为基本要求，具体应从以下几点展开：

1. 设备的安装布局要与生产工艺流程、生产区域的空气洁净级别相适应并利于这三者之间的衔接，做到整齐、流畅、效率。

2. 设备在到货后，对设备的外观包装、规格型号、零部件、附属仪表仪器、随机备件、工具、说明书及其他相关资料逐一进行检查核对，并将检查记录作为设备安装资料的一部分存档。

3. 同一台设备的安装如穿越不同的洁净区域，区域之间则应保证良好的密封性，并根据穿越部位的功能与运转方式进行保护、隔离、分段分级单独处理。

4. 与设备连接的管道要做到排列整齐、牢固，标识正确、鲜明，并指明内容物和流向，预防差错。

5. 需要包装的设备或管道，表面应光滑平整，不得有物质脱落的现象出现，可采取再以合适材料再包装的方式使其得到保证。

6. 设备的安装要考虑到清洁、消毒、灭菌的可操作性与效果，如合适的位置、相应的配套设施等。

7. 设备的安装应考虑操作人员的保护与方便，保持控制部分与设备的适当距离，有利于工艺执行和生产过程的调节与控制，预防差错。

8. 设备的安装应考虑维修和保养的方式与位置。设备之间、设备与墙面之间、设备与地面之间、设备与顶棚之间都要保持适当的距离。

9. 设备的安装施工和调试过程应符合设计要求、符合相关行业标准规范，并有施工记录，需组织专业人员对施工全过程进行检查验收。

10. 设备安装过程需进行安装确认(IQ)；设备完成安装调试后需进行运行确认(OQ)和性能确认(PQ)，这些确认文件应事先依据《用户需求》和《设计确认》文件起草草案经审核批准后执行，最终形成报告，确认符合用户需求。

11. 设备启用前需建立日后运行和维护所需的基本信息，这包括建立设备技术参数、设备财务信息、售后服务信息、仪表校验计划、维修计划、设备技术资料存档、设备备件计划、设备标准操作程序、清洗清洁操作程序、设备运行日志等。推荐采用计算机设备管理系统。

12. 操作和维修人员应得到相应培训。

四、设备工艺管道的材质要求和设计要求

设备管道所选材料应根据装载、贮存或输送物料的理化性质和使用状况，满足工艺要求，不吸附、不污染介质，以及施工、维修方便等因素确定。尤其是直接接触药物的设备管道则要求更高。如注射用水的贮存和输送最担心的是被二次污染。有资料表明，聚氯乙烯对水的污染是不锈钢的 7.6 倍。

从洁净和灭菌要求考虑，触药设备管道采用含碳分别 0.008%和 0.003%的 316 钢和 316L 钢，以减少材质对药品和工艺水质的污染。为防止药液或物料在设备管道内滞留，造成微生物的滋长，管道内壁应光滑、无死角，管道设计应减少支管、管件、阀门和盲管。为便于清洗、灭菌，需要清洗、灭菌的零部件要易于拆装，不便拆装的要有清洗口。

无菌室设备管道要适应灭菌需要。管道连接要考虑拆洗，不宜采用丝扣连接，避免物料在丝扣处沉积。采用法兰连接时宜使用不易积液的对接法兰、活套法兰。

输送注射用水的管道，按 GMP 要求宜保持循环，以便不用时注射用水可回流至主管，防止在支管内滞留而滋生细菌。各种给水管道宜竖向布置，在靠近用水设备附近横向引入。尽量不在设备上方布置横向管道，防止水在横管上静止滞留。从竖管上引出支管的距离宜短，一般不宜超过支管直径的 6 倍。管道弯曲半径宜大不宜小，弯曲半径小容易积液。同样，阀门选用也以不积液的为好。不宜用普通截止阀、闸阀，宜使用清洗消毒的旋塞、球阀、隔膜阀、卫生蝶阀、卫生截止阀等。

第三节 设备的清洁与维修

制药设备的清洁与维修对于保证生产药品的质量起着十分重要的作用。从另一方面说，制药设备的清洁与维修的操作不得影响产品的质量。

一、制药设备的清洁要求

中国《药品生产质量管理规范(2010 年修订)》第五章第四节要求对设备使用、清洁和状态标识等做出详细规定。要求依据设备性能、生产工艺和产品特性，建立标准文件、程序，对设备的“操作、清洁、标识、使用记录、变化管理(变更)以及验证管理等使用过程进行规范和要求；明确使用过程的人员资格要求和职责划分；对关键和特殊设备、设施，如自动化设备、清洁设备设施、生产模具等)加强控制；采取措施避免设备使用过程污染、交叉污染和产品混淆的产生，降低污染产品和环境的风险。

药品的产出主要通过设备实现，按照规定的要求，规范地使用、管理设备主要包括：清洁、维护、维修、使用等都应有相对应的文件和记录，所有活动都应由经过培训合格的人员进行。每次使用后及时填写设备相关记录和设备运行日志，设备使用或停用时状态应该显著标示等。不仅是药品生产质量得以保证的重要环节之一，也是药品生产企业质量管理和生产管理的关键要素，违背了这一要求，不仅会使实物质量得不到保证，造成质量体系和生产体系的混乱，而且会对设备安全、环境安全，甚至员工人身安全造成不良影响。同时，设备使用过程中应明确

环境、健康、安全(EHS)管理方面的要求,不仅要规定设备使用过程中对人员、设备安全保障、劳动防护等方面的措施,还应对避免设备使用过程中释放的废水、废气、噪声等对环境、人员安全健康造成损害方面提出相关要求及控制。

(一)洁净、清洗与消毒灭菌的要求

1. 洁净功能。这是药品的基本要求,对制药设备来讲,起码要做到以下两点:设备本身不对生产环境形成污染;设备本身不对药品产生污染。要达到这两点要求,就必须在药品生产过程中,对凡是药物敞口暴露的工序使房间达不到一般洁净度或有人、机污染可能的,原则上均应在设备设计上有净化功能。

不同的工艺制药设备,要求的这一功能形式也不尽相同。例如,热风循环干燥的设备,气流污染是最明显的,因此需考虑其循环空气的净化;洗瓶、洗胶塞等应考虑工艺用水的纯净程度;粉碎、制粒、包衣、压片等粉体机械,应考虑其散发尘粒的控制;灌装设备的防尘需采取特殊的净化方法和装置等。总之,应尽可能考虑在密闭的设备中生产,就像一步制粒机将原来多台设备、敞口生产的多道工序合并在一个密闭的内循环的容器完成,这是制药原理与洁净需求相结合的例子。

2. 清洗功能。目前制药设备多用人工清洗,但有向在线清洗发展的趋势。人工清洗在克服了物料间交叉污染的同时,常常容易带来新的污染,加上设备结构因素,使之不易清洗,这样的事例在生产中多有发生。

随着对药品安全性、有效性和纯度的重视,设备的在线清洗功能,将成为清洗技术的发展方向。在药品生产中因物料变更、换批的设备,需采取容易清洗、拆装的机构,所以药品极其重视对制药系统的中间设备、中间环节的清洗及监测,强调对设备清洁的验证。

3. 消毒灭菌功能。在设备的就地清洗功能的基础上,就可以进行消毒或灭菌。例如,粉针剂灌装线应用汽化双氧水的在线灭菌;大容量注射剂应用纯蒸汽对药液管道进行在线灭菌等。

(二)对清洁设备与使用的容器、工具的基本要求

不脱落纤维和微粒;应可以洗涤、消毒、干燥;各卫生区域的清洁工具,应有明显标志,不得混用;清洁工具不得选用竹、木质、全棉或棉混合等易脱落颗粒及生长微生物的材料。

(三)制药设备清洁的方法

可以使用热水、清洁剂和蒸汽。由于设备的材质多是不锈钢或高密度聚合物,所以可以在一定温度条件下清洁或采用猛烈的喷射方法冲洗。

对所有的设备均要制定固定的洗涤周期。这种周期要综合考虑设备所用材料、生产过程中的药物性质等因素,并通过试验以证明没有残留药物和残存清洁剂。洗涤周期一旦确定,就应严格遵循。原则上说,同一设备连续加工同一无菌产品时,每批之间要清洗灭菌;同一设备加工同一非灭菌产品时,至少每周或每生产三批后进行全面的清洗。

对设备的清洁要求,具体地讲有以下几点:

1. 制定《设备清洁规程》。制定的主要依据:设备的类型与结构、用途、所加工产品(物料)的理化性能、生产工艺要求、使用地点的洁净级别与要求清洁的内容与方式。

设备的清洁内容：一般为清洁、消毒、灭菌、干燥等。它的方式通常可分为就地清洁、移动清洁和混合清洁。移动清洁又可分为整机移动清洁和拆卸式移动清洁。要尽可能多地采用移动清洁的方式，进入专用的清洁区去进行清洁、消毒、灭菌。

清洁规程特别要明确清洁方法、清洁周期、清洁后的检查与验证方法、清洁记录与保存的要求、无菌设备的灭菌要求与灭菌后使用的间隔天数、设备清洁的负责人与实施人等。

2. 建立并做好设备清洗记录。

3. 无菌设备的清洁规程中还应包括灭菌。

4. 对清洁设备及其所使用的容器、工具要符合基本要求。清洁设备、容器、工具、区域应有明确的要求，从它的材料、使用到它自身的清洁、干燥、存放等。

二、制药设备的维修要求

设备维修与维护是GMP的基本要求之一。建立良好维修作业规范（MGP）主要是通过实施有计划、周期性的维修活动来保护公司的设备与系统。通过实施主动性维修来保证产品都能在高稳定及高可靠性的状态下生产。良好的设备维修体系的运作，不仅有益于企业的产品质量，还可以通过合理的维修方法延长设备的使用寿命，延缓投资，进一步增加企业的利益。只重视新设备的引入而忽视设备的维修与保养，设备的正常状态将得不到保障，也将无法保证生产出合乎质量标准的产品、无法及时满足市场需求，既不利于企业的发展，也不利于客户的需求，使企业蒙受更大的损失。因此，建立完善的、强有力的维修体系，将会为企业的持续发展从硬件上提供保障。设备维修是设备后期管理工作的中心，它包括两方面的内容，即设备的维护和设备的检修。设备维护是指“保持”设备正常技术状态和能力所进行的工作，它包括定期对设备进行检查、清洁、润滑、坚固、调整或更换零部件等工作。设备的检修是指“恢复”设备各部分规定的技术状态和工作能力所进行的工作，它包括诊断、拆卸、鉴定、更换、修复、装配、磨合、试验等作业。

（一）设备维修管理要求

1. 保障正常生产、减少人身和设备事故。

2. 最大限度地发挥设备效率，减少资源、能源消耗。

3. 修正设备缺陷，完善设备性能以确保产品的质量。

4. 合理调配资金，减少维修费用，改善设备运行的经济性。

（二）维修的类别

1. 大修，是工作量最大的一种修理。大修时，对设备的全部或大部分进行解体；修复基准件；更换不合格零件；修理、调整电气系统；整定控制系统各信号或参数；翻新外观，从而达到全面消除维修前缺陷、恢复设备的规定精度和性能的目的。

2. 中修，是根据设备的实际技术状态，对状态劣化已达不到生产工艺要求的项目，进行针对性的修理。一般中修只做局部拆卸、检查、更换和修复，从而恢复所修部分的精度和性能。

3. 小修，主要是针对日常和定期检查时发现磨损、老化、失效或即将失效的设备元器件、零件进行拆卸、更换、调整个别零部件，以恢复设备的正常功能和工作能力。

(三)设备维修计划的编制

维修计划实际是为了使系统(或它的组成部分,如设施、设备等)性能尽可能与出厂时的状态保持一致而制定维修任务时所使用的文件化依据。维修计划不仅包含维修任务执行的时间计划,还应包含具体的维修方法以准备和建立维修任务列表,根据这些列表进行维修活动才能保证系统持续、稳定的运行,并进一步通过系统的、有效的方法对设备的组成部分、生产流程或整个系统进行维护。

设备维修计划主要有年度和月度计划两种。

1. 年度计划规定设备大修、中修实施的大致时间并包括以下内容:年度维修计划表;大修计划任务书,主要包括大修内容、参与修理的工种及各工种人数、实施修理时间、设备大修标准、大修工时定额、大修主要备件及材料表、大修所需其他技术资料、中修项目表、中修标准等。

2. 月度计划中具体规定了上述维修的执行日期以及小修、部分事后维修的内容,它的全部内容都由月度维修计划表反映。

(四)制定《设备维护检修规程》

其内容包括:

1. 检修间隔期(大、中、小修间隔期)。

2. 检修内容(大、中、小修间隔期)。

3. 检修前的准备(技术准备,物质准备,安全技术准备,制订检修方案,编制检修计划、费用计划,明确责任人员);检修方案(设备拆装程序和方法,主要零部件检修工艺)。

4. 检修质量标准。

5. 试车与验收。

6. 维护及常见故障处理。

第四节　设备的管理

对药品生产企业来说,设备的管理是全过程的、全方位的。从选型、采购到安装、试车;从验证、使用到清洁、维修与保养;从现场管理到基础管理等。设备是搞好生产的物质技术基础。搞好设备管理是提高产品质量,降低物质消耗、节约能源、安全生产、增加企业经济效益和实现生产现代化的重要条件。从设备选型、采购(或设计、加工)、调试、验证、运行使用、检修、维护、保养、调拨,到鉴定、报废的全过程管理称为设备管理。药品生产企业必须有专职或兼职的设备管理部门,并负责设备的基础管理工作,建立健全相应的设备管理制度和组织实施。

一、设备资产与技术档案管理

所有设备、仪器、仪表、衡器必须登记造册。固定资产设备必须建立台账(内容包括序号、固定资产号、名称、规格、启用时间、原值、制造单位、功率、安装位置、设备类别、主体材质、重量、制造日期、附电机型号、位置号、数量、工艺介质、压力、温度、生产能力等)、卡片。

特殊设备的管理还应按有关的法律和专业要求执行，如压力容器类设备。主要设备要逐台建立档案。

(一)设备档案内容

1. 生产厂家、型号、规格、生产能力、出厂日期、购置日期。
2. 安装位置、施工图。
3. 安装使用说明书，制造合格证，如为压力容器应有压力容器质量证明书。
4. 设备图纸、易损件、备件、附件等清单。
5. 工艺管线图，隐蔽工程动力系统图。
6. 设备履历卡片、设备编号、主要规格、安装地点、投产日期、附属设备名称规格、主要操作运行条件、设备变动记录等。
7. 检修、维护、保养的内容、周期和记录。
8. 设备技术鉴定记录及技术台账。

(二)技术鉴定及技术台账的内容

1. 主要设备的验证资料。
2. 主要设备技术革新成果汇总表。
3. 设备技术状况汇总表(设备完好率、泄漏率和设备主要缺陷)。
4. 设备检修状况汇总表(大修项目、实际完成项目、计划外项目计划检修工时、实际完成检修工时、维修费用等)。
5. 设备事故汇总表(事故次数、停机时间、停机损失)。
6. 设备备品备件、材料消耗汇总表。

二、设备的使用与清洁管理

1. 关键设备如液体无菌过滤器、空气过滤系统、灭菌设备、蒸馏器等，应经验证合格方可使用。验证应有记录并保存。

2. 建立每类(台)设备的操作规程，做到有人负责，按规定进行操作。设备有编号、建立设备的运行记录和状态标志。

(1)设备运行记录。
(2)设备周检、点检记录。
(3)设备润滑记录。
(4)设备维修保养记录。
(5)设备故障分析记录。
(6)设备事故报告表。

3. 药品生产企业应当开展员工掌握正确使用设备的知识和技能的培训，包括熟悉设备结构、性能、安全知识、清洁要求、保养方法等，结合生产工艺，掌握操作要点。

4. 操作人员必须严格遵守设备操作规程，并对设备做到“四懂三会”(懂结构、懂原理、懂性能、懂用途；会使用、会维护保养、会排除故障)，重要设备和精密仪器岗位上要有简明的“操作要点”牌。

5. 设备维护保养必须按岗位实行包机负责制，做到每台设备、每块仪表、每个阀门、每条管线都有专人维护保养。为做好此项工作，各部门应建立设备台账和档案，力求做到准确无误。

6. 每台设备都要有铭牌，并要求写明设备名称、规格、出厂日期、设备位号或固定资产号、保养人姓名等。受压容器按《压力容器使用管理规定》执行。

7. 新工人要先进行技术培训，经厂统一考试合格，持证才能上岗独立操作；精密仪器、锅炉、电工、电焊工、化验、机动车辆等操作人员要保持相对稳定，并有专业操作证。

8. 操作人员上岗操作时，特别要做好如下工作。其完成情况同生产任务完成情况一样列入经济责任制考核内容。

(1)转动设备启动前，必须认真检查紧固螺栓是否齐全牢靠，转动体上无异物，并确认能转动；检查安全装置是否完整、灵敏好用。设备运转时，要仔细观察，做好记录，发现异常及时处理。停机后或下班前做好清理、清扫等项工作，并将设备状况与接班工人交接清楚。

(2)严格执行操作指标，严禁超温、超压、超速、超负荷运行。操作人员有及时处理和反映设备缺陷的责任，有使危及安全或可能造成严重损失的设备停止使用的权利，但必须迅速向有关人员反映。

(3)精心维护，经常巡视，运用“五字”操作法(听、摸、擦、看、比)对设备进行检查，及时排除故障，保持设备完整无缺陷、灵活好用。

(4)做好设备的防冻、防腐、保温(冷)和堵漏工作。分工原则：设备本体、轴封的泄漏、DN50 以上的阀门、管件的更换、检修，焊缝焊接等，由保全工负责；岗位上所有阀门管件换垫片及换压填料、DN50 及以下的阀门管件的更换、检修、岗位设备管道的保温、油漆、防冻等工作由操作工负责(大面积的由设备员统一安排)。

(5)搞好设备(包括备用和在岗的停用设备)及环境的卫生，做到沟见底、轴见光、设备见本色、门窗玻璃净。物料、工具要堆放整齐，做到文明生产。

(6)认真填写设备的运行记录和缺陷记录，掌握设备故障规律及其预防、判断和紧急处理措施，确保安全生产。

9. 闲置(停用半年以上)、封存(停用一年以上)和备用的设备，由车间设备员安排检修，并指定专人维护保养。如车间不再使用或已拆下和未安装的备用设备应通知设备管理部门集中建账保管，各单位需用时，到设备管理部门办理启用、借用或领用、调拨手续，由设备管理部门负责送至现场。

10. 设备、管道的涂色，除蒸汽管道全涂红色外，其余按有关规定[如国家医药管理局国药企字(88)第 576 号文件颁发的《医药工业设备完好标准》中“医药工业设备及管路涂色的规定”]执行。设备、管道的保温按 HCJ 1074—79“化工厂设备、管道的保温规程”执行，要尽量采用新材料，符合节能规定，平整美观，所有保温、油漆要保持完整，随坏随修。

11. 设备润滑要严格执行“设备润滑管理规定”，实行“五定、三过滤”，并符合《医药工业设备完好标准》中附录 F“设备润滑的几点要求”，特别是要定期清洗润滑系统及工具；对自动注油的润滑点，要经常检查滤网，油压、油位、油质、注油量，及时处理不正常情况。

12. 操作人员必须认真把设备运行故障、隐患等情况写在交接班记录上，并与接班人交接清楚，接班人有以下权利：

(1)对设备运行状况不清不接。

(2)对设备故障及隐患记录不清不接。

(3)对岗位工作、器具不全的原因不清不接。

(4)对岗位工作、器具堆放不整齐,设备及环境卫生不好不接。

(5)对已发生的事故原因不明,又无安全人员签字不接。必须立即向当班车间领导反映。

13. 生产用模具的采购、验收、保管、维护、发放及报废应制定相应管理制度,设专人、专柜保管,并有相应记录。

14. 车间巡检员(或保全、电工、仪表工)应严格执行"巡回检查规定";除认真填写好"巡回检查记录"外,还应该在各岗位交接班记录上签署意见和姓名,车间设备员或设备主任,每周最少要抽查一次"巡回检查记录",并在上面签字。

第五节 计量管理

药品质量是企业的生命,计量工作则是保证产品质量的重要手段。为此制药企业应该建立计量管理体系,依据体系指导并开展企业内的计量校准工作的实施,应设专门的部门和人员管理并执行计量工作,应建立计量管理规程、校准台账计划、校准操作程序、校准记录表、偏差处理和变更控制流程等。计量工作与产品质量、经济效益有着直接的关系。生产过程的控制、检测都必须建立在计量器具准确、可靠的基础上才有意义。

中国 GMP 规范中要求企业内生产和检验相关的仪器仪表必须经过校准。规定必须按照相应的校准操作程序(SOP)规定的方法开展校准工作,所制定的允许误差必须满足使用要求。除 GMP 外,《中华人民共和国计量法》、《中华人民共和国强制检定的工作计量器具明细目录》对相关校验也有一定的强制要求。计量标准器应该比被校准仪表有更高的精度,并能够溯源到国家、国际或认可组织的标准。

一、计量管理与认证

计量管理是协调计量技术、计量经济、计量法制三者之间关系的总称。

制药企业计量工作的基本任务就是保证计量器具配备齐全,计量统一,量值准确可靠,使量具处于完好的状态。其工作内容为:贯彻执行各种计量法规、制度;采用与药品生产相适应的测量手段;正确使用和维护计量仪器设备,规划、制定药品生产工艺过程中的计量管理制度。

1. 计量工作在制药企业中的重要作用可归纳为以下几点:

(1)药品生产过程中工艺参数的控制。计量技术是药品生产中对工艺参数监控的主要手段。如药品生产过程中,经常遇到的温度、压力、流量、pH、重量、装量、含量等,通过控制这些参数值,就能保证药品生产正常进行和药品质量。

(2)评价药品质量。对采购进厂的原料、辅料、包装材料、容器、半成品(或中间体)、成品等用计量手段严格把关,确定是否符合技术要求和质量标准。

(3)对企业安全保障和环境的监控。

(4)对水源,电力、蒸汽等能源的计量监测。

(5)经营管理方面除能源外的物资消耗定额的计量管理。

(6)提供计量测量数据信息。提供计量测量数据信息是企业生产信息流的主要组成部分，是促进企业技术进步和管理的重要基础。

2. 计量管理包括计量单位管理、量值管理传递、计量器具管理和计量机构的管理。计量管理又分为强制性计量管理和非强制性计量管理。

3. 计量管理是药品质量管理的基础。药品的检验是药品生产过程中计量测试工作的具体表现。为了保证药品生产的质量，国家规定药品生产企业要通过各项工程等方面的验收，其中包括计量认证工作。药品GMP认证之前，必须先行通过计量认证合格。这一点充分说明了计量工作对保证药品质量工作的重要性。

我国的计量管理法律法规所讲的计量认证主要是指产品质量检验机构的计量认证。从广义上说，制药企业的产品质量检验机构应经过相应形式的计量认证。校准是计量确认的核心，计量确认所包含的校准、调整、修理等是一组密切相关的技术操作。检定要依据计量检定规程给出合格与否的结论，校准不需判定计量器具的合格与否。检定发给检定证书或检定结果通知书，而校准发校准证书或校准报告。校准是自下而上的量值溯源，检定是自上而下的量值传递。检定和校准是保证计量溯源性的两种形式。

产品质量检验机构计量认证的内容有下列三个方面：

(1)计量检定、测试设备的性能。

(2)计量检定、测试设备的工作环境和人员的操作技能。

(3)保证量值统一、准确的措施及检测数据公正可靠的管理制度。

二、药品生产企业计量管理的主要内容

1. 建立计量器具的台账、卡片，健全各种技术资料档案。

2. 组织负责各环节的计量检测，提供计量保证。

对申购计量器具的计划进行审批，从专业技术上把关，使购置的计量器具从量程、精度和功能上满足测量参数的要求，不得购置无生产许可证的产品。

3. 对计量器具进行入库验收，确保质量符合要求，对质量不合格及运输过程所致的精度差或损坏应及时处理，验收合格的计量器具要办理入库手续及时登记台账。

4. 计量器具用前要进行检定，需填写领料单，并填写计量器具卡片，经计量主管人员核对签字，领用出库。

(1)计量器具在使用中要巡回检查，精心维护。

(2)计量器具在使用中出现问题，经检修后精度仍不能达到原标准，但误差在下一级精度内的，可降级使用；如性能不稳定，主要部件损坏或性能老化的，可作报废处理。

5. 计量器具要进行周期检定，以保证计量器具在使用中的精度。

(1)制订计量器具的年度检定计划，并切实执行。

(2)计量器具上应贴检定合格证，无证不得使用。

6. 精密仪器应放置在清洁干燥的环境中，放置的台面上应该有防振和减振措施。

三、计量器具检定周期

对所用的计量器具按规定周期进行检定。在药品生产过程和质量检验中所用的器具，应按规定送交计量部门进行检查。校准必须按规定的校准时间间隔(对于检定称为检定周期)进

行校准，绝对不允许未经校准的测量设备投入使用，也不允许超期使用。在实际工作中，在强化对强检计量器具进行监管的同时，对大量的非强制检定的计量器具应推广校准。

1. 强检类：酸度计、旋光仪等精密检测仪器检定周期为一年；天平、砝码、精密压力表、锅炉用表、氧气乙炔表、衡器检定周期为一年。

2. 常检类：普通压力表等检定周期为半年。

3. 对检定周期内失准、损坏的计量器具，由使用单位送到工程部复检或修复，不能校准或损坏的作报废处理，禁止超期使用。

第六节　制药用水系统管理

制药用水通常指制药工艺过程中用到的各种质量标准的水。对制药用水的定义和用途，通常以药典为准。各国药典对制药用水通常有不同的定义、不同的用途规定。

一、对设备、管路及分配系统的基本要求

1. 饮用水管路。生活水管应采用镀锌管或给水塑料管，冷却循环给水和回水管宜采用镀锌钢管。

2. 预处理设备。工艺用水预处理设备可根据水质情况配备；多介质机械过滤器能手动或自动反冲或再生、排放；活性炭过滤器为有机物集中地，为防止细菌、细菌内毒素的污染，除要求能反冲外，还可用蒸汽消毒或巴氏消毒（80℃的汽、水混合物喷淋灭菌 2 h）。

3. 纯化水设备。反渗透装置在进口处须安装 3.0 μm 的水过滤器；去离子器可采用混合床；通过混合床等去离子器后的纯化水必须循环，使水质稳定；由于紫外消毒的穿透性较差，紫外灯应安装在过滤器的下游；由于紫外等激发的 255 nm（2 537 埃）波长的光波与时间成反比，故要求有记录紫外灯使用时间的仪表；若采用蒸馏工艺制备纯化水，宜采用多效蒸馏水机，其材质为优质不锈钢材料电抛光并钝化处理。

4. 注射用水设备及纯蒸汽发生器。多效蒸馏，能反复利用热源，减少能耗；预热器外置，以防止注射用水交叉污染；蒸馏水机冷凝器上的排气口必须安装 0.22 μm 的疏水性除菌过滤器，此过滤器使用前须做起泡点试验；蒸馏水机、纯蒸汽发生器采用 316L 不锈钢材料、电抛光并钝化处理。

5. 贮水容器（贮罐）。与制药用水接触的贮罐罐体应采用耐腐蚀、无污染、无毒、无味、易清洗、耐高温的材料制造。通常，工艺用水贮罐采用优质的 316L 不锈钢材料制作，内壁电抛光并作钝化处理。而不直接与工艺用水接触的部位、零件则可以使用 304L 或 1Cr18Ni9Ti 不锈钢材料制造。贮水罐上安装 0.22 μm 疏水性的通气过滤器（呼吸器）并可以加热消毒。无论中间贮罐还是纯化水、注射用水贮罐，均不得敞口，以防外源性污染。使用疏水性过滤器时，在排气的过滤器安装温控外套，以防止蒸汽冷凝阻塞贮水罐排气管。能耐受 121℃高温消毒或化学药剂消毒：压力容器的设计、制造，由有许可证的单位及合格人员承担，须按国家《压力容器安全技术监察规程》的有关规定办理。贮罐要密封，内表面要光滑，能对贮罐顶部空间进行喷淋。排水阀采用不锈钢隔膜阀。

6. 管路及分配系统。优质不锈钢(注射用水宜选用 316L 材料)管材内壁电抛光并作钝化处理。管道采用热熔式氩弧焊焊接连接,或者采用卫生夹头分段连接。阀门采用不锈钢聚四氟乙烯隔膜阀或蝶阀,避免使用球阀、闸阀、截止阀。卫生夹头连接,管道有一定的倾斜度,并设有排放点,便于排除存水,以保证必要时能够完全排空。管道采取循环布置,回水流入贮罐,可采用串联连接,使用点装阀门处的"死角"段长度,加热系统不得大于 6 倍管径,冷却系统不得大于 4 倍管径;管路可用化学药剂消毒、巴氏消毒或蒸汽消毒。当采用蒸汽消毒法时,非无菌生产用经过滤处理的工业蒸汽消毒,无菌生产用清洁蒸汽消毒,消毒温度 121℃。

7. 输送泵。优质不锈钢(注射用水宜选用 316L 材料)制造(浸水部分),电抛光并钝化处理;用卫生夹头作连接件;由纯化水、注射用水本身作为泵的润滑剂。

二、制药用水管道的安装

1. 洁净室(区)工艺用水管道的干管,宜敷设在技术夹层、技术夹道中;干管系统应设置吹扫口、排水口、取样口,需要拆洗、消毒及易燃、易爆、有毒物质的管道宜明敷。

2. 引入洁净室(区)各类管道的支管宜暗敷。必须明敷的管道,设计和安装时应避免出现不易清洁的部位。

3. 各类管道不宜穿越与其无关的洁净室(区)。穿越洁净室(区)墙、楼板、顶棚的各类管道应敷设套管,套管内的管道不应有焊缝、螺丝和法兰。管道与套管之间应有可靠的密封措施。

4. 洁净室(区)各类管道上的阀门、管件材料,应与管道材料相适应。所用的阀门、管件,除满足工艺要求外,应便于拆洗、检修。

5. 洁净室(区)各类管道,均应设指明内容物及流向的标志。

三、制药用水的制备、贮存和使用

GMP(2010 年修订)规定:纯化水、注射用水的制备、贮存和分配应当能够防止微生物的滋生。纯化水可采用循环,注射用水可采用 70℃以上保温循环。贮罐和输送管道所用材料应无毒、耐腐蚀。管道的设计和安装应避免死角、盲管。贮罐和管道要规定清洗、灭菌周期。贮罐的通气口应安装不脱落纤维的疏水性除菌滤器。

(一)制药用水的制备

1. 饮用水,一般宜采用城市自来水管网提供的符合国家饮用水标准的给水。若当地无符合国家饮用水标准的自来水供给,可采用水质较好的井水、河水为原水,为保障供给的原水水质,采用沉淀、过滤、消毒灭菌等处理手段,自行制备处理成符合国家饮用水标准的饮用水。

2. 纯化水,为饮用水经蒸馏法、离子交换法、反渗透法或其他适宜的方法制得的制药用水。不含任何添加剂,其质量应符合纯化水项下的规定。

纯化水应严格控制离子含量。目前采用控制纯化水电阻率的方法控制离子含量。如纯化水的电导率应小于 5.1 μS/cm(25℃)。制备纯化水设备应采用优质低碳不锈钢或其他经验证不污染水质的材料。应定期检测纯化水水质。定期清洗设备管道,更换膜材或再生离子活性。

3. 注射用水。为纯化水经蒸馏所得的水。应符合细菌内毒素试验要求。注射用水必须在防止细菌内毒素产生的设计条件下生产、贮藏及分装。其质量应符合注射用水项下的规定。我国目前一般采用蒸馏法,设备主要有多效蒸馏水机和气压式蒸馏水机等。

(二)制药用水贮存和保护

注射用水贮存罐宜采用保温夹套,保证70℃以上保温循环。无菌制剂用注射用水宜采用氮气保护。不用氮气保护的注射用水储罐的通气口应安装不脱落纤维的疏水性除菌滤器。贮罐宜采用球形或圆柱形,内壁应光滑,接管和焊缝不应有死角和沙眼。应采用不会形成滞水污染的显示液面、温度、压力等参娄和的传感器。

纯化水贮存周期不宜大于24 h,注射用水贮存周期不宜大于12 h。生物制品生产注射用水应在制备后6 h内使用;制备后4 h内灭菌72 h内使用。贮存纯化水和注射用水的贮罐要定期清洗、消毒灭菌,并对清洗、灭菌效果验证确认。

(三)纯化水、注射用水系统的日常管理

制水系统的日常管理包括运行、维修,它对验证及正常使用关系极大,所以应建立监控、预修计划,以确保水系统的运行始终处于受控状态,内容应包括:

1. 制水系统的操作、维修规程。

2. 关键的水质参数和运行参数的监测计划,包括关键仪表的校准。纯化水、注射用水系统的日常维护和检查见表5-2和表5-3。

表5-2 纯化水、注射用水系统的日常维护

部位	维护项目	维护周期
1. 原水箱	罐内清洗	一次/季
2. 机械过滤器	正洗、反洗	$\Delta p>0.08$ MPa或 $SDI>4$
3. 活性炭过滤器	清洗	$\Delta p>0.08$ MPa或每3 d
4. 活性炭过滤器	余氯	<0.05 mg/L
5. 活性炭	消毒、更换	消毒/3个月、更换/年、定期补充
6. RO膜	2%柠檬酸清洗	$\Delta p>0.4$ MPa或每半年
7. RO膜	消毒剂浸泡	停产期
8. 纯化水罐、管道	清洗、消毒	1次/月
9. 紫外灯管	定时更换	进口7 000 h、国产2 000 h
10. 注射用水罐、管道	清洗、灭菌	1次/周
11. 除菌过滤器	在线消毒灭菌、更换	每月检测、每年更换
12. 呼吸器	在线消毒灭菌、更换	每两个月检测、每年更换

表5-3 纯化水、注射用水系统的日常检查

部 位	检查项目	检查周期
1. 饮用水	防疫站全检	至少1次/年
2. 机械过滤器	Δp、SDI	1次/2 h
3. 活性炭过滤器	Δp	1次/2 h
4. 活性炭过滤器	余氯	1次/2 h

续表5-3

部　位	检查项目	检查周期
5. RO膜	Δp、电导率、流量	1次/2 h
6. 紫外灯管	计时器时间	2次/d
7. 纯化水	电导率、酸碱度、氨、氯化物	1次/2 h
8. 纯化水	全检	每周
9. 注射用水	电导率、pH、氨、氯化物	1次/2 h
10. 注射用水	全检	每周
11. 注射用水温度	贮灌、回水温度	1次/2 h

技能实训

文件名称	设备维护、保养管理规程					
文件编号				替代规程		
编订依据	药品生产质量管理规范(GMP)2010修订版					
起草人/日期				颁发部门		
审核人/日期				颁发日期		
批准人/日期				生效日期		
分发单位	总经理	质量部	技术部	生产部	制剂车间	提取车间	销售部
分发数量	份	份	份	份	份	份	份

目的：预防性维护、保养设备，防止事故的发生，保证设备的正常运行。

应用范围：所有使用设备。

责任人：工程负责人、操作工、维修工。

内容：

设备的维护保养，主要目的是及时处理设备运行中经常出现的不正常状态，延长使用寿命，防止减少故障的发生。维护工作的内容包括：实行三级保养规程；执行设备检查（日常检查，定期检查）规程；做好设备运行的有关信息收集和记录等。

1　设备三级保养规程

设备在使用过程中实行三级保养规程：即对设备实行日常保养、一级保养和二级保养。

1.1　日常保养的主要内容是检查、擦拭设备的各个部位，该项工作由设备操作工负责，按规定加油，紧固和调整易松动的螺丝。检查调整设备状态，通过保养，使设备保持整齐，清洁润滑、安全，做到机件无油垢、无灰尘，设备见本色，无跑冒滴漏，有故障应及时给予排除，认真做好《设备日常保养维护记录》。

1.2 一级保养：每月一次，以维修工为主，操作工为辅对设备进行局部拆卸和检查，清洗、调整设备各部位配合、间隙，紧固设备各部件。

1.3 二级保养：每季度进行一次，以维修工人为主，操作工人参加，按设备检修计划对设备进行局部解体检查和修理，更换修复磨损件，按设备检修计划清洗、换油、检查、修理电器部分，使设备技术状况全面达到设备完好标准。

1.4 应认真做好一、二级保养的记录。

1.5 设备一、二级保养后，应对保养设备进行状态运行检测，合格后方可再次使用。

2 设备检查规程

2.1 定时检查

2.1.1 一般设备：操作者上、下岗前，必须按规定的时间做好设备检查，如实填写记录。

2.1.2 特殊设备及主要设备，除做好岗位检查，保养外应按下列要求办理：

(1)锅炉每年检查一次，分别按检定周期做好年检，合格后方可使用。

(2)制剂、包装、包装类机械，每月检修一次，每半年中修一次，每年大修一次。

(3)电器设备春、秋季检查修理一次。

(4)固化干燥类设备及其他附属设备等，均每年检修一次。

2.2 巡回检查

2.2.1 工程部每个月一次，深入车间、班组，检查设备运行情况，管理规程执行情况及管线泄漏情况，设备安全情况，检毕做出处理意见，做好记录，入档备案。

2.2.2 维修工人每班上岗后要对自己分管的设备进行巡回检查，检查内容：班前对设备状态进行检查，上班过程中，至少巡视一次。设备运行情况，有无跑、冒、滴、漏现象，温度、压力有无异常，做到及时发现，及时解决，并做好《设备维修记录》，记录要认真，如实。对重大问题上报工程部解决。

2.2.3 维修工应遵守车间的规章规程，不得因本职的工作影响车间的正常生产。

复 习 题

一、单选题

1. 制药用水应当适合其用途，至少应当采用(　　)。

A. 自来水　　B. 饮用水　　C. 纯化水　　D. 注射用水

2. 非无菌原料药精制工艺用水至少应当符合(　　)的质量标准。

A. 注射用水　　B. 纯化水　　C. 无菌注射用水　　D. 饮用水

3. 对设备的设计选型和安装不当的要求是(　　)。

A. 易于清洗消毒　　B. 便于生产操作、维修和保养

C. 易于现场监督和参观　　D. 能够防止差错和污染

4. 对设备清洁的要求不当的是(　　)。

A. 制定《设备清洁规程》

B. 清洁的内容一般为清洁、消毒、灭菌、干燥等

C. 建立并做好设备清洗记录

D. 已清洁的设备应无菌

5. A 级/B 级洁净区内消毒剂和清洁剂配制的用水应当符合(　　)的质量标准。

A. 饮用水　　B. 纯化水　　C. 注射用水　　D. 灭菌注射用水

6. 蒸气管道应当涂成(　　)色。

A. 红　　B. 黄　　C. 蓝　　D. 黑

7. 校准与检定的正确表述是(　　)。

A. 检定是计量确认的核心　　B. 校准必须判定计量器具合格与否

C. 检定要发给检定证书或检定结果通知书　　D. 检定是自下而上的量值溯源

8. 注射用水的贮存应当采用(　　)。

A. 70℃以上保温　　B. 65℃以上保温

C. 65℃以上保温循环　　D. 70℃以上保温循环

9. 生物制品生产使用的管道系统、阀门和通气过滤器应使用(　　)灭菌。

A. 蒸汽　　B. 75%酒精

C. 0.1%苯扎氯铵溶液　　D. 以上均可

10. 制药设备所用的润滑剂、冷却剂应当是(　　)。

A. 无毒无害　　B. 不得对药品或容器造成污染

C. 药用规格　　D. 以上均是

二、多选题

1. 已清洁的生产设备应当在(　　)条件下存放。

A. 清洁　　B. 潮湿　　C. 外露　　D. 干燥

E. 无菌

2. 与药品直接接触的设备表面应当(　　)。

A. 光洁平整　　B. 易清洗或消毒

C. 一律选用不锈钢　　D. 耐腐蚀

E. 不吸附药品

3. 生产设备应当有明显的状态标识，下列(　　)属于设备状态标识。

A. 设备运行　　B. 设备故障

C. 设备停机　　D. 设备已清洁

E. 设备待清洁

4. 接班人在交接班时有以下权利（ ）。
A. 无安监人员签字不接
B. 对设备运行状况不清不接
C. 对设备故障及隐患记录不清不接
D. 对岗位工作、器具不全的原因不清不接
E. 无当班车间领导签字不接

5. 生产设备清洁操作规程的内容包括（ ）。
A. 清洁方法
B. 清洁剂的名称和配置方法
C. 去除前一批次标识的方法
D. 已清洁设备最长的保存时限
E. 清洁人员的健康状况

6. 纯化水的制备方法包括（ ）。
A. 机械过滤法
B. 蒸馏法
C. 离子交换法
D. 电渗析法
E. 反渗透法

7. 纯化水可用于（ ）。
A. 制备注射用水的水源
B. 滴眼剂等的溶剂或稀释剂
C. 注射剂的稀释
D. 直接接触药品设备的最后一次洗涤用水
E. 非灭菌制剂所用饮片的提取溶剂

8. 对无菌药品生产中过滤器材要求是（ ）。
A. 禁止使用含有石棉的过滤器材
B. 能滤除热源
C. 不得吸附药液组分
D. 不得释放异物
E. 能滤除活的微生物及其尸体

9. 设备档案的内容应当包含（ ）。
A. 设计单位
B. 检修、维护、保养的内容、周期和记录
C. 安装位置、施工图
D. 检修、维护、保养的内容、周期和记录
E. 工艺管线图，隐蔽工程动力系统图

10. 产品质量检验机构计量认证的内容是（ ）。
A. 计量检定、测试设备的性能
B. 计量检定、测试设备的工作环境
C. 测试人员的操作技能
D. 保证量值统一、准确的措施
E. 保证检测数据公正可靠的管理制度

三、简答题

1. GMP 对设备提出的基本要求有哪些？
2. 药品生产设备的设计选型应遵循哪些要求？
3. 制药设备的清洁、维护的要求是什么？
4. 如何进行药品生产设备的管理？
5. 纯化水、注射用水的制备方法、贮存要求和监测内容有哪些？

第六章

物料与产品

知识目标

- 掌握物料管理的基本程序和物料的质量标准。
- 掌握原辅料的管理要求及药品包装管理的要求。
- 熟悉包装材料的管理要求。
- 了解物料系统典型 SMP、SOP 文件设计。

技能目标

- 能够制定采购、接收、检验原辅料的质量。
- 会编写物料采购、入库、验收、贮存、出库管理规程及药品说明书。

药品生产是将物料加工转换成产品的一系列实现过程。产品质量基于物料质量，形成于药品生产的全过程。可以说，物料质量是产品质量的先决条件和基础。药品生产的全过程是通过严格和科学的管理，使从物料供应商的选择，到物料的购入、贮存、发放和使用（生产）、销售，直到用户。

第一节　物料和产品的概念与质量标准

一、物料和产品的概念

所谓物料就是指用于药品生产的原料、辅料和包装材料。

就药品制剂而言，原料特指原料药；就原料药而言，原料是指用于原料药生产的除包装材料以外的其他物料。

辅料指生产药品和调配处方时所用的赋型剂和附加剂。辅料是构成药物制剂必不可少的组成部分，它在制剂中虽无药效，但与制剂的成型和稳定、成品的质量和药代动力学等都有密切的关系，如片剂生产中加入的淀粉、糊精，注射剂生产中加入调节 pH 的酸、碱等。

药品包装所用的材料包括与药品直接接触的包装材料和容器、印刷包装材料，但不包括发运用的外包装材料。

产品包括药品的中间产品、待包装产品和成品。中间产品指完成部分加工步骤的产品，尚需进一步加工方可成为待包装产品。待包装产品指尚未进行包装但已完成所有其他加工工序的产品。

二、物料和产品的质量标准

质量标准是阐述生产过程中所用物料所得产品必须符合的技术要求。质量标准是质量评价的基础，是保证产品质量、安全性、有效性和一致性的重要因素。

就 GMP 而言，药品生产所需的物料应符合的标准有：国家药品标准（包括现行版药典和药品标准）、中国国家标准（GB）、中国行业标准、国际通用药典、进口药品标准、进口药品包装材料标准等其他有关标准。需要注意的是，在使用无法定标准的物料时应按规定向有关药品监督管理部门备案。此外，还有企业标准。企业标准是企业依据法定标准、行业标准和企业的生产技术水平、用户要求等制定的高于行标的内控标准（包括原辅料、中间产品、成品等的企业标准）。

制剂中使用的原料和辅料应符合中国药典标准的规定，中国药典未收载的，心须制定符合药用要求的标准，并需经国务院药品监督管理部门批准。用于药品生产的物料，除了药品原料和大多数的辅料外，其他物料没有当作药品来管理，因此，生产厂家种类繁多，物料供应来源广泛，品种规格繁杂。我国目前对辅料、包装材料等物料的监督管理还很不完善，产品中所包含的中间产品、待包装产品，也没有统一的质量标准，那么，如何确定物料和产品的质量标准呢？

1. 原料质量标准：原料药应以《中国药典》为依据；原料药可根据生产工艺、成品质量要求及供应商质量体系评估情况，确定需要增加的控制项目；中药材还需要增加采购原料的商品等级、加工炮制标准及产地。进口原料药应符合国际通用的药典并具有口岸药品检验所的药品检验报告书。对国际通用药典（《美国药典》、《英国药典》、《欧洲药典》、《日本药局方》）未收载的，应采用国家药品监督管理局核发的《进口药品注册证》时核准的质量标准。

2. 辅料质量标准：为保证药物制剂的质量，在生产中应将辅料与主药同样认识和要求，并进行同样的管理。辅料质量标准可以《中国药典》或国家食用标准为依据。采用国家食用标准时需要经过验证不影响产品质量，并经国家食品药品监督管理部门批准。

3. 包装材料质量标准：药包材必须按法定标准进行生产，不符合法定标准的药包材不得生产、销售和使用。包装材料质量标准可依据国家标准（GB 系列）、行业标准（YY 系列）和协议规格制定。直接接触药品的包装材料、容器的质量标准中还应自定符合药品要求的卫生标准。首次进口的药包材，必须取得国家食品药品监督管理局核发的《进口药包材注册证书》，并由国家食品药品监督管理局授权的药包材检测机构检验合格后，方可在国内销售使用。

4. 成品质量标准：成品质量标准可依据国家药品标准（包括现行版药典和药品标准）制定企业内控标准。企业内控标准一般应高于法定标准。

5. 中间产品和待包装产品的质量标准：中间产品和待包装产品无法定质量标准，企业应依据法定标准、行业标准和企业的生产技术水平、用户要求等制定的高于行标的内控标准。内控标准应根据产品开发和生产验证过程中的数据或以往的生产数据来确定，同时还需要综合考虑所生产产品的特性，反应类型以及控制工序对产品质量影响等因素。如果中间产品的检验结果用于成品的质量评价，则应制定与成品质量标准相对应的中间产品质量标准，该质量标准应类似于原辅料或成品质量标准。

第二节　物料的管理

物料管理系指药品生产所需物料的购入、贮存、发放和使用过程中的管理，所涉及的物料是指原料（包括原料药）、辅料、中间产品、待包装产品、成品（包括生物制品）、包装材料。

物料管理的目的在于：确保药品生产所用的原辅料、与药品直接接触的包装材料符合相应的药品注册的质量标准，并不得对药品质量有不利影响。建立明确的物料和产品的处理和管理规程，确保物料和产品的正确接收、贮存、发放、使用和发运，采取措施防止污染、交叉污染、混淆和差错。

《药品管理法》规定生产药品所需的原料、辅料、直接接触药品的包装材料和容器必须符合药用要求，同时还规定了对物料使用如不符合要求，按假劣药论处的情形。因此物料的使用既须合理又须合法。物料与产品的管理架构如图 6-1 所示。

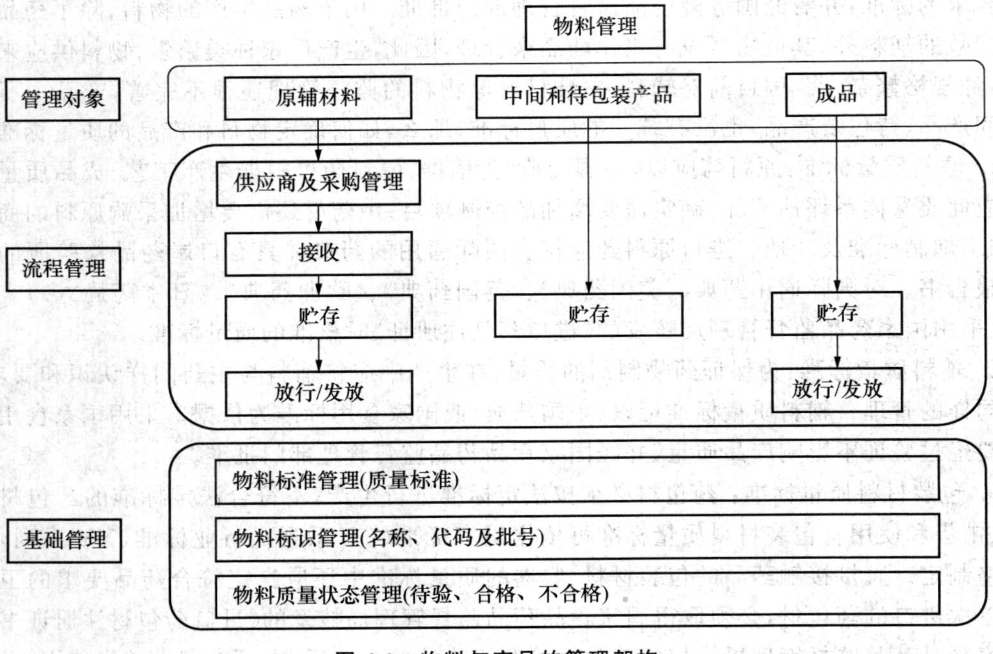

图 6-1　物料与产品的管理架构

物料的基础管理原则有物料标准管理（质量标准）、物料标识管理和物料状态管理。

物料标准管理：物料标准通常包括质量需求、供应能力需求、成本需求、物流需求等多方面的标准。

物料标识管理：物料设定标识的目的在于防止混淆和差错。并为文件的可追溯性奠定基础。名称、代号及批号是物料标识的三个重要组成部分。物料代码是物料的唯一性标识，确保每一种质量标准有区别的物料、中间体和成品都有唯一的种类标识。物料批号是物料批的唯一性标识,可以保证每一批物料都有其唯一的批次标识,应保证企业的物料批号与供应商的物料生产批号之间具有可追溯性。

物料质量状态管理:物料在待验、合格、不合格、已取样等质量状态下,应有正确并明确的标识,不同质量状态之间的转换应严格遵循相关的程序并有相应的审批记录。

一、采购

采购原辅材料时,规范购入是前提。物料的规范购入应包括:从合法的单位购进符合规定标准的物料,并按规定入库。

1. 物料供应商的评估和选择。目前,我国物料供应分为两种:一种是生产企业直接供货的,这种情况只需对生产企业进行审计;另一种是由商业单位供货,这种情况处理审计商业单位的经营资质外,还需要对生产企业进行审计(欧盟 GMP 规定应尽可能直接向生产商购买)。

采购原辅材料前,采购部门必须对生产企业有无法定的生产资格进行确认,并由质量管理部门会同有关部门对主要物料供应商的产品质量和质量保证体系进行考察、审计或认证,然后对生产企业的生产能力、市场信誉进行深入的调查。经质量管理部门确认供应商及其物料合法,具备提供质量稳定物料的能力后,批准将供应商及对应物料列入"合格供应商清单",作为物料购进、验收的依据。

2. 定点采购。在供货单位确认之后,实行定点采购。一般情况下,不要对供货企业进行经常性变更。这样做一是便于供货单位熟练掌握所提供原辅材料的生产工艺,确保提供高质量的原辅材料;二是便于本企业及时发现和帮助解决供货单位在生产过程中出现的问题和遇到的困难,共同提高原辅材料的质量,保证生产需要。

3. 确定采购计划及生产计划。合理的采购计划及生产计划能够及时地为企业提供符合质量标准的、充足的物料。销售预测是编制企业采购和生产计划的基础,生产计划的编制一方面取决于市场,另一方面又取决于物料及成品库存。企业以市场为导向,它必须保证不因物料库存量过低而影响生产计划的制定,导致失去商机的风险,但又不能库存过多,与物料的库存量不匹配,造成大量资金积压,同时作为特殊商品的药品及大部分原辅料都有一定的有效期,库存量不当可能导致过多物料超过有效期而报废。

企业应当尽可能地降低物料和成品库存。因此物料管理应当综合考虑市场的需求及企业的能力确定合理的"库存安全量"。理论上合理的安全库存量应当是保证市场和生产供应前提下的最低库存量,一般以若干天或若干周的生产能力表示,由单位时间的市场需求量、生产能力与周期、物料采购周期等因素共同决定。

4. 索证与合同。根据我国法律规定,出售产品必须符合有关产品质量的法律、法规的规定,符合标准或合同约定的技术要求,并有检验合格证。禁止生产、经销没有产品检验合格证的产品。因此,采购原辅材料时应向销售单位索取产品检验合格证、检验证书。同时,在签订经济合同时,除按合同规定要求,如买卖双方、标的、数量、价格、规格、交货地点、违约责任等一般内容外,应特别要注明原辅材料质量标准要求和卫生要求。

二、接收

原辅料接收流程如图 6-2 所示。

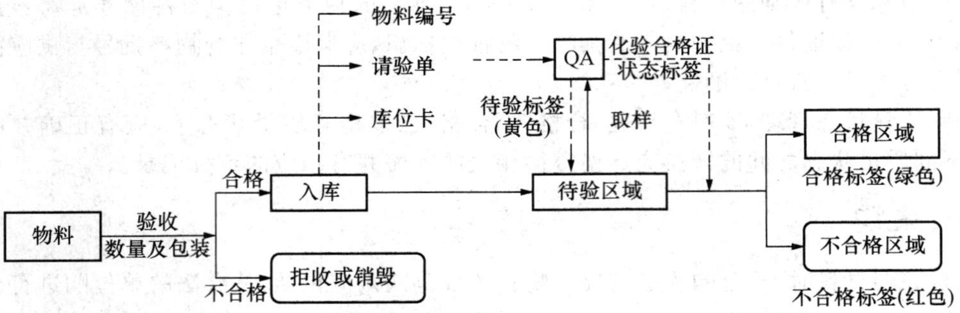

图 6-2　原辅料接收流程图

(一)验收

物料到货后,由仓贮部门安排专人(物料接收员)按规定程序对物料进行验收。验收时应注意以下三个问题:

1. 审查书面凭证。原辅材料到货后,验收人员对随货到达的书面凭证如合同、订单、发票、产品合格证等进行逐项审查,确定这些单据的真实性、规范性和所到货物的一致性,并核对供应商提供的报告单是否符合供应商协议质量标准要求,是否与订单一致,是否来自于质量管理部门批准的供应商处。

2. 外观目验。审查完书面凭证之后,如没有问题,对照书面凭证从外观上逐项核对所到原辅材料的品名、批号、厂家、商标、包装有无破损、原辅材料有无受到污染等情况,大致判定所到货物的品质。必要时,还应进行清洁,发现外包装损坏或其他可能影响物料质量的问题,应向质量管理部门报告并进行调查和记录。每次接收均应填写到货记录。

3. 填写到货记录。根据上述审查和目验的实际情况,记录到货原辅材料的一般情况,如品名、规格等;收料情况,如收料日期、数量及收料人等;供货方情况,如厂名、厂址等;外观情况,如包装容器、封闭、破损情况等。填写记录要真实准确,要有验收人员和负责人的签名。

(二)入库暂存

1. 编制物料代码和批号。将经过验收手续的原辅材料,无论合格与否,放进仓库暂存。对验收合格的原辅材料,按规定的程序和方法进行编号(编制代码和批号)。

(1)代码。在很多情况下,根据物料的名称无法区别不同标准的物料。如某企业同时生产注射剂和片剂,分别使用同一品名但是不同质量标准的物料,此时只用名称就不足一区分两个不同质量标准的物料。因此,企业必须设计一套可靠的识别系统,这就是物料代码系统。物料的代码是每一种质量标准的物料具有唯一且排他的代码。在所有涉及物料的文件,如生产处方、批记录、标签、化验单上,都一律采用物料代码用于专指特定的物料,有助于防止因名称相同质量标准不同造成的混淆。为了防止偶然误差,企业制定了为物料规定代码的 SOP 和采用代码以来所有物料与产品的代码表。

需要说明的是,即使物料已被新品替代或因品种淘汰而不再使用,其曾经使用过的代码绝不允许重新使用于其他物料,以确保不发生混淆和差错。

(2)批号。同代号一样,对每一次接收的原料、辅料、包装材料和拟生产的每一批产品都必须给定专一性批号。

对于原料、辅料和包装材料，批号可以由 6 位数字组成，以此与产品的批号相区分。例如 20130817 表示物料于 2013 年 8 月到货，它是该月收到的第 17 批物料。

(3)编号。物料编号(代码)的原则是，名称、性状越类似的原料，编号的差异应越大。编号一般以日期为主干号，通过在主干号前后加上原料名称代号、流水号和控制号等加以控制。

如 R1-20140526-2-3，"R"表示原料，"1"表示何种原料，"20140526"表示于 2014 年 5 月 26 日进库，"2"表示当天同一的货物第 2 次进库，"3"表示是验收员编号。当然企业也可根据实际情况规定符合自身条件的编号方法。

2. 待检。对同意收货的原辅材料编号后，对进库的原辅材料外包装进行清洁除尘，放置待检区域(挂黄色标志)，填写请检单，送交质量管理部门。对验收不合格的货物，将其放置到专门的不合格区域，及时上报有关部门进行处理。

三、检验、入库

质量管理部门接到仓贮部门的请检单后，立即派专人到仓库查看所到货物，并在货物上贴上"待验"黄色标签，表示这批原料在质量管理部门的控制之下，没有质量管理部门的许可，任何部门和人员一律不得擅自动用该批货物。然后由质量管理部门通知质量检验部门进行检验。

质量检验部门接到质量管理部门的通知之后，立即派人员按规定的抽样办法取样。取样后，贴取样标签并填写取样记录。样品经检验后，质检部门将检验结果报质量管理部门审核，质量管理部门根据审核结果通知仓贮部门。仓贮部门根据质量管理部门的通知对所到原辅材料进行处理，除去原来的标志和标签，将合格的原辅材料移送至合格品库区贮存，挂绿色标志；将不合格品移送至不合格品库区，挂红色标志，并按规定程序及时通知有关部门处理。

四、贮存与养护

仓贮保管和养护人员应对原料理化性质、包装材料以及影响原辅材料质量的各种因素有一个充分的了解，在此基础上，对其进行保管和养护。

(一)合理贮存

物料的合理贮存需要按照物料性质，提供规定的贮存条件，并在规定使用期限内使用。

1. 分类贮存。物料需要按其类别、性质、贮存条件分类贮存，避免相互影响和交叉污染。通常的分类原则为：

(1)常温、阴凉、冷藏应分开。

(2)固体、液体原料分开贮存。

(3)挥发性及易串味原料避免污染其他物料。

(4)原药材与净药材应严格分开。

(5)特殊管理物料按相应规定贮存和管理并立明显标志。特殊管理的物料[指麻醉药品、精神药品、医疗用毒性药品(包括药材)、放射性药品、药品类易制毒化学品及易燃、易爆和其他危险品]的验收、贮存、管理应当执行国家有关的规定，与公安机关联网或专库专柜，双人双锁管理，并由明显的规定标志。

(6)存放待检、合格、不合格原辅材料时要严格分开,按批次存放。

(7)不合格、退货或召回的物料或产品应当隔离存放。

2. 规定条件下贮存。物料贮存必须确保与其相适应的贮存条件,来维持物料已形成的质量,此条件下物料相对稳定。不正确贮存会导致物料变质分解和有效期缩短,甚至造成报废。规定的贮存条件:

(1)温度:冷藏库 2～10℃;阴凉库 10～20℃;常温库 0～30℃。

(2)相对湿度:一般为 45%～75%,特殊要求按规定贮存,如空心胶囊。

(3)贮存要求:遮光、干燥、密闭、密封、通风等。

3. 规定期限内使用。物料的使用期限:物料经过考察,在规定贮存条件下,一定时间内质量能保持相对稳定,当接近或超过这个期限时,物料趋于不稳定,甚至变质。这个期限为物料的使用期限。

原辅料应按有效期或复验期贮存。贮存期内,如发现对质量有不良影响的特殊情况,应当复验。

4. 仓贮设施。物料贮存要避免影响物料原有质量,同时还要避免污染和交叉污染。因此,仓贮区应当能满足物料或产品的贮存条件(如温湿度、避光)和安全贮存的要求,配备空调机、去湿机、制冷机等设施,并进行检查和监控。

仓贮区应有与生产规模相适应的面积和空间,用以存放物料、中间产品、待验品和成品。应最大限度地减少差错和交叉污染。库内应保持清洁卫生,通道要畅通。

仓库的“五防”设施,防蝇、防虫、防鼠、防霉、防潮。

仓库的“五距”,垛距、墙距、行距、顶距、灯距(热源)。

垛码要井然有序,整齐美观。堆垛的距离规定要求是:垛与墙的间距不得小于 30 cm,垛与柱、梁、顶的间距不得小于 30 cm,垛与散热器、供暖管道的间距不得小于 30 cm,垛与地面的间距不得小于 10 cm,主要通道宽度不得小于 200 cm,照明灯具垂直下方不得堆码药品,并与药品垛的水平间距不得小于 50 cm。

(二) 正确养护

一般来说,养护是企业确保库存物料质量的一项重要工作,物料经质量验收检验,进入仓库,到生产后流出,其质量都要靠养护工作提供充分的保障,避免污染其他物料。

1. 养护组织和人员。仓库应建立商品养护专业组织或专职的养护人员。养护组织或人员应在质量管理部门的指导下,具体负责原辅料贮存中的养护和质量检查工作,对保管人员进行技术指导。

2. 养护工作的内容:

(1)制订养护方案。根据“以防为主,把出现质量问题的可能性控制在最低限度”的原则,制订符合企业实际的科学养护方案。即根据物料性质定期检查养护,并采取必要的措施可以预防或延缓物料受潮、变质、分解等,对已发生变化的物料及时处理。

(2)确定重点养护品种。重点养护品种是指在规定的贮存条件下仍易变质的品种,有效期在两年内,包装容易损坏的品种、贵重品种、特殊药品和危险品等,这些品种应在质管部门指导下重点关注。

(3)定期盘存和不定期检查。所谓定期盘存,就是根据物料的特点,规定每月、每季、每半年或年终对有关物料进行全面清点。一般遵循“四三三”检查原则，即每个季度的第一个月检查40%，第二个月检查30%，第三个月检查30%，使库存物料每个季度能全面检查一次。在清点过程中，既要核对物料的数量，保证账、卡，货及货位相符，又要逐一对物料质量进行检查，对不合格的应及时处理。

所谓不定期检查，就是根据临时发生的情况，进行突击全面检查或局部抽检。一般是风季、雨季、霉季、高温、严寒或者发现物料质量变异苗头的时候，以便做到及时发现问题、及时处理问题，并做好质量检查登记处理记录。

效期商品、易变品种酌情增加检查次数，并认真填写库存商品养护检查记录。

(4)记录和归档。建立健全商品养护档案，内容包括商品养护档案表和养护记录、台账、检验报告书、质量报表等。

养护人员配合保管人员做好各类温控仓库和冷藏设施的温湿度检测记录。做好日常质量检查、养护的记录，建立养护档案。

对养护设备，除在使用过程中随时检查外，每年应进行一次全面检查。对空调机、去湿机、制冷机等应有养护设备使用记录。

3. 养护措施：

(1)避光措施。有些物料对光敏感，如肾上腺素遇光变玫瑰红色，双氧水遇光分解为水和氧气等。因此，在保管过程中必须采取相应的避光措施。除包装必须采用避光容器或其他遮光包装材料外，物料在库贮存期间应尽量置于阴暗处，对门、窗、灯具等可采取相应的措施进行遮光，特别是一些大包装物料，在分发之后剩余部分应及时遮光密闭，防止漏光而造成物料氧化分解、变质失效。

(2)降温措施。温度过高会使许多物料变质，特别是生物制品、抗生素、疫苗血清制品等对温度要求更严。即使是普通物料在过高温度下贮存，仍能影响到其质量。因此，必须保持物料贮存期间的适宜温度。对于普通物料，当库内温度高于库外时，可启开门窗通风降温。装配有排风扇等通风设备的仓库，可启用通风设备进行通风降温。也可采用电风扇对准冰块吹风，以加速对流，提高降温效果。但要注意及时排除冰融化后的水，因冰融化后的水可使库内湿度增高，故易潮解的物料不适宜此方法。此外，对一些怕潮解对湿度特别敏感的物料，如生物制品、疫苗等一般可置地下室或冰箱、冷藏库内贮存。

(3)保温措施。在我国长江以北地区，冬季气温有时很低，有些地区可出现零下30～40℃甚至更低。这对一些怕冻物料的贮存不利，必须采取保温措施。一般可采用暖气片取暖，提高库内温度，保证物料安全过冬。暖气片取暖应注意暖气管、暖气片离物料隔一定距离，并防止漏水情况发生。

(4)降湿和升湿措施。在我国气候潮湿的地区或阴雨季节，库房往往需要采取空气降湿的措施。为了更好地掌握库内湿度情况，可根据库内面积大小设置数量适当的湿度计，将仪器挂在空气流通的货架上。每天定时观测，并做好记录。记录应妥善保管，作为参考资料，以掌握湿度变化规律，并作为考察库存期间药品质量的依据之一。一般来说，库内相对湿度应控制在75%以下为宜，控制方法可采用通风降湿，密封防潮与人工吸潮降湿相结合。通风降湿要注意室外空气的相对湿度，正确掌握通风时机，一般应是库外天气晴朗，空气干燥时，才能打开门窗进行通风，使地面水分、库内潮气散发出去。密封防潮是阻止外界空气中的潮气入侵库内。一般可采取措施为将门窗封严，必要时，对数量不多的药品可密封垛堆货架或货箱。人工吸潮是当库内空气湿度过高，室外气候条件不适宜通风降湿时，采取的一种降湿措施。一般可采用生石灰（吸水率为自重的 20%～30%）、氯化钙（100%～150%）、钙镁吸湿剂、硅胶等，有条件的可采用降湿机吸湿。

在我国西北地区，有时空气十分干燥，必须采取升湿措施。具体方法有：向库内地面洒水，或以喷雾设备喷水；库内设置盛水容器，贮水自然蒸发等。

(5)防鼠措施。库内物品堆集，鼠害常易侵入，造成损失。特别是一些袋装原料或药材如葡萄糖、淀粉、山药、枸杞、莲子等一旦发生鼠害则造成严重污染。因此，必须防鼠灭害，一般可采用下列措施：安装防鼠板，堵塞鼠害的通道；库内无人时，应随时关好库门、库窗，特别是夜间；加强库内灭鼠，可采用电猫、鼠夹、鼠笼等工具；另外还要加强库外鼠害防治，仓库四周应保持整洁，不要随便乱堆乱放杂物，同时要定期在仓库四周附近投放灭鼠药，以消灭害源。

(6)防火措施。物料本身和其包装尤其是外包装，大多数是可燃性材料，尤其是一些化学试剂，所以防火是一项常规性工作。在库内四周墙上适当的地方要挂有消防用具和灭火器，并建立严格的防火岗位责任制。对有关人员进行防火安全教育，进行使用放火器材的培训，使这些人员能非常熟练地使用放火器材。库内外应有防火标记或警示牌，消防栓应定期检查，危险药品库应严格按危险药品有关管理方法进行管理。

五、出库验发

出库验发是指对即将进入生产过程的物料出库前进行检查，以保证其数量准确、质量良好。出库验发是一项细致而繁杂的工作；必须严格执行出库验发制度，具体做到如下几点：

1. 坚持“三查六对”制度。出库验发，首先要对有关凭证进行“三查”，即查核生产或领用部门、领料凭证或批生产指令、领用器具是否符合要求；然后将凭证与实物进行“六对”，即对货号、品名、规格、单位、数量、包装是否相符。

2. 掌握“四先出”原则。“四先出”即先产先出、先进先出、易变先出、近期先出，具体要求如下：

(1)先产先出原则，指库存同一物料，对先生产的批号应尽先出库。一般来说，由于环境条件和物料本身的变化，物料贮存的时间愈长，变化愈大，超过一定期限就会引起变质，以致造成损失。出库采取“先产先出”，有利于库存物料不断更新，确保其质量。

(2)先进先出原则，指同一物料的进货，按进库的先后顺序出库。物料种类和用量相对较大，生产企业进货频繁，渠道较多，同一品种不同厂牌的进货较为普遍，加之库存量大，堆垛分散，如不掌握“先进先出”，就有可能将后进库的物料发出，而先进库的未发，时间一长，存库较久的物料就易变质。因此，只有坚持“先进先出”，才能使不同厂牌的相同品种都能做到“先产先出”，经常保持库存物料的轮换。

(3)易变先出原则，指库存的同一物料，对不宜久贮、易于变质的尽先出库。有的物料虽然后入库，但由于受到阳光、气温、湿气、空气等外界因素的影响，比先入库的物料易于变质。在这种情况下，当物料出库时就不能机械地采用“先产先出”，而应该根据物料的质量情况，将易霉、易坏、不宜久贮的尽先出库。

(4)近期先出原则，即“近失效期”先出，指库存有“效期”的同一物料，对接近失效期的先行出库。对仓库来讲，所谓“近失效期”，还应包括给这些物料留有调运、供应和使用的时间，使其在失效之前投入使用。某些物料虽然离失效期尚远，但因遇到意外事故不易久贮时，则应采取

“易变先出”办法尽先调出，以免受到损失。

3. 出库验发的工作程序：

(1)开写出库凭证，车间按生产需要填领料单送仓库备料。仓库所发物料包装要完好，附有合格证、检验报告单，用于盛放物料的容器应易于清洗或一次性使用，并加盖密封。运输过程中，外面加保护罩，容器必须贴有配料标志。仓库审核其品名、规格、包装与库存实物是否相符，库存数量是否够发等情况，如有问题应及时请求修改，然后开写出库凭证，并要搞好出库凭证的复核，防止出现差错。

(2)审核出库凭证无误后，及时进行登账，核销存货。有的厂家要求在出库凭证上批注出库物料的货位编号和发货后的结存数量，以便保管人员配货、核对。

(3)按单配货，保管人员接到出库凭证后，按其所列项目审查无误，先核实实物卡片上的存量，然后按单从货位上提取物料，按次序排列于待运货区，按规定要求称量计量，并填写称量记录。放行出库发出的物料，经清点核对集中后，要及时办理交接手续。由保管人员根据凭证所列数量，向领物人逐一点交。发料、送料、领料人均应在发料单上签字，以示负责。

(4)复核保管人员将货配发齐后，要反复清点核对，保证数量质量。既要复核单货是否相符，又要复核货位结存量来验证出库量是否正确，发料后，库存货位卡和台账上应填货料去向、结存情况。

(5)为避免发料、配料特别是打开包装多次使用的情况下造成的污染，应要求药品生产企业设置备料室，配料时应在备料室中进行。备料室的洁净级应与取样室、生产车间要求一致。

第三节　包装材料的管理

在药品生产、贮存、运输、销售等环节中，无论是原料或成品，都离不开包装，而包装用的包装材料则在保护药品免受外界条件因素的影响而变质或外观改变等方面起着决定性的作用。

一、包装材料的概念与分类

所谓的药品包装材料指药品内、外包装物料，包括标签和使用说明书。按与所包装药品的关系程度，可分为三类：

内包装材料，指用于与药品直接接触的包装材料，也称为直接包装材料或初级包装材料，如注射剂瓶、铝箔、油膏软管等。内包装应能保证药品在生产、运输、贮藏及使用过程中的质量，并便于医疗使用。

外包装材料，指内包装以外的包装，按由里向外分为中包装和大包装，如纸盒、木桶、铝盖等。外包装应根据药品的特性选用不易破损的包装，以保证药品在运输、贮藏、使用过程中的质量。

印刷性包装材料，指具有特定式样和印刷内容的包装材料，如印字铝箔、标签、说明书、纸盒等。这类包装材料可以是内包装材料如软膏管，也可以是外包装材料，如外盒、外箱等。

按监督管理的方便和要求，也可分为三类：

Ⅰ类包装材料，直接接触药品且直接使用的药品包装用材料、容器，如药用 PVC 硬片、塑料输液瓶(袋)等。

Ⅱ类包装材料,直接接触药品,但便于清洗,在实际使用过程中,经清洗后需要并可以消毒灭菌的药品包装用材料、容器,如安瓿、玻璃管制口服液瓶、抗生素瓶天然胶塞等。

Ⅲ类包装材料:除Ⅰ类、Ⅱ类以外其他可能直接影响药品质量的药品包装用材料、容器,如口服液瓶铝(合金铝)、铝塑组合盖,输液瓶铝(合金铝)、铝塑组合盖等。

这三种包装材料由国家实行产品注册管理,生产企业必须按法定标准进行生产。

二、包装材料的管理制度

包装材料对药品质量的影响是巨大的,尤其是Ⅰ类包装材料和Ⅱ类包装材料。这些包装材料在正常情况下能够起到保护药品的作用,但如材质选用不当或受到污染,那么这种包装不但不能起到保护药品的作用,反而对药品造成污染,严重影响药品质量。因此,包装材料的采购、验收、检验、入库、贮存、发放等管理除可按原辅料管理执行以外,还必须注意以下问题:

1. 分类标准。药品包装材料、容器必须按法定的标准进行生产,法定标准包括国家标准和行业标准,国家标准和行业标准由国家药品监督管理局组织制定和修订。没有制定国家标准和行业标准的药品包装材料、容器,由申请产品注册企业制定企业标准。

2. 注册管理。我国对药品包装材料实行注册管理制度。药品包装材料必须经药品监督管理部门注册并获得《药材注册证书》后方可生产。未经注册的药包材不得生产、销售、经营和使用。生产Ⅰ类药包材,必须经国家药品监督管理局批准注册;生产Ⅱ类药包材由企业所在省、自治区、直辖市药品监督管理局批准注册。药包材执行新标准后,药包材生产企业必须向原发证机关重新申请核发《药包材注册证书》。

国外企业、中外合资境外企业生产的首次进口的药包材,必须取得国家药品监督管理局核发的《进口药包材注册证书》,并经国家药品监督管理局授权的药包材检测机构检验合格后,方可在国内销售、使用。使用进口药包材,必须凭国家药品监督管理局核发的《进口药包材注册证书》复印件加盖药包材生产厂商有效印章后,在所在省、自治区、直辖市药品监督管理局备案后方可使用。

3. 生产药包材的条件。申请单位必须是经注册的合法企业。企业应具备生产所注册产品的合理工艺、有关的洁净厂房、设备、检验仪器、人员、管理制度等质量保证必备条件。生产Ⅰ类包装材料,必须同时具备与所包装药品生产相同的洁净度条件。

生产Ⅰ类包装材料企业的生产环境由国家药品监督管理局,省、自治区、直辖市药品监督管理局指定的检测机构检查认证。检测机构对申请注册的产品抽样三批,进行检测。Ⅰ类包装材料的申请企业将其"药品包装材料、容器注册申请书",连同所需资料经省、自治区、直辖市药品监督管理局审批核发初审合格后,报国家药品监督管理局核发《药包材注册证书》。Ⅱ类包装材料和Ⅲ类包装材料的申请企业将其"药品包装材料、容器注册申请书",连同所需资料报省、自治区、直辖市药品监督管理局核发《药包材注册证书》,报国家药品监督管理局备案。

国内首次开发的药包材产品必须通过国家药品监督管理局组织评审认可后,按规定类别申请《药包材注册证书》,方可生产、经营和使用。

三、印刷性包装材料管理

由于印刷性包装材料直接给用户和患者提供了使用药品所需要的信息,因错误信息引起的用药事故亦较为常见。故对印刷包装材料必须进行严格管理，尽可能避免和减少由此造成的混药和差错危险，以及文字说明不清给病人带来的潜在危险。直接接触药品的印刷性包装材料的管理和控制要求与原辅料相同。现仅以标签和说明书的接收、贮存和发放过程为例说明印刷性包装材料的管理。

(一)标签、说明书的接收

1. 药品的标签、使用说明书与标准样本需要经企业质量管理部门详细核对无误后签发检验合格证，才能印刷、发放和使用。

2. 仓库管理员在标签、说明书入库时，首先应进行目检，检查品名、规格、数量是否相符，检查是否污染、破损、受潮、霉变、检查外观质量有无异常(如色泽是否深浅不一，字迹是否清楚等)，如目检不符合要求的标签，需要计数、封存。

(二)标签、说明书的贮存

1. 仓库在收到质量管理部门的"包材检验合格报告单"后，将待验标志换成合格标志。印刷性包材应当设置专门区域妥善存放，未经批准的人员不得进入。若检验不合格则将该批标签和说明书移至不合格库(区域)，并进入销毁程序。

2. 标签和所说明应按品种、规格、批号分类存放，按先进先出的原则使用。

3. 专库(专柜)存放，专人管理。

(三)标签、说明书的发放

1. 仓库根据生产指令单及车间领料单计数发放。

2. 标签、说明书由生产部门专人(领料人)领取，仓库发料人按生产车间所需限额计数发放，并核对品种、数量，确认质量符合要求及包装完好后，方可发货并签名确认。

3. 标签实用数、残损数及剩余数之和与领用数相符，印有批号的残损标签应有两人负责销毁，并做好记录和签名确认。

4. 不合格的标签、说明书未经批准不得发往车间使用。

5. 不合格标签、说明书应定期销毁，销毁时应有专人监督，并在记录上签字。

第四节　成品及其他

成品放行前应当待验贮存。成品的贮存条件应当符合药品注册批准的要求。

特殊管理的产品：麻醉药品、精神药品、医疗用毒性药品(包括药材)、放射性药品、药品类易制毒化学品及易燃、易爆和其他危险品的验收、贮存、管理应当执行国家有关的规定。

不合格的中间产品、待包装产品和成品的每个包装容器上均应当有清晰醒目的标志，并在隔离区内妥善保存。不合格的中间产品、待包装产品和成品的处理应当经质量管理负责人批准，并有记录。

产品回收需经预先批准，并对相关的质量风险进行充分评估，根据评估结论决定是否回收。回收应当按照预定的操作规程进行，并有相应记录。回收处理后的产品应当按照回收处理中最早批次产品的生产日期确定有效期。

制剂产品不得进行重新加工。不合格的制剂中间产品、待包装产品和成品一般不得进行返工。只有不影响产品质量、符合相应质量标准，且根据预定、经批准的操作规程以及对相关风险充分评估后，才允许返工处理。返工应当有相应记录。

对返工或重新加工或回收合并后生产的成品，质量管理部门应当考虑需要进行额外相关项目的检验和稳定性考察。

企业应当建立药品退货的操作规程，并有相应的记录，内容至少应当包括：产品名称、批号、规格、数量、退货单位及地址、退货原因及日期、最终处理意见。同一产品同一批号不同渠道的退货应当分别记录、存放和处理。

只有经检查、检验和调查，有证据证明退货质量未受影响，且经质量管理部门根据操作规程评价后，方可考虑将退货重新包装、重新发运销售。评价考虑的因素至少应当包括药品的性质，所需的贮存条件，药品的现状、历史，以及发运与退货之间的间隔时间等因素。不符合贮存和运输要求的退货，应当在质量管理部门监督下予以销毁。对退货质量存有怀疑时，不得重新发运。对退货进行回收处理的，回收后的产品应当符合预定的质量标准和第一百三十三条的要求。退货处理的过程和结果应当有相应的记录。

技能实训

××有限公司
GMP 文件

题目：供应商选择标准操作规程			
编码：		起草：	日期：
审核：	日期：	批准：	日期：
生效日期：		共 2 页	
部门名称：质量保证部		分发部门：物资部、质量保证部、质量控制部	
变更记录：			

目的：制订本标准的目的是建立物料供应商的认证规程，保证所选择的供应商能够提供质量合格、稳定的物料。

范围：本标准适用于原辅料、包装材料供应商的认证。

职责：物资部经理、物料采购员、QA、QC 对本标准的实施负责。

内容：

1　物资部只能采购经认证合格的供应商生产的原辅料和包装材料，QA、QC 只能检验合格供应商的原辅料和包装材料，生产部门只能使用合格供应商的原辅料和包装材料。

2　对未经批准的新物料供货商，采购前应对供应商进行评估，符合我厂对供应商要求后才能批准成为合格供应商。

3 供应商选择的基本原则：

3.1 供应商必须具有法定的生产资格。

3.2 具有完善的质量保证体系，提供的物料能够满足我厂的质量要求，有持续改进的愿望与能力。

3.3 生产能力能够满足我厂需求，并有持续发展的潜力。

3.4 保证准时、准地、准量供货。

3.5 在满足上述条件的同时，价格有竞争力。

3.6 在同行业中有良好的信誉和竞争优势。

3.7 应尽可能直接向物料生产商购买。

4 供应商的分级：通过对物料风险分析的结果，按其对药品质量及安全性的影响程度，分为 A、B、C 三类。

4.1 A 类是对药品质量及用药安全有重要影响的物料，对药品质量有直接影响的工艺辅助剂、直接接触药品的包材。

4.2 B 类是对药品质量及安全用药有影响但程度非常有限的物料。

4.3 C 类是对药品的质量基本没有影响的物料。

5 供应商的评估：

5.1 由质量保证部对物料进行风险评估，确定物料的安全级别。

5.2 由物资部索取相应供应商资质，比较、筛选出 2～3 家，报质量保证部组织对供应商资质进行审计。

5.3 供应商资质内容：营业执照、生产许可证、GMP 证书、药品（辅料、包材）注册批件、质量标准、药品检验报告；如从经营企业购进，还需索取经营企业的营业执照、经营许可证、GSP 证书、业务员授权委托书等。

5.4 质量保证部对供应商资质审核通过后，做出是否需要现场审计的决定，报质量受权人批准。

5.5 如需现场审计，应由质量保证部依据《供应商质量体系评估管理规程》组织生产、物资、QA 人员对供应商进行现场审计。

5.6 必要时，应对主要物料供应商提供的样品进行小批量生产，并对试生产的药品进行稳定性考察。

6 由质量保证部提交供应商审计报告，经质量受权人审核批准后做出同意、不同意采购或经整改后重新审计的意见。

7 质量保证部将受权人意见反馈给物资部，对审计合格的物料供应商，物资部开始物料的采购。

8 当供应商发生重大变化或供货质量出现不稳定趋势时应对供应商重新评估。

9 物资部应建立供应商档案，并保存于物资部。档案内容包括：供应商的资质证明文件、质量协议、质量标准、供应商的检验报告、现场质量审计报告、产品稳定性考察报告、定期的质量回顾分析报告等。

复 习 题

一、单选题

1. 物料必须从(　　)批准的供应商处采购。

A. 供应管理部门　　B. 生产管理部门　　C. 质量管理部门　　D. 财务管理部门

2. 现有一批待检的成品,因市场需货,仓库(　　)。

A. 可以发放

B. 审核批生产记录无误后,即可发放

C. 检验合格、审核批生产记录无误后,方可发放

D. 检验合格即可发放

3. 药品生产所用的原辅料,应当符合(　　)。

A. 食用标准　　B. 药用标准　　C. 相应的质量标准　　D. 卫生标准

4. 通常认为,原辅料为除(　　)之外,药品生产中使用的任何物料。

A. 中间产品　　B. 待包装产品　　C. 试剂　　D. 包装材料

5. 原辅料贮存期内,如发现对质量有不良影响的特殊情况,应当进行(　　)。

A. 目测　　B. 检查　　C. 复验　　D. 销毁

6. 过期或废弃的印刷包装材料应当予以(　　)并记录。

A. 保存　　B. 另外区域存放　　C. 销毁　　D. 计数

7. 印刷包装材料应当设置(　　)妥善存放。

A. 密闭区域　　B. 一般区域　　C. 专门区域　　D. 显著区域

8. 与药品直接接触的包装材料和印刷包装材料的管理和控制要求与(　　)相同。

A. 成品　　B. 一般包装材料　　C. 中间体　　D. 原辅料

9. 不合格的物料、中间产品、待包装产品和成品的每个包装容器上均应当有清晰醒目的标志,并在(　　)内妥善保存。

A. 隔离区　　B. 待验区　　C. 库房　　D. 取样区

10. 印刷包装材料应当由专人保管,并按照操作规程和(　　)发放。

A. 需求量　　B. 总量　　C. 品种数量　　D. 规格

11. 过期或废弃的印刷包装材料应当予以(　　)并记录。

A. 保存　　B. 另外区域存放　　C. 销毁　　D. 计数

12. 现有一批待检的成品,因市场需货,仓库(　　)。

A. 可以发放

B. 审核批生产记录无误后,即可发放

C. 检验合格、审核批生产记录无误后,方可发放

D. 检验合格即可发放

二、多选题

1. 只限于经批准的人员出入，应当隔离存放的物料或产品有（　　）。

A. 待验物料　　B. 不合格产品　　C. 退货　　D. 召回的产品

2. 物料应当根据其性质有序分批贮存和周转，发放及发运应当符合（　　）的原则。

A. 合格先出　　B. 先进先出　　C. 急用先出　　D. 近效期先出

3. 下列药品需要实行双人双锁专库存放的有（　　）。

A. 麻醉药品　　B. 二类精神药品　　C. 一类精神药品　　D. 医疗用毒性药品

4. 根据《药品说明书和标签管理规定》（局令第 24 号）规定，下列哪些是准确的？（　　）

A. 药品说明书和标签由国家食品药品监督管理局予以核准

B. 药品通用名称可以选用草书、篆书等字体，但不得使用斜体、中空、阴影等形式对字体

C. 药品的标签应当以说明书为依据

D. 药品通用名称除因包装尺寸的限制而无法同行书写的，不得分行书写

5. 药品的内标签应当包含药品通用名称、适应征或者功能主治、规格、用法用量、生产日期、产品批号、有效期、生产企业等内容。包装尺寸过小无法全部标明上述内容的，至少应当标注药品通用名称、规格和（　　）等内容。

A. 产品批号　　B. 生产企业　　C. 用量用法　　D. 有效期

6. 国家实行特殊管理的药品有（　　）。

A. 麻醉药品　　B. 精神药品　　C. 放射药品　　D. 毒性药品

7. 下列哪些药品要实行双人双锁专库存放？（　　）

A. 麻醉药品　　B. 二类精神药品　　C. 一类精神药品　　D. 医疗用毒性药品

8. 只限于经批准的人员出入，应当隔离存放的物料或产品有（　　）。

A. 待验物料　　B. 不合格产品　　C. 退货产品　　D. 召回的产品

9. 物料应当根据其性质有序分批贮存和周转，发放及发运应当符合（　　）。

A. 合格先出　　B. 先进先出　　C. 急用先出　　D. 近效期先出

10. 产品包括药品的（　　）。

A. 原料　　B. 中间产品　　C. 待包装产品　　D. 成品

三、简答题

1. 如何制定物料和产品的质量标准？
2. 怎样才能做到规范采购？
3. 物料养护的措施有哪些？
4. 如何评价标签质量？

第七章

确认与验证

知识目标

- 熟悉确认与验证的一般程序、确认与验证的类型及工作流程。
- 掌握确认与验证的文件管理。

技能目标

- 能够解释确认与验证及相关术语的含义。
- 能明确确认与验证的文件管理要求。
- 会判断确认与验证的类型，并会编订确认与验证方案。

第一节 绪 论

一、概述

20 世纪 60 年代 GMP 的产生及其发展之中，并没有“验证”的概念，至 20 世纪 70 年代后期，才产生“验证”的想法，并被一些国家引入到 GMP 的规章中。随后，验证工作逐步规范化、法制化。我国也越来越重视验证工作，并载入 GMP，要求全国所有制药企业严格执行。

确认是指证明厂房、设施、设备和检验仪器能正确运行并可达到预期结果的一系列活动；验证是指证明任何操作规程(或方法)、生产工艺、清洁程序或计算机系统能够达到预期结果的一系列活动。确认与验证是 GMP 的重要组成部分。是药品生产及质量管理中一个全方位的质量活动，它是实施 GMP 的基础。验证和确认本质上是相同的概念，“确认”这个词往往用在有技术规格及运行参数的设备或系统中，当设备或系统获得产品或接近最终结果阶段时，才使用“验证”这个词。确认通常用于厂房、设施、设备和检验仪器；验证则用于操作规程(或方法)、生产工艺、清洁程序或计算机系统。在此意义上，确认是验证的一部分。

多年来 GMP 的实践使越来越多的人对以下几点取得共识：

1. 药厂的运行必须以质量保证体系为手段，有明确的“标准”，以便做到“有章可循，照章办事”;而“标准”的确立又必须以生产设备、方法、规程、工艺确认与验证的结果为基础。

2. 实施 GMP,需要按“标准”对各种过程进行控制,实现过程确实受控的目标。

3. 过程管理遵循动态法则。在按“标准”对影响质量的各个因素监控的同时,又必须用各种过程监控的实际数据来考核“标准”制定的合理性及有效性,或对已验证状态是否发生了漂移做出评估,进而通过再验证的手段或对历史数据进行回顾总结的办法,对“标准”进行必要而适当的修订。“标准”应依托于过程,并最终为过程受控服务。

从实践中可以得出这样的结论,即企业常规的生产运行需要确立可靠的运行标准。这一广义的标准除了产品的质量指标外,还包括厂房、设施、设备的运行参数、工艺条件、物料标准、操作及管理规程,如人员通过培训考核上岗等。确认与验证是确立生产运行标准的必要手段。

一个已运行多年的药厂,如不以回顾性验证的方式对已获得的各种数据资料进行回顾检查,对关键的工艺不作适当的再验证,或对已验证过的状态缺乏有效的监控,它也不可能做到过程受控。在这种条件下,成品最终检查的合格并不能确保出厂的产品都达到了规定的标准。总之,确认与验证是制药企业定标及达标运行的基础。确认与验证文件则是有效实施 GMP 的重要证据。

二、相关术语

由于验证涉及的专业领域较宽,各个国家 GMP 发展的不平衡以及制药、食品等不同领域的工程技术人员往往按照他们自己的经验来描述同一概念的事物,在一段时间内验证术语的使用出现混乱。例如,一些人员讲灭菌设备的验证,它的本意是指灭菌设备性能的一般确认,并没有涉及工艺条件。实际生产中采用的工艺条件通常以程序来描述,如 115℃,35 min;121℃,15 min,这样的程序必须在设备及工艺要求相结合的条件下方能验证。显然,这种用语混乱的状况不利于同行之间的交流。为方便理解,与验证相关的一些名词的含义。

挑战性试验 旨在确定某一个工艺过程或一个系统的某一组件,如一个设备、一个设施在设定的苛刻条件下能否确保达到预定的质量要求的试验。如干热灭菌程序验证过程中,在被灭菌的玻璃瓶中,人为地加入一定量的内毒素,按设定的程序灭菌,然后检查内毒素的残留量,以检查灭菌程序能否确实达到了设定的要求。

最差状况 系指导致工艺及产品失败的概率高于正常运行工艺的条件或状态,它在正常运行时可能发生。如注射用水系统中,当数个使用点同时大量用水时对系统的压力最大,故可以此作为最差状况来考察系统的供水能力。

不合格限 指工艺运行参数的特定控制限度,工艺运行一旦超过这一控制限的后果是工艺失控,产品不合格。

验证方案 指为实施验证而制定的一套包括待验证科目(系统、设备或工艺)、目的、范围、标准、步骤、记录、结果、评价及最终结论在内的文件。同批生产记录相类似,它主要由三大组成部分:一是指令,阐述检查、校正及试验的具体内容;二是设定的标准,即检查及试验应达到什么要求;三是记录,即检查及试验的实际结果及包括评估意见在内的有关说明。

在线清洁 通常指系统或较大型的设备在原安装位置不作拆卸及移动条件下的清洁工作。

在线灭菌 常指系统或设备在原安装位置不作拆卸及移动条件下的蒸汽灭菌。冻干室用环氧乙烷灭菌也属在线灭菌。

设计确认(DQ) 通常指对项目设计方案的预审查,包括平面布局、水系统、净化空调系统、待订购设备对生产工艺适用性的审查,及对供应厂商的选定等。设计确认被认为是项目及验证的关键要素,因为设计方面的失误往往会造成事后难以弥补的先天性缺陷。

安装确认(IQ) 主要指机器设备安装后进行的各种系统检查及技术资料的文件化工作。

运行确认(OQ) 为证明设备或系统达到设定要求而进行的各种运行试验及文件化工作。

性能确认(PQ) 就生产工艺而言常指模拟生产试验。

产品验证 指在特定监控条件下的试生产。在试生产期间,为了在正式投入常规生产时能确有把握地控制生产工艺,往往需要抽取较多的样品,包括半成品及环境监控(必要时)的样品,并需对试生产获得的产品进行加速稳定性考察试验。

工艺验证 也可称作过程验证,指与加工产品有关的工艺过程的验证。

前确认与验证 指一项工艺、一个过程、一个系统、一个设备或一种材料在正式投入使用前按照设定确认与验证方案进行的确认与验证。

同步确认与验证 指生产中在某项工艺运行的同时进行的确认与验证,即从工艺实际运行过程中获得的数据来确立文件的依据,以证明某项工艺达到预定要求的一系列活动。

回顾性确认与验证 指以历史数据的统计分析为基础的旨在证实正式生产工艺条件适用性的确认与验证。

再确认与验证 指一项工艺、一个过程、一个系统、一个设备或一种材料经过确认与验证并在使用一个阶段以后,旨在证实已确认与验证状态没有发生飘移而进行的确认与验证。

三、企业实施确认与验证的原则要求

GMP(2010年修订)提出了验证的目的,明确验证范围和程度的确定原则,提出验证状态维护的理念;按照验证生命周期的划分,规定验证的内容包括设计确认、安装确认、运行确认、性能确认、工艺验证五个阶段;对验证的时机进行了原则性的规定;对验证结果的控制进行了规定。

遵循对验证的原则要求,企业一般可将以下15条作为企业的标准:

1. 必须根据风险评估结果来制订验证总计划并按计划实施验证。

2. 有完整的验证文件并经过批准是质量管理部门决定产品是否准予投放市场的先决条件。

3. 必须根据有关法规及用户的要求建立验证合格的标准,标准应当量化,应当以量化的标准来评估验证的结果。

4. 验证方案应当包括验证的目标、方法及合格标准,验证方案应经质量管理部门批准后方可实施。

5. 系统、设备、计算机、工艺、公用工程及仪器仪表应根据批准的安装确认方案进行确认。

6. 必须根据批准的运行确认方案对系统、设备、计算机、工艺、公用工程及仪器仪表进行运行确认,运行确认应当有运行时间的要求,运行确认的结果应由质量管理部门审核并批准。

7. 必须根据批准的性能确认方案对系统、设备、计算机、工艺、公用工程及仪器仪表进行性能确认。性能确认应当在常规生产的环境条件(或等同的生产条件)下进行。

8. 除特殊情况质量管理部门有权作例外处理外,产品验证的批号不得少于三个,所生产产品必须符合验证方案中规定的合格标准,此外,产品验证所用的系统、设备、计算机、工艺、公用工程及仪器仪表均必须有适当的验证文件。

9. 定期进行预防性维修及校正/校验并有相应记录是进行验证的重要条件，厂房、设施及各种系统的竣工图应当准确并应及时更新。

10. 应规定验证文件的保存期限，除符合保存期的要求外，验证文档还应符合安全可靠及具有可追溯性的要求。

11. 系统、设备、计算机、工艺、公用工程及仪器仪表均须有批准的操作规程，人员须经适当培训。

12. 与产品相接触的系统、设备、工艺、公用工程及仪器仪表及与此相关的显示、控制或记录用的计算机，均应列入清洁验证方案进行验证。

13. 原辅包装材料、半成品及成品的定量试验方法必须经过验证。

14. 已验证系统需作必要变更时，均需由负责再验证的有关人员仔细审核，具有可追溯性的变更审查及批准文件均应归档。

15. 关键系统、设备、计算机、工艺、公用工程及仪器仪表均应定期监控、检查、校正或试验，以确保其处于已验证过的状态。

第二节 确认与验证的目的及基本原则

实施 GMP 的目的是保证人们用药的安全有效，为人类的健康事业服务。GMP 提供了药品生产和质量管理的基本准则，药品生产必须符合 GMP 的要求，药品质量必须符合法定标准，这才能是合格的药品。也就是说，实施 GMP，不仅仅通过最终产品的检验来证明达到质量要求，而且也要在药品生产的全过程中实施科学的全面管理和严密的监控来获得预期的质量。而验证管理规范(GVP)作为 GMP 的一个重要的组成部分，就是为 GMP 总的目的服务的。

一、确认与验证的目的

确认与验证的目的就是保证药品的生产过程和质量管理以正确的方式进行，并证明这一生产过程是准确和可靠的，且具有重现性，能保证最后得到符合质量标准的药品。《药品生产质量管理规范(2010 年修订)》第一百三十八条规定，企业应当确定需要进行的确认或验证工作，以证明有关操作的关键要素能够得到有效控制。确认或验证的范围和程度应当经过风险评估来确定。

二、确认与验证的基本原则

只要有药品生产，就必须实施 GMP；只要实施 GMP，就必须进行确认或验证。确认与验证管理准则应保证药品在开发、制造和管理上每项主要操作是可靠的，并具有重现性的，遵守规定的生产规程和管理方法，能够达到生产出预期质量的产品。一句话，确认与验证合格的标准就是验证过程中是否已经获得充分的证据，以致设备、设施、物料及工艺等确实能够始终如一地产生预计的结果。

确认与验证基本原则至少有以下几点：

1. 符合有关确认与验证规范要求的原则。我国 GMP(2010 年修订)第七章确认与验证以及 GMP 附录有关规定，提出了我国现阶段实施确认与验证的要求。这些规定要求界定了我国制药企业进行药品生产和质量管理中确认与验证的基本准则。如果企业有需要、有实力，把确认与验证范围扩大；确认与验证水平提高，采用更先进的验证技术与仪器，这是法规允许的。国家鼓励采用先进的科学技术。

2. 切合实际的原则。确认与验证应结合制药企业的实际，找出关键的切入点，实事求是地一步一个脚印地进行，起码先达到国家 GMP 标准。例如，生产大输液的企业，灭菌设备、药液滤过及灌封（分装）系统、空气净化系统、工艺用水系统、生产工艺、主要物料、设备清洗等方面的确认与验证应符合要求。具体地举例说，灭菌柜的确认与验证应先与供应商合作制订一个确认与验证方案，制定标准操作规程，进行培训，然后具体地按程序实施。

3. 符合确认与验证技术要求的原则。确认与验证科学与计算机技术的相结合，与高精度温度测量技术相结合，使确认与验证仪器智能化、精密化，因此更加符合确认与验证技术要求的基本原则：统计上的合理性、精确的数据、确凿的证据、低成本且有效的报告。由于一些验证仪具有以微机软件为基础、采用先进的温度基准技术、节省时间的自动化操作等特点，因而形成了完整的验证系统，得以在制药行业应用，降低了成本，提高了生产率。

第三节　确认与验证的一般程序

制药企业的确认与验证范围和程度应经过风险评估来确定。一般程序为：提出确认与验证要求、建立确认与验证组织、提出确认与验证目的、制定确认与验证方案、审批确认与验证方案、组织实施、写出确认与验证报告、审批确认与验证报告、发放确认与验证证书、确认与验证文件归档。对制药企业外部来说，药品监督管理人员有确证企业是否实施生产过程确认与验证的职责，检查是否有确认与验证程序。

一、提出确认与验证要求

确认与验证要求可以由各有关部门(例如研究开发、生产、基建、质量管理部门)或项目小组以书面方式提出。

生产过程的确认与验证起始于产品的研究和开发。在这一阶段，必须定义新产品的质量特性，以及生产产品所需要的原辅料和包装材料的质量标准和工艺要求；必须制定出产品生产规程，其中所有生产步骤和条件都应保证产品的生产达到规定的质量标准。此外，规程还应包括必要的过程控制，并定义允许的合格限度。如有必要，也应确认与验证外部条件可能对产品质量的影响。在这一阶段，检验方法也应是验证的内容之一。因为原料和成品的纯度、浓度、有效性和均匀性不仅仅取决于质量标准，而且还与相应的检验方法有关系。只有验证了检验方法的准确性、重现性和可靠性，才能确证相应的质量标准得到保证。

新产品生产阶段的验证是在开发阶段所获得知识的基础上进行的。这一阶段，验证的内容包括测定所有使用的仪器、设施和设备的工艺参数、贮存条件和工业化生产时的适合程度。此外，还要对产品生产中重要的有意义的参数进行控制检查。这包括设备和外部条件两个方面，往往要连续观察若干合格批，其结果是验证的必要组成部分。生产过程的中间控制检查与最终成品的检验同样重要。确认与验证的重点在于对产品质量影响最大的危险因素。质量管理的确认与验证要求与以上一样处理。

二、建立确认与验证组织

完整健全的确认与验证组织有两种形式：一种是常设机构，一种是兼职机构，也可根据不同确认与验证对象，分别建立由各有关部门组成的确认与验证小组。常设机构由企业负责人、质量管理负责人、生产管理负责人、质量受权人组成，其下设一个常设职能部门负责确认与验证管理。见图 7-1；该组织机构的主要职责有以下几点：

1. 负责验证管理的日常工作。
2. 规程的制定及修订。
3. 年度计划的制定及监督。
4. 确认与验证方案的起草或协调。
5. 确认与验证文档管理。
6. 人员职责：生产负责人和质量管理负责人都应确保完成各种必要的验证工作，确保关键设备经过确认；质量负责人还应负责审核和批准验证方案和报告。通常用户部门或相关工作（如生产、清洁等）的负责部门进行厂房、设施、设备等的确认以及相关的验证，并起草相关的确认或验证方案和报告。质量部门对确认或验证的报告进行批准。

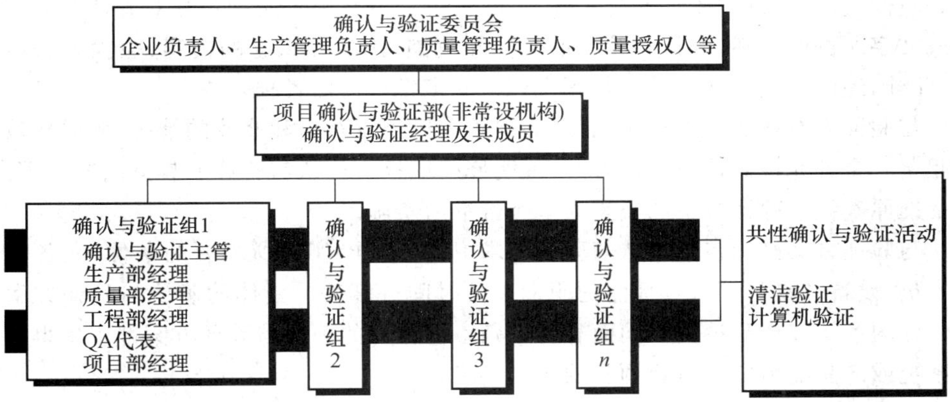

图 7-1 确认与验证组织示意图

三、提出确认与验证项目

《药品生产质量管理规范(2010 年修订)》第一百三十八条规定，企业应当确定需要进行的确认或验证工作，以证明有关操作的关键要素能够得到有效控制。第一百四十五条规定，企业应当制订确认与验证总计划，以文件形式说明确认与验证工作的关键信息。确认与验证总计划或其他相关文件中应当作出规定，确保厂房、设施、设备、检验仪器、生产工艺、操作规程和检验方法等能够保持持续稳定。制药企业在确认与验证前必须确定一个总的确认与验证计划，以确定待确认与验证的对象确认与(验证项目)、确认与验证的范围及时间进度表。确认与验证项目可由各有关部门如技术、生产、质控、基建部门或确认与验证小组提出，确认与验证总负责人批准后立项。

制药企业的确认与验证项目一般可分为四大类：厂房、设施及设备；检验及计量；生产过程；产品。每一大类又可分为很多较细的确认与验证项目。即凡可能出现人为差错，造成污染和交叉污染的设施、设备、人员、物料等都要设定确认与验证项目。软件的确认与验证由于贯穿整个确认与验证过程，有必要时，可单独作为一个确认与验证项目。

确认与验证的范围涉及以下几方面：对任何新处方、新工艺、新产品投产前应确认与验证其确能适合常规生产，并证明使用其规定的原辅料、设备、工艺、质量控制方法等，能始终如一地生产出符合质量要求的产品；对已生产、销售的产品，应以积累的生产、检验（检测）和控制的资料为依据，验证其生产过程及其产品，能始终如一地符合质量要求。

四、制订确认与验证方案

确认与验证方案主要内容有：确认与验证目的、要求、质量标准、实施所需条件、测试方法和时间进度表、各部门的职责。

确认与验证方案的制定有两种方式：一是由外单位（通常为设计单位或委托的咨询单位）提供草案，本厂会签。中外合资企业及绝大多数技术引进项目基本上采用这种方式。草案经过确认与验证委员会讨论、修订，变得切合本厂实际并经委员会批准后即成为可以执行的验证方案。二是由本厂具体部门起草，由质量保证部门或有关部门会签。

确认与验证方案起草程序为：通过查阅文献资料确定确认与验证实施时需要的各种标准，确定检查及试验范围，确定验证实施步骤、方案审批。方案内容必须包括对确认与验证对象用流程图或文字所做的描述、确认与验证的目标和范围，挑战性试验的内容，检验方法以及认可的标准，此外，还应包括确认与验证过程中记录和审批所需的各种表格。

确认与验证方案在实施过程中，有时会出现需要进行补充和修改的情况，此时比较妥善的办法是起草一个补充性确认与验证方案，说明修改或补充确认与验证的具体内容及理由，此方案应由批准原确认与验证方案的负责人审查批准后实施。

确认与验证方案必须包括确认与验证要求、质量标准、实施所需要的条件（向各个部门所要求的人员、设备和物料等）、各部门的职责以及时间进度表。具体的确认与验证方案应随所确认与验证的系统或产品种类不同而有所区别。但所有的确认与验证方案都应使得所确认与验证的系统或产品能恒定地再现预定的质量要求。

（一）对无菌产品

若为无菌产品的设备确认与验证，就要包括灭菌釜内的热分布研究、产品容器内的热分布情况和正常灭菌作业时的热穿透研究等；若为无菌灌封的产品，则要求确认与验证能确实保证灌封技术的无菌水平在规定的范围以内（可通过培养基灌封及培养来实现）。

（二）对非无菌药品

要根据产品和剂型的特点对影响产品质量的主要因素进行确认与验证。应至少进行以下确认与验证工作：

1. 空调净化系统运行确认与验证。
2. 工艺用水质量确认与验证。

3. 关键设备运行、清洗确认与验证。

4. 生产工艺变更再验证。

5. 主要原辅材料变更再验证。

最终灭菌小容量注射剂的确认与验证工作要点见表 7-1。

表 7-1　最终灭菌小容量注射剂的确认与验证工作要点

确认或验证类别	内　　容
空调净化系统	温度、相对湿度、压差、悬浮粒子、活微生物、换气次数
注射用水	细菌内毒素、微生物、理化性质
药液过滤	滤器的完整性、可见异物、微生物、不溶性微粒
灭菌设备	热分布试验、热穿透试验、生物指示剂试验
在线清洗消毒	药液残留量、微生物、细菌内毒素
灌封系统	灌装机的药液灌装量、灌装速度、封口完好;惰性气体纯度安瓿空间充惰性气体残氧量

若生产过程和处方没有改变,通过对一些关键参数,如含量、均一性、重量差异和溶出速率等历史数据的归纳、审查,也可以作为生产过程确认与验证的组成部分。若是全新的非无菌产品工作为产品开发的一部分,确认与验证方案应包括具体工序操作,如制粒、混合、干燥、压片或胶囊灌装等的研究。

上述历史数据系指常规检查中所收集的中间控制和成品检验数据。例如,片剂生产中的干燥失重、流动性、粒子分布、含量均匀性、效价、重量差异和崩解时限等。可以将片剂产品用于统计学处理的历史数据分成四组:

1. 活性药物数据,纯度,平均粒子大小,粒子大小分布,水分含量。

2. 片剂理化特性,含量均匀性,溶出度,片重,片子脆碎度等。

3. 工艺偏差,最终混合以后的颗粒重量,压片不合格数,最终压片收率。

4. 包装偏差,包装收率,包装不合格数,包装线故障时间,最终压片收率。

对历史数据作统计学分析时,数据的完全性和连续性很重要。例如,对某一批来说,在检验过程中已经有数据说明该批是明显不合格,可能检验工作就停止了,这样该批的数据就是不全的。若某一批片子由于含量均匀性而致不合格的话,完全有可能就得不到该批溶出速率的数据。在这种情况下,对溶出速率的统计学分析可能出现偏差,原因就在于缺乏不合格批的数据。

五、审批确认与验证方案

书面的确认与验证方案在正式实施以前必须经符合任职资格的人员审查、分析和批准。在审查时,首先要证实确认与验证方案所有书面文件的内容完整和清晰。第二,要审查书面的检验规程;证实其与质量标准吻合的一致性。此外,要研究确认与验证试验对 GMP 的遵循情况,这就意味着对每一份有关的 SOP、质量标准和有关参考资料都要予以审查。最后,审查人员还要全面审查整个方案,以消除方案中可能为操作人员、技术人员或药品监督员误解的可能性。审查认可的确认与验证方案要由批准人签名并署以日期。

六、组织实施

确认与验证实施须由几个职能部门共同参与，确认与验证方法及步骤按确认与验证方案进行。实施确认与验证通常采用分阶段确认与验证的形式，对于前确认与验证来说，一般包括预确认、安装确认、运行确认、性能确认及试生产的产品验证五个阶段。

1. 设计确认阶段，主要对待订购设备技术指标适用性的审查以及对供应商的优选。对要订购设备的审核应从硬件、软件、外围条件及综合评价写出审核报告，专家论证后决策。

2. 安装确认阶段，主要是进行各种检查，以确认设备的安装符合 GMP 标准、厂商的标准及本企业的技术要求；将供货单位的技术资料归档；收集制定有关管理软件。

3. 运行确认阶段，主要是确定机器设备的运行是否确实符合设定的标准，即单机试车及系统试车是否达到预期的技术要求。

4. 性能确认阶段，也即模拟生产试验。

5. 试生产的产品验证阶段，即在特殊监控条件下的试生产，对试生产的产品进行确认与验证。

各个小组成员还要负责确认与验证结果的收集、整理和阶段报告的起草。所有的确认与验证结果和阶段报告都要交确认与验证小组长汇总，并让确认与验证总负责人了解实际的进展。

七、确认与验证报告

确认与验证工作完成以后，各成员单位将结果整理汇总，确认与验证负责人收到全部报告后，要与总负责人审查各份报告，此时可以简要技术报告的形式汇总确认与验证的结果，并根据确认与验证的最终结果作结论，同时可考虑整个报告和相应缩写本的起草工作。若结论说明生产过程良好，但完整的确认与验证报告尚未正式成文之前，确认与验证总负责人从经济角度考虑可以临时性批准确认与验证的生产过程投入商业性使用，处于留验状态的批产品也可按规定规程(检验合格)批准供销售。

确认与验证报告必须由验证方案的会签人加以评论和批准。在最终由确认与验证总负责人批准以前，须按照 GMP 要求进行审查，然后出具合格证明。

一个完整的确认与验证周期到此告一段落，已验证工艺及相应的管理软件从此可交付正常使用。根据 GMP 要求进行确认与验证和审批验证报告，确信已达到 GMP 要求，由企业领导人或企业质量最高负责人发放验证证书。

第四节　确认与验证的类型及工作流程

我国 GMP 专家将确认与验证基本上分为四大类：前确认与验证、同步确认与验证、回顾性确认与验证和再确认与验证。在企业确认与验证的实践中，确认与验证还存在另一种形式，即同步确认与验证(concurrent validation)。每种类型的确认与验证活动均有其特定的适用条件。

一、前确认与验证的必要性

前确认与验证是正式投产前的质量活动，系指在该工艺正式投入使用前必须完成并达到设定要求的确认与验证。这一方式通常用于产品要求高，但没有历史资料或缺乏历史资料，靠生产控制及成品检查不足以确保重现性及产品质量的生产工艺或过程。

1. 前确认与验证是无菌产品生产中灭菌工艺安全生产的先决条件。无菌产品生产中所采用的灭菌工艺，例如，蒸汽灭菌、干热灭菌以及无菌过滤，应当进行前确认与验证。因为药品的无菌是一个相对的概念，也就是说，没有绝对无菌的制剂，"无菌"也不是可以只靠最终成品无菌检查的结果来判断的特性。对最终灭菌产品而言，成品的染菌率不得超过百万分之一；对不能最终灭菌的产品而言，则不超过千分之一。例如，大输液产品（如葡萄糖、氨基酸类）生产中采用的配制系统和灌装系统的在线灭菌；冻干剂生产用的中小型配制设备的灭菌；灌装用具、工作服、手套、过滤器、玻璃瓶、胶塞的灭菌；最终可以灭菌的产品的灭菌；冻干剂生产相应的无菌灌装工艺；等等，都属于这种类型。确认与验证可以认为是这类产品安全生产的先决条件，因此要求在工艺正式投入使用前完成确认与验证。

2. 前确认与验证是新产品、新设备及新生产工艺投入生产的必要条件。新产品的引入，不论是最终灭菌的产品，还是不能最终灭菌的产品，甚至是非无菌产品，也不论新产品属于哪一类剂型，都要进行前确认与验证；同时，新的设备、新的工艺的引入，也都要进行前确认与验证。

前确认与验证的成功是实现新工艺从研究和开发部门向生产部门转移的必要条件。就像过程方法的应用一样，一个过程的输出是另一个过程的输入。前确认与验证的成功，既是新产品开发计划的终点，又是常规生产的起点。

当然，在确认与验证前必须有比较充分、完整的新产品和新工艺开发资料。从资料的审查中应确信：

(1)配方的设计、筛选及优选确已完成。

(2)中试生产已经完成，关键的工艺及工艺变量已经确定，相应参数的控制已经摸清。

(3)已有产品及生产工艺方面的详细技术资料，包括有文字记载的产品稳定性考查资料。

(4)至少完成了一个批号的试生产，从中试放大至试生产没有出现过明显的"数据漂移"现象。

因为处方的优选、工艺条件的优选已在工艺开发阶段完成，正式生产前的确认与验证的目标是考查工艺的重现性及可靠性。在确认与验证之前，必须制订确认与验证方案，并对生产和管理人员进行必要的培训，使他们了解所需确认与验证的工艺及其要求，消除盲目性，这样才能使正式生产前的确认与验证达到预计的结果。

二、前确认与验证的工作流程

制药企业对于大的新建项目或改造项目都是十分重视的。不仅在组织形式上采取成立确认与验证委员会、制订确认与验证方案，而且在工艺开发阶段就应投入必要的技术力量。

1. 设计确认(DQ)。广义的设计确认就是项目的计划编制，包括选择厂址、选择设计机构与人员、项目范围、编制确认与验证大纲、能力计算、流通路径、房间布置、设备、环境控制系统平面布置、辅助房间等。就设备的预确认而言，主要内容是对待订购设备技术指标适用性的审查以及对供应商的优选。

GMP的核心原则是“药品质量是设计和生产出来的”。因此，设计项目的计划编制是十分重要的。它是项目的基础，是整个项目的支柱。计划编制要经过多次审阅讨论或反复修改，目的是达到最佳设计。经反复论证、高水平精心设计的方案会得到圆满实施，结出硕果；匆匆上马的粗劣设计，不到投产只能中途夭折。

2. 安装确认(IQ)，主要指厂房设施和设备安装后进行的各种系统检查及技术资料的文件化工作。主要工作内容是：进行各种检查，以确认厂房设施和设备符合供应厂商的标准、GMP及本企业的技术要求；将供应厂商的技术资料归档进行管理；收集制定有关管理软件。具体工作内容如下：

(1)检查登记机器设备生产厂商名称、设备名称、型号、生产日期、公司内部的设备登记号。

(2)收集、汇编供货厂商规定的机器设备的要求。

(3)收集、汇编供货厂商的生产规格标准。

(4)检查并记录所验收的机器设备是否符合厂方规定的规格标准。

(5)检查并确保有该机器设备的使用说明书。

(6)检查安装是否恰当。

(7)制定维修保养规程及建立维修日记。

(8)制定清洗规程。

(9)明确机器设备技术资料(图、手册、备件清单、各种指南及该机器设备有关的其他文件)的专职管理人员。

3. 运行确认(OQ)。这个阶段的目标是确定机器设备的运行是否确实符合设定的标准，即单机试车及系统试车是否达到预期的技术要求。安装确认与运行确认的通过是验收设备的先决条件。

4. 性能确认(PQ)，常指模拟生产试验。如果非活性组分有好的代表性，有时可以用非活性组分来进行确认与验证试验。例如，可以用水来代产品进行灭菌程序的确认与验证，但需进行一定数量的对比试验，即在同一灭菌程序下，产品与水呈现相同的 F_0 值。

5. 产品验证(PV)，即在特定监控条件下的试生产，一般需要3批以上的系统数据。性能确认和产品验证可按照经批准的确认与验证方案实施。

6. 确认与验证报告。上述工作完成后，应以一个简要的技术报告的形式来汇总确认与验证的结果，并根据确认与验证的最终结果得出结论，以备以后的确认与验证管理或供新的技改项目参考。在准备确认与验证报告时，应当按照确认与验证方案的内容认真加以核对和审查：

(1)检查主要的确认与验证试验是否按方案计划完成。

(2)检查确认与验证方案在实施过程中有否修改，修改的理由是否明确并有批准手续。

(3)重要试验结果的记录是否完整。

(4)确认与验证结果是否符合设定的标准；对偏离标准的结果是否作过调查，是否有适当解释并获得批准。

7. 批准确认与验证报告。确认与验证报告必须由确认与验证方案的会签人加以评估和批准。在批准之前应按要求进行审查，然后出具合格证明。

一个完整的(前)确认与验证周期至此告一段落，已确认与验证过的工艺及相应的管理软件从此可交付正常生产使用。只有在确认与验证报告已经批准，已出具合格证书的前提下，质量管理部门（或称质量保证部门）才有权将确认与验证过程中生产出来的产品投放市场。

前确认与验证的工作流程如图 7-2 所示。

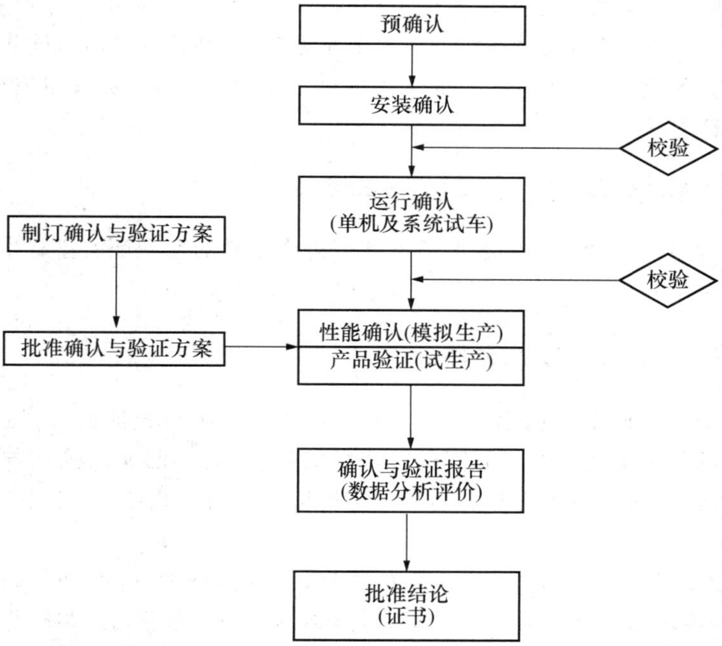

图 7-2　前确认与验证的工作流程

三、同步确认与验证

同步确认与验证是生产中在某项工艺运行的同时进行的确认与验证，即从工艺实际运行过程中获得的数据来确立文件的依据，以证明某项工艺达到预计要求的活动。

（一）同步确认与验证的先决条件

同步确认与验证一般用于非无菌工艺的确认与验证。采用同步确认与验证的先决条件有下列几点：

1. 有完善的取样计划，即生产及工艺条件的监控比较充分。

2. 有经过验证的检验方法，检验方法的选择性、灵敏度、准确性、重现性和可靠性等比较好，才能确证相应的质量标准得到了保证。

3. 对所验证的产品或工艺已有相当的经验与把握。

在这种情况下，工艺确认与验证的实际概念即是特殊监控条件下的试生产。在试生产的工艺确认与验证过程中，可以同时（同步）获得合格的产品及确认与验证的结果，即“工艺的重现性及可靠性”的证据。客观的确认与验证结果往往能证实工艺条件的控制达到了预计的要求。

(二)同步确认与验证的风险性

对于同步确认与验证的应用，在验证发展的 20 多年的历史中曾有过争论，争论的焦点是同步确认与验证缺乏可靠性。若先决条件不充分，同步确认与验证的可靠性确实值得怀疑，但是同步确认与验证有充分的先决条件，特别对于非无菌产品的固体制剂，同步确认与验证这种方式还是可行的。因此，应当注意到同步确认与验证可能带来的产品质量方面的风险，切勿滥用这种确认与验证方式。

四、回顾性确认与验证及其工作流程

回顾性确认与验证是指以历史数据的统计分析为基础的旨在证实正式生产工艺条件适用性的确认与验证。

(一)回顾性确认与验证的先决条件

当有充分的历史数据可以利用时，可以采用回顾性确认与验证的方式进行确认与验证。同前确认与验证的几个批或一个短时间运行获得的数据相比，回顾性确认与验证所依托的积累的资料比较丰富；从对大量历史数据的回顾分析可以看出工艺控制状况的全貌，因而其可靠性也更好。

回顾性确认与验证一般应有 20～30 批的数据，数据量越大，越有助于确认与验证结果的可靠性；检验方法应可靠并经过确认与验证，检验结果应当定量化，以供统计分析；生产批记录应符合 GMP 的要求，工艺条件及工艺变量已经明确，并始终处于控制状态。

回顾性确认与验证一般用于非无菌产品生产工艺的确认与验证。通常与同步确认与验证结合使用。以同步确认与验证为起点，运行一段时间，然后转入回顾性确认与验证阶段；经过一定时间的正常生产后，将按确认与验证方案所收集的各种数据进行统计分析，以判断生产工艺的可靠性和稳定性。

(二)回顾性确认与验证的工作流程

1. 收集数据。有关数据和资料应包括：批成品检验的结果；批生产记录中的各种偏差的说明；中间控制检查的结果；各种偏差调查报告，甚至包括不合格产品或中间体的数据，还有用户投诉；等等。

2. 数据汇总。系统地回顾及趋势分析常常可以揭示工艺运行的“最差状态”，预示可能的“故障”前景。回顾性工艺确认与验证还可能导致“补充性确认与验证”方案的制订及实施。

回顾性确认与验证通常不需要预先制定确认与验证方案，但需一个比较完整的生产及质量监控计划，以便能够收集足够的资料和数据对生产和质量进行回顾性总结。在生产及质量监控计划里，要求对不合格产品检验的数据要齐全，而通常化验室在做出一个不合格项后就停止了全项检验，这是不符合回顾性确认与验证所需数据要求的。

3. 回顾性总结。对有关数据要进行统计分析，从理性上找出问题，进行趋势分析。

4. 批准结论。由有关部门负责人审查和批准这个回顾性的工艺确认与验证总结。

图 7-3 为回顾性确认与验证工作流程图。

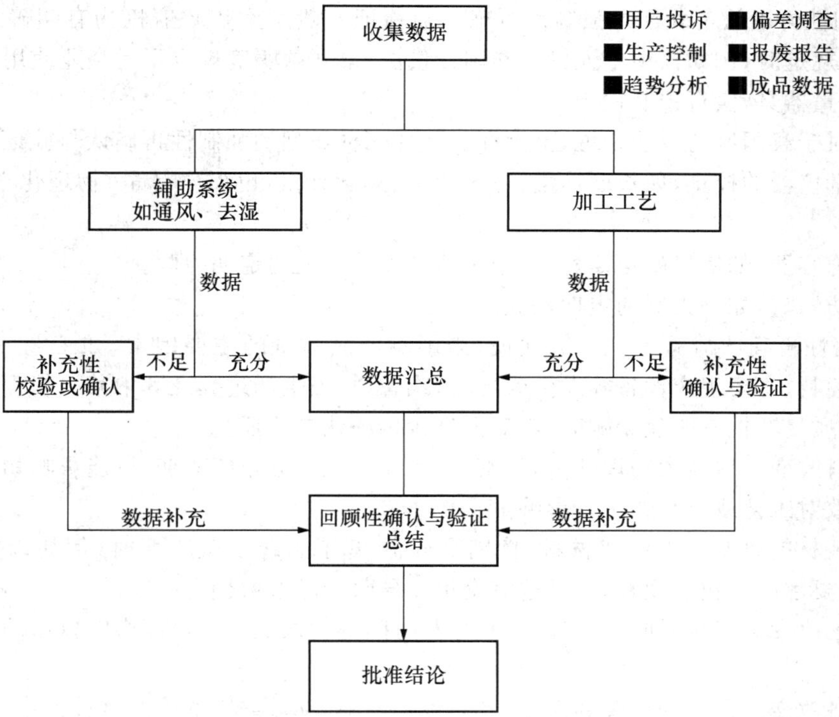

图 7-3 回顾性再确认与验证流程

五、再确认或验证及其类型

(一)再确认或验证的意义

我国 GMP(2010 年修订)第一百四十四条明确了"确认和验证不是一次性行为。首次确认或验证后,应当根据产品质量回顾分析情况进行再确认或再验证。关键的生产工艺和操作规程应当定期进行再验证,确保能达到预期结果。"再确认与验证系指一项工艺、一个过程、一个系统、一台设备或一种物料经过确认与验证并在使用一个阶段以后进行的,旨在证实已确认与验证状态没有发生飘移而进行的确认与验证。例如,关键设备大修或更换、批次量数量级的变更、趋势分析中发现有系统性偏差、生产作业有关规程的变更、程控设备经过一定时间的运行,等等。需要强调的是,由于有些关键的工艺对产品的安全性起着重要的作用,在设备与规程没有变更情况下也要求定期进行再确认与验证。例如,灭菌釜在正常情况下需每年做一次再确认与验证,培养基灌装每年至少应做两次。

(二)再确认或验证的类型

根据再确认与验证的原因,可以分为以下三种类型:政府机构或法律所要求的强制性再确认与验证;当产品质量发生了任何改变以后的改变性再确认与验证;每隔一定时间间隔所进行的定期再确认与验证。下面逐一讨论。

1. 强制性再确认与验证。强制性再确认与验证一般发生在政府机构有明确要求或有法律法规明确规定时，例如，《中华人民共和国计量法》第九条明确规定了对企业使用强制检定目录的工作计量器具，实行强制检定。

目前，对于我国制药企业来说，至少存在下列三种类型的强制性再确认与验证：

(1)计量仪器的校正，如长度计量、力学计量、热学计量、电磁学计量、物理化学计量、无线电计量等。

(2)压力容器，如锅炉的定期检验，用于药品生产气瓶的定期检验。

(3)消防器材，如灭火器的定期检验。

2. 改变性再确认与验证。一般地说，当影响产品质量的主要因素，如工艺、质量控制方法、主要原辅料、主要生产设备等发生改变时，或者说，当生产过程或其中某一规程的改变对已确定的产品质量特性有明显影响时，就需要进行再确认与验证。

(1)原料改变。原料的物理性质，如密度、黏度和粒度分布的改变，可能影响物料的机械性质，从而导致对工艺或产品的不良影响。

(2)包装材料改变。当包装材料，特别是容器-塞子系统发生改变时(例如以塑料代替玻璃)，就可能要求改变包装规程，而且这完全可能导致产品有效期的改变。

(3)工艺改变。混合时间、干燥时间和冷却时间等的改变完全可能影响以后的工艺程序和产品质量。

(4)设备改变。设备的修理和保养，乃至设备更换，都可能影响生产过程。

(5)生产区和介质系统的改变。生产区、介质系统的改变，例如排风、通风系统的修理和保养，都可能改变环境条件，则需要重新确认与验证。

(6)意料之外的改变。除上述五种情况改变之外，由自检或工艺数据分析所发现的改变，也应重新确认与验证。

3. 定期再确认与验证。在制药企业，即使是熟练的操作工完全正确地按 SOP 工作，仍然可能发生“生产过程漂移(差异)”的情况。其原因是多方面的，例如设备轴承的渐渐磨损可能引起缓慢改变。因而，即使对于没有发生明显改变的生产过程，也需要定期进行再确认与验证。历史数据的审查是定期再确认与验证的主要方式，即首先审查自上次确认与验证以来，从中间控制和成品检验所得到的数据，以确证生产过程处于控制之中。对于某些生产过程，例如无菌生产过程，其再确认与验证除了要审查历史数据之外，还需要做一些附加试验，但所要求试验的数量与复杂性应明显少于初次确认与验证。

六、确认与验证状态的维护

确认与验证状态的维护对于设备，工艺或系统始终处于“确认与验证的”和“受控的”状态是非常关键的，也是 GMP 所要求的，确认与验证通常通过：变更控制；验证回顾报告(或者产品质量回顾报告)；再验证来维护。

第五节　确认与验证的文件管理

如质量体系文件在质量管理中的地位和作用一样，确认与验证文件在确认与验证活动中起着十分重要的作用。它是实施确认与验证的指导性文件，也是完成确认与验证，确立生产运行各种标准的客观证据。由图 7-4 可以看出，确认与验证文件主要包括确认与验证总计划（即确认与验证规划）、确认与验证计划、确认与验证方案、确认与验证报告、确认与验证总结及其他相关文档或资料。

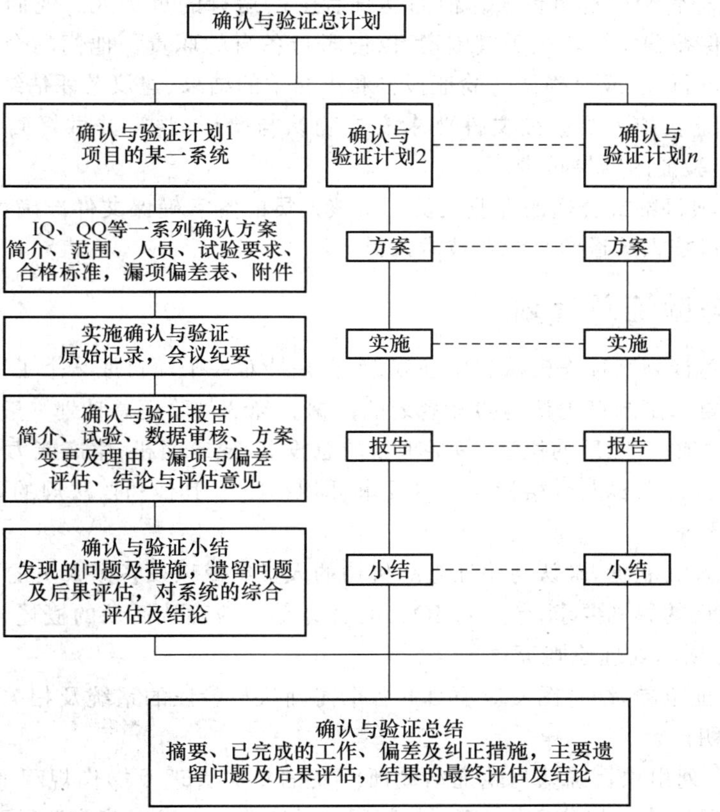

图 7-4　确认与验证的文件

一、确认与验证文件的标识

确认与验证文件的标识是确认与验证资料具备可追溯性的重要手段，同其他质量文件一样，每一文件都须用专一性的编号进行标识。标识的方法与标准操作规程或基准批生产记录相类似。具体方法可由企业根据自己的情况决定，基本要求是它的专一性、可追溯性及方便使用。

二、文件的审核批准

所有的确认与验证文件必须由下述人员审核、批准并签注姓名和日期。

1. 文件起草人。通常是确认与验证组的人员，将对文件的准确与否承担直接责任，包括文件中的数据、结论、陈述及参考标准。因此，文件起草人员往往是有一定资质的专业技术人员或管理人员。

2. 质量管理机构负责人。文件须经过质量管理机构负责人签字批准，以保证确认与验证方法、有关试验标准、确认与验证实施过程及结果符合 GMP 规范和企业内控标准的要求。

3. 质量受权人。确认与验证文件是重要的质量体系文件，它直接关系到确认与验证活动的科学性、有效性以及将来的产品质量水平。因此，必须得到最高管理机构的认可和批准。

4. 生产或工程管理机构负责人。他们是日后生产运行的负责人。他们应当通过确认与验证熟悉并掌握保持稳定生产的关键因素，以便履行各自的职责。他们的会签意味着实施确认与验证试验的可行性，或对确认与验证报告和小结中的结果、建议及评估结论的认可。

5. 确认与验证实施人员。按文件要求实施确认与验证，观察并做好确认与验证原始记录，对实施确认与验证的结果负责。

6. 审核人员项目部或合适的专业人员。审核人员的签字确保文件准确可靠，并同意其中的内容与结论。审核人员通常是专业技术人员。

三、确认与验证总计划

确认与验证总计划又称作确认与验证规划，它是针对一个项目或某个工厂而言。GMP 规范及企业的特殊要求是制订确认与验证规划的依据。确认与验证总计划一般包括如下内容：

1. 简介，即对项目、工厂的概述，包括项目的总投资、建筑面积、生产能力和产品等内容。

2. 确认与验证的目标及合格标准特殊要求，即 GMP 和其他药监法规的要求，以及企业产品及工艺的特殊要求。

3. 组织机构及其职责，确认与验证组织机构的人员组成以及各个人员的职责权限。

4. 确认与验证的原则要求，包括对 IQ、OQ、PQ 等一般确认活动的概述、确认与验证文件的管理、偏差及漏项的处理原则等。

5. 确认与验证范围，结合图文对项目的各个需确认与验证的系统及相关确认与验证项目做出的原则性说明。

6. 相关文件，列出项目确认与验证活动所涉及的相关管理及操作规程的名称和代号，如“人员的培训”、“厂房确认与验证指南”、“制药用水系统确认与验证指南”、“湿热灭菌程序确认与验证指南”、“变更的管理”等，它们是项目确认与验证的支持系统。

7. 确认与验证进度计划。

8. 变更控制。

9. 附录，即平面布置图、工艺流程图、系统图以及其他各种图表等。

由上可见，确认与验证总计划包括了与药品生产及质量控制相关的各个方面。为了适应不同企业的不同确认与验证要求，它通常需将企业所属的系统，按其与产品质量的相关性分为两个大系统，与产品质量直接相关的系统列入主系统；其他的则列入辅助系统。采用这一分类法的目的在于突出重点，以避免某些影响质量的重要因素在实施确认与验证中被遗留或疏忽。

以压缩空气为例，在一些药厂中它仅作为自动控制的动力源，与产品不接触，这种情况下，确认与验证的主要内容是设备的能力问题，关键在工厂满负荷运行状态下的压力是否达到预计要求；但在大容量注射剂及冻干剂生产厂中确认与验证内容就不同了，工厂常用压缩空气来去除最终淋洗后瓶中的水滴，因此需用 0.22 μm 的过滤器过滤，并要确认与验证其无油性。

四、确认与验证计划

根据确认与验证规划制订每个系统的确认与验证计划。确认与验证计划一般应包括下述内容：

1. 简介。概述被确认与验证系统或子系统确认与验证计划的内容。
2. 背景。对待确认与验证的系统进行描述，最好结合图文说明系统的关键功能及操作步骤。
3. 目的。阐述系统所要达到的总体确认与验证要求，如应符合 GMP 的要求及设备的材质结构、功能、安装等应达到的各种标准。
4. 确认与验证的有关人员及其职责。
5. 确认与验证内容。分别介绍进行 IQ、OQ、PQ 时所需进行的试验、调试或检查。
6. 确认与验证进度计划。
7. 附录。相关文件、表式等。

五、确认与验证方案

从本质看，确认与验证方案的起草是设计检查及试验方案的过程。因此，它是实施确认与验证的工作依据，也是重要的技术标准。确认与验证的每个阶段，如 IQ、OQ、PQ 等都应有各自的确认方案。实施确认与验证活动以前，必须制订好相应的确认与验证方案。

确认与验证方案遵循“谁用谁起草”的原则，如生产设备由生产车间起草，公用工程由工程部人员起草，检验方法由 QC 起草等。在形式上，方案一般由确认与验证小组组长起草，并由主管部门经理审核，必要时应组织有关职能部门进行会审。如生产工艺的确认与验证方案可由来自生产部门的主管负责起草，生产经理负责审核。确认与验证方案只有经批准后才能正式执行。与产品质量直接相关的确认与验证方案均须由质量经理批准，其他情况下也可采用相关部门经理批准，质量部门会签的办法。

确认与验证方案一般包括：简介、背景、确认与验证范围、实施确认与验证的人员、试验项目、质量风险评估、确认与验证实施步骤、合格标准、漏项与偏差表及附录。

六、确认与验证原始记录

确认与验证按预先制订并批准的方案实施。确认与验证方案包括指令和记录两大部分，即除了规定了应当如何做、达到什么标准以外，它还规定了应当完成的记录。指令有时只有文件的编号，如清场的标准操作规程，其内容需要从相应的规程中查阅。确认与验证的记录应及时，清晰并有适当的说明。

确认与验证过程中必然会出现一些没有预计到的问题、偏差，甚至出现无法实施的情况，这种情况称为漏项。它们均应作为原始记录在记录中详细说明。这部分的内容可作为确认与验证方案的附件，附在确认与验证报告中。

原始记录中还有一些是设备的自动记录。这类记录只有实施确认与验证的人员在记录上做出必要的说明，签名并签注日期后，才能成为文件，进入原始记录。

七、确认与验证报告及总结

某一系统所有确认与验证活动完成后，应同时完成相应的确认与验证报告。这同生产作业一样，每一工序生产作业完成，就得到该工序的批生产记录。确认与验证各个阶段的工作全部完成后，应准备一份确认与验证小结，对所有相关的确认与验证报告进行总结，包括以下内容：

1. 简介。概述确认与验证总结的内容和目的。

2. 系统描述。对所确认与验证的系统进行简要描述，包括其组成、功能及在线的仪器、仪表等情况。

3. 相关的确认与验证文件。将相关的确认与验证计划、确认与验证方案、确认与验证报告列一索引，以便必要时进行追溯调查。

4. 人员及职责。说明参加确认与验证的人员及各自的职责，特别是外部资源的使用情况。

5. 确认与验证合格的标准。可能时标准应用数据表示并注明标准的出处，以便复核。

6. 确认与验证的实施情况。预计要进行哪些试验，实际实施情况如何，如有些系统的自动控制系统作为计算机确认与验证单列，有的则作为系统功能的组成部分在系统确认与验证过程中完成。又如包装线的确认与验证，只需做到 PQ(性能确认)，不必进行所谓的产品确认与验证。这些均可在此项中做出简要说明。

7. 确认与验证实施的结果。各种确认与验证试验的主要结果，可能时应有一汇总表，如以灭菌程序的确认与验证为例，可列出各个产品灭菌程序的挑战性试验结果，共进行了多少次，标准灭菌时间 F，值的上限与下限，有时此项也可与上一项合并起来写。

8. 偏差及纠正和预防措施。阐述确认与验证实施过程中所发现的偏差情况以及所采取的纠正和预防措施。将确认与验证过程中观察到的各种问题及解决办法记录在案，对今后设备的维修及生产运行极为重要。那些对产品质量有直接影响的因素，应予以充分注意，它们是制定常规生产操作规程的重要背景资料。

9. 确认与验证的结论。明确说明被确认与验证的子系统是否通过确认与验证并能否交付使用。验证报告中要求总结关键工艺/设备参数、实际验证参数，并给出是否修订 MF(维修因素)和 SOP 的结论。

10. 在整个工程项目确认与验证全部结束后，确认与验证经理应对项目确认与验证进行总结，对各确认与验证小结做出评价，说明确认与验证完成的情况、主要偏差、措施及总合评估意见。项目确认与验证总结的内容一般包括：概述，背景，范围，确认与验证小结报告的要点，结论意见和确认与验证文件清单。质量管理部门的确认与验证主管负责确认与验证文件的文档管理，确认与验证完成后，有关增加确认方案、报告和验证方案、报告文件的复印件应交付有关设备的使用部门作为设备档案(历史文件)的重要组成部分。

第六节 确认与验证范例

一、清洁验证

设备的清洁程度取决于残留物的性质、设备的结构、材质和清洗的方法。对于确定的设备和产品,清洁效果取决于清洗的方法。书面的、确定的清洗方法即所谓的清洁规程,它包括清洗方法的所有方面,如清洗前设备的拆卸、清洁剂的种类和浓度、清洗的次序和温度、压力、pH等各种参数。设备的清洗必须按照清洁规程进行,各种版本的 GMP 都规定必须对清洁规程进行确认与验证。清洁确认与验证就是通过科学的方法采集足够的数据,以证明按规定方法清洁后的设备,能始终如一地达到预定的清洁标准。

科学、完整的清洁确认与验证一般可按以下几个工作阶段依次进行:

(一)清洁方法的选定

1. 清洁方式。工艺设备的清洁,通常可分为手工清洁、自动清洁或两种方法的结合。手工清洁方式的特征主要是由人工持清洁工具清洗设备,常用的清洁工具一般有能喷洒清洁剂和淋洗水的喷枪、喷淋球、刷子、高压水枪、尼龙清洁块等。清洗前通常需要将设备拆卸到一定程度,并转移到专门的清洗场所。自动清洁的特点是由自动的专门设备按一定的程序自动完成清洁过程的方式。通常只要将清洗装置同待清洗的设备相连接,由清洗装置按预定的程序完成整个清洁过程。生产实践中这两种方式均有采用。清洁方式的选定必须全面考虑设备的结构与材质、产品的性质以及设备的用途。

2. 清洁规程。不管采取何种清洁方式,都必须根据设备说明书的要求、所生产的品种及工艺条件制定一份详细的书面规程,规定每一台设备的清洗程序,从而保证每个操作人员都能以可重复的方式对其清洗,并获得相同的清洁效果,这是进行确认与验证的前提。

清洁规程至少包括以下内容:①清洁开始前对设备必要的拆卸要求和清洁完成后的装配要求;②使用清洁溶液的浓度和数量;③清洁剂的名称、成分和规格;④配制清洁溶液的方法;⑤清洁溶液接触设备表面的时间;⑥淋洗要求:温度、压力、流速等关键参数;⑦生产结束至开始清洁的最长时间;⑧设备连续使用的最长时间;⑨已清洁设备用于下次生产前的最长存放时间。

3. 清洁剂的选择。清洁剂应能有效溶解残留物,不腐蚀设备,且本身易被清除。随着环境保护标准的提高,还应要求清洁剂对环境尽量无害或可被无害化处理。根据这些标准,对于水溶性残留物,水是首选的清洁剂。不宜提倡采用一般家用清洁剂,因其成分复杂,生产过程中对微生物污染不加控制,质量波动较大,且其供应商不公布详细组成。使用这类清洁剂后,还会带来另一个问题,即如何证明清洁剂的残留达到了标准?应尽量选择组成简单、成分确切的清洁剂。根据残留物和设备的性质,企业还可自行配制成分确切的清洁剂,如一定浓度的酸、碱溶液等。企业应有足够灵敏的方法检测清洁剂的残留情况,并有能力回收或对废液进行无害化处理。

(二)清洁验证的合格标准

清洁验证方案必须符合一般验证方案的共性要求。验证方案中最关键的技术问题为如何确定最难清洁物质、最难清洁部位和取样部位、最大允许残留限度和相应的检测方法。

1. 最难清洁物质。一般药品都由活性成分和辅料组成，复方制剂更含有多个活性成分，所有这些物质的残留物都必须除去。在清洁确认与验证中为所有残留物都制定限度标准并一一检测，这不切实际且没有必要。由于相对于辅料而言，活性成分的残留物对下批产品的质量、疗效和安全性有更大的威胁，通常的做法是将残留物中的活性成分确定为最难清洁物质。如果某种辅料的溶解度非常小，则应根据具体情况决定是否将该辅料列为最难清洁物质。在清洁验证中如何确定最难清洁的品种：首先看是不是清洁方法相同，如果是不同的清洁方法，就会有不同的验证；用溶剂法进行清洁的话，就要根据其溶解性、药物活性、生产量、毒性等数据确认；如果不是溶剂法清洁，则首先要通过验证来确定哪种产品最验证清洁：如选用擦拭法，就要在现有的清洁方法条件下，现有的清洁操作人员，现有的生产状态下，验证哪一种是通过擦拭清洁掉的，然后再结合药物活性、产量、毒性等数据进行确认；如果有中药可能要麻烦一些，中药一般没有专门的检验方法，一般可以通过紫外吸收、TOC、颜色等来确定；如存在两个以上的活性成分，其中最难溶解的成分即可作为最难清洁物质。以复方18氨基酸注射液为例，它有18种氨基酸均为活性成分，其中最难溶解的为胱氨酸，仅微溶于热水，因此可将其作为最难清洁物质。这样一来，清洁验证就找到了残留的“参照物”，而用不着为其他易溶组分操心。

2. 最难清洁部位和取样点。在讨论如何确定最难清洁部位前，首先应当对清洗过程的机理有所了解。除手工擦洗主要依靠机械摩擦力将附着在设备表面的残留物除去外，常规的清洗主要依靠溶剂对残留物的溶解作用，以及流动的清洁剂对残留物的冲击。而溶解的速度取决于单位时间内由溶质表面进入溶液的溶质分子数与从溶液中回到溶质表面的分子数之差。一旦差值为零，表面溶解过程达到动态平衡，此溶液即为饱和溶液。溶解过程中溶质表面很快形成一薄层饱和溶液，饱和溶液中的溶质分子不断向溶液深处扩散，形成从溶质表面到溶液深处的一个递减的浓度梯度。如果处于饱和层的溶质分子不能迅速进入溶液深处，就会降低溶解的速度，因此可以观察到即使是溶解度很大的物质，静止状态下的溶解过程是非常缓慢的。提高溶解速度的方法是使溶液流动以迫使溶质表面的饱和层离开。

对有多根平行管道尤其是管径不同的系统，因各管道的流速变化、流量分配各不相同，通常将这些部位列为较难清洁的部位。此外，切不可忽视那些似乎不直接接触产品的部位，如排气管、充氮管、抽真空管等。这些管道或由于投料时物料微粒的飞扬，或因为配制罐内雾化的小液滴随充氮、抽真空等工艺过程四处飘散而可能被污染。有时这种污染很轻微，但如果清洁程序未能考虑这些管路，日积月累就可能产生严重的后果。总之，凡是死角，清洁剂不易接触的部位(如带密封垫圈的管道连接处)，压力和流速迅速变化的部位(如有歧管或岔管处、管径由小变大处)，容易吸附残留物的部位(如内表面不光滑处)等，都应视为最难清洁的部位。取样点应包括各类最难清洁部位。

3. 残留量限度的确定。如何确定残留量限度是个相当复杂的问题，但却是确认与验证方案必须解决的问题。鉴于生产设备和产品性质的多样性，由药品监督机构设立统一的限度标准和检验方法是不现实的，企业应当根据其生产设备和产品的实际情况，制定科学合理的、能实现并能通过适当的方法检验的限度标准。

目前企业界普遍接受的限度标准基于以下原则：①分析方法客观能达到的能力，如浓度限度为百万分之十；②生物活性的限度，如正常治疗剂量的千分之一；③以目检为依据的限度，如不得有可见的残留物。

4. 微生物含量限度。微生物污染水平的制定应满足生产和质量控制的要求。发达国家的 GMP 一般明确要求控制生产各部的微生物污染水平，尤其对无菌制剂，产品最终灭菌或除菌过滤前的微生物污染水平必须严格控制。如果设备清洁后立即投入下批生产，则设备中的微生物污染水平必须足够低，以免产品配制完成后微生物项目超标。微生物的特点是在一定环境条件下会迅速繁殖，数量急剧增加，且空气中存在的微生物能通过各种途径污染已清洁的设备。设备清洗后存放的时间越长，被微生物污染的几率越大。因此企业应综合考虑其生产实际情况的需求，自行制定微生物污染水平应控制的限度及清洗后到下次生产的最长贮存期限。

测试结果最终要进行质量风险评估。

二、隧道式干热灭菌器的确认与验证

1. 系统概述。隧道式干热灭菌器见示意图 7-5。

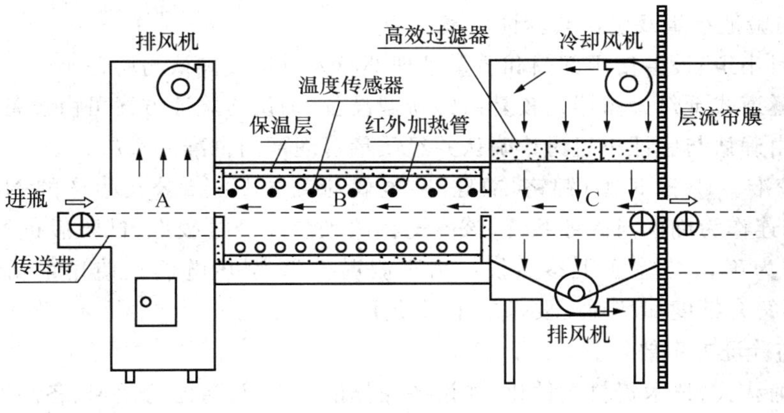

图 7-5　隧道式干热灭菌器

隧道式干热灭菌器按其功能设置，可分为彼此相对独立的三个组成部分：预热、灭菌及冷却段(图 7-5A、B、C 所示)，它们分别用于最终清洁瓶子的预热、干热灭菌、冷却。灭菌器的前端与洗瓶机相连，后端设在无菌作业区。干热灭菌器出口至灌装机之间的传送带均在百级层流保护下。

A 段设一抽风机，一则去除湿气，二则形成合理的气流方向。瓶子在预热过程中处在经高效过滤器过滤空气的洁净环境中，使已清洁的瓶子免遭再次污染。设备运行时，传送带将已清洁的瓶子从洗瓶机送入 A 段，在 A 段徐徐向 B 段移动，来自干热灭菌段 B 的热空气预热瓶子，瓶子中残存的水蒸发成水蒸气，被排风机抽走。

B 区为干热灭菌区。如图 7-5 所示，此段设红外加热管并由温度传感器控制干热灭菌的温度范围。传送带将瓶子送入灭菌段后，在红外加热管的作用下，辐射热使小瓶迅速升温，由于 B 段设有保温层，以致小瓶在传送过程中瓶子内的温度可升至 340℃，并达到预期的干热灭菌及去热原效果。

C 段为冷却段。已干热灭菌及去热原的瓶子继续向洁净区传送，在经高效过滤器过滤空气的作用下，逐渐降温并被传送至洁净区内的传送带上。

本机还安装风速、压差监控仪表，用于运行状态的调试及监控。

2. 确认与验证范围。隧道式干热灭菌器的确认与验证实际是指该设备在设定的运行条件下能否达到预期的要求，因此，确认与验证包括设备设计性能及生产中实际使用的干热灭菌程序。

瓶子的清洁确认与验证方案单列，尽管清洁确认与验证及干热灭菌往往是一条连动线的两大组成部分。本确认与验证示例只讨论与隧道式干热灭菌器功能相关的项目：

(1)A、B、C 段及与洁净室间的气流平衡。

(2)B 段瓶子的热分布情况；灭菌及去热原效果。

3. 确认与验证合格标准。

(1)隧道式干热灭菌器运行时，应其所处环境的空气不得对 A、B、C 段造成正压，以致出现瓶子再次被污染的危险。

(2)B 段的热分布应达到设计的要求，如中心及两侧的温差不超过 5℃。

(3)B 段达到灭菌完全，并使细菌内毒素至少下降 3 个对数单位的效果。

4. 确认与验证小组及确认与验证方案。

(1)由项目小组、设备使用部门和质量管理部门人员组成确认与验证小组。

(2)由于隧道式干热灭菌器是较复杂的新型设备，确认与验证方案可由设备供货单位的专家提出草案，由确认与验证小组讨论确认并经质量管理部门批准后实施。

5. 仪表校准。10 根 K 型(镍铬，镍硅)热电偶与美国 Fluke 公司生产的 NetDAQ 2640A 数据采集器相连作为确认与验证系统，该系统在试验前须经过校准，试验后进行复检；高精度数字温度计作为确认与验证用参照仪。用于测温的 K 型热电偶在使用前后均应在 0℃及 340℃校准，不符合精度和准确度要求的不得使用。

6. 确认与验证方案要点。

(1)安装确认：①技术资料文件化，如设备操作说明书、设备维修手册、备品清单等检查、编号、登记、归档(具体内容略)。②安装情况检查。C 段所安装高效过滤器均须进行检漏试验，按悬浮粒子测试方法 (GB/T 16292—2010)检查，应符合要求。

(2)运行确认：①应根据洁净区对非洁净区的压差，调节 C 段的送、排风量，同时调节 A 段的排风量，保证 A、B、C 段均不出现污染空气从房间倒灌入隧道式干热灭菌器的风险。由于 C 段的主要作用是冷却，并提供层流空气，应注意洁净区对 C 的压差基本平衡。当洁净室对 C 段压差较大时，虽然进入 C 段的空气来自传送带的层流罩内，但冷风会给 B 段的升温带来负面影响，反之，热空气进入洁净区，对洁净区也有负面影响。②在正常运行时，B 段的气流如图所示，风量不宜过大，以便保持设定的干热灭菌温度，并使 A 段始终保持一定的预热温度。③当隧道式干热灭菌器处于非运行状态时，隧道式干热灭菌器只是一个洁净空气的通道。④运行确认原始数据可作为确认与验证报告的附件(细节从略)。

(3)性能确认：①热分布均一性。使用常规生产用的瓶子，如 7 mL 规格的西林瓶，将热电偶固定在每只瓶子的外侧，热电偶测温点的高度最好在瓶子中心的位置，以具有代表性。如正常运行是每列 8 个瓶子，则应用 7 或 8 根热电偶。注意，热电偶一般不宜安装在瓶内，因安装在瓶内时，瓶口需用聚四氟乙烯或其他材料将其固定，这种固定方式会干扰热穿透，使确认与验证试验的状态偏离实际运行的状态，从而使采集到的温度数据失去代表性。按干热灭菌的正常程序运行，各点温度用数据采集器记录。热分布均一性至少需进行 3 次。②灭菌及去热原能力。在每列瓶中各加入 1 000 单位的细菌内毒素，经干热灭菌后，检查瓶内细菌内毒素的残存量。计算干热灭菌是否达到了使细菌内毒素至少降低 3 个对数单位的要求。

由于干热灭菌的效果直接与洗瓶的速度有关，即与传送带的走速有关，试验应包括可能的干热灭菌程序，如 330℃，80 mm/min；340℃，100 mm/min。每一程序的试验瓶数通常不少于 3 列，试验的次数每一程序不应少于 3 次。

7. 确认与验证结果。将确认与验证结果记录在事先设计的表式上，操作人员及复核人员均应签名并注明日期。

(1)A、B、C 段及与洁净室间的气流平衡符合要求。

(2)B 段瓶子的热分布情况，在干热灭菌过程中，各瓶温差不超过±5℃。

(3)灭菌及去热原效果符合要求。

8. 漏项及偏差说明。因故无法进行的试验、试验中发生的偏差、措施及后果应予记录并经批准。

9. 确认与验证报告。如试验达到了预期的目的，各项试验的结果均符合要求，应将所进行的主要试验以总结的形式报告。主要确认与验证试验的条件、合格标准及确认与验证结果应尽可能列成汇总表，以使确认与验证的结果一目了然。

10. 确认与验证文件清单。安装确认、运行确认、仪表校正及性能确认均会形成相应的记录，有些记录是自动打印的，有些是事先精心设计的表格，这类原始资料均须及时复核，编号，登记，成为确认与验证的正式文件，最终它们可作为确认与验证总结报告的附件。

知识链接

非无菌产品的重要工艺变量及中间过程控制项目

固体制剂	工艺变量/中间过程控制项目
制粒	水分残留(相对/绝对湿度)或颗粒的容积残留 粒径和/或粒度分布 产率
混合	混合均匀度(粉末混合均匀度) 产率
压片	片重差异/含量均匀度 硬度，脆皮度，厚度/高度 崩解时限，溶出速率/曲线 外观 产率

续表

固体制剂	工艺变量/中间过程控制项目
胶囊灌装	重量差异/含量均匀度 崩解时限,溶出速率/曲线 产率
粉末转移	很合均匀度(过程粉末混合均匀度) 粒径和/或粒度分布 微生物
(薄膜)包衣	片重差异/含量均匀度 厚度/高度 崩解时限,溶出速率/曲线 外观 产率 微生物
灌装(粉末)	符合均匀度(过程粉末混合均匀度) 灌装数量的重现性
半固体制剂	**工艺变量/中间过程控制项目**
半成品制剂/混合	活性物质和功能性辅料的均一性 对于分散性活性成分、辅料:分布均匀性和再混悬性 粒径和/或粒度分布 颗粒聚集 外观:目测和显微镜评估 黏性和一致性(透过性和延展性) pH(对于水性系统) 产率 灌装前的存贮时间
半成品存贮和灌装	活性物质和功能性辅料的均一性 活性成分、辅料:分布均匀性和再混悬性 灌装量可重现性 灌装属性(例如黏度、一致性、透过性和延展性) 外观:目测和显微镜评估 微生物质量(微生物数) 产率

续表

液体制剂	工艺变量/中间过程控制项目
混合/溶解	活性成分以及功能性辅料的含量均匀度 异物/不溶性微粒 活性成分和辅料的溶解:温度范围 溶液的澄明度、密度、pH
灌装	单剂量包装中活性成分和功能性辅料的均一性 异物/不溶性微粒 可视异物检查 分装装量(体积/重量) 分装装量重现性(分装精度) 微生物 产率
包装和贴签	**工艺变量/中间过程控制项目**
初级包装	初级包材的完整性(例如密封质量、压盖、螺帽密封度、药管折叠)
次级包装	包装过程本身造成的缺陷(破漏、小孔、花边、破裂等)
贴签	贴签的质量(例如位置、方向) 可变数据的打印质量(可读性) 小盒外观和说明书的折叠

复 习 题

一、单选题

1. 生产激素类、抗肿瘤类药品时,不可避免与其他药品使用同一台设备或空调净化系统时,应(　　)。

A. 进行有效的防护、清洁措施并进行必要的确认与验证

B. 进行有效的防护、清洁措施

C. 做好相应的使用记录

D. 进行清洁

2. 药品生产确认与验证内容包括(　　)。

A. 空调净化系统、工艺用水系统

B. 空调净化系统、工艺用水系统、生产工艺及变更、设备清洗、主要原辅料变更

C. 空调净化系统、工艺用水系统、生产工艺及变更、主要原辅料变更

D. 生产工艺及变更、设备清洗、主要原辅料变更

3. 机器设备安装后进行的各种系统检查及技术资料的文件化工作称为(　　)。

A. 设计确认(DQ)　　B. 安装确认(IQ)

C. 运行确认(OQ)　　D. 性能确认(PQ)

4. 在确定某一个工艺过程或一个系统的某一组件,如一个设备、一个设施在设定的苛刻条件下能否确保达到预定的质量要求的试验是(　　)。

A. 挑战性试验　　B. 负荷　　C. 最差状况　　D. 不合格限

5. 生产中在某项工艺运行的同时进行的确认与验证,即从工艺实际运行过程中获得的数据来确立文件的依据,以证明某项工艺达到预定要求的一系列活动是指(　　)。

A. 前确认与验证　　B. 同步确认与验证

C. 回顾性确认与验证　　D. 再确认与验证

6. 前确认与验证的工作流程正确的是(　　)。

A. 设计确认—安装确认—性能确认—运行确认—产品验证—报告

B. 设计确认—安装确认—运行确认—性能确认—产品验证—报告

C. 设计确认—运行确认—性能确认—安装确认—产品验证—报告

D. 产品验证—安装确认—运行确认—性能确认—设计确认—报告

7. (　　)常指系统或设备在原安装位置不作拆卸及移动条件下的蒸汽灭菌,冻干室用环氧乙烷灭菌也属于此。

A. 在线灭菌　　B. 挑战性试验

C. 在线清洁　　D. 最差状况

8. (　　)指为实施验证而制定的一套包括待验证科目(系统、设备或工艺)、目的、范围、标准、步骤、记录、结果、评价及最终结论在内的文件。

A. 验证方案　　B. 工艺验证

C. 前确认与验证　　D. 同步确认与验证

二、多选题

1. 确认与验证的目的就是(　　)。

A. 保证药品的生产过程和质量管理以正确的方式进行

B. 证明生产过程是准确和可靠的,且具有重现性

C. 证明有关操作的关键要素能够得到有效控制

D. 保证最后得到符合质量标准的药品

2. 清洁规程至少包括以下内容(　　)。

A. 清洁溶液的浓度和数量

B. 清洁剂的名称、成分和规格

C. 清洁持续时间

D. 生产结束至开始清洁的最长时间、已清洁设备用于下次生产前的最长存放时间

3. 属于隧道式干热灭菌器的性能确认的项目是(　　)。

A. 热均匀性　　B. 压差 、风量　　C. 灭菌能力　　D. 除热原能力

三、简答题

1. 简述确认与验证的分类。
2. 确认与验证的定义是什么？
3. 企业确认与验证的原则是什么？
4. 简述确认与验证的基本程序。
5. 简述清洁验证的一般步骤。

第八章

文件管理

知识目标

- 掌握文件管理要求。
- 掌握生产管理及质量管理文件的编写。
- 掌握记录的填写要求。
- 理解文件、文件管理的概念。

技能目标

- 能够解释文件、文件管理的含义。
- 能明确文件管理要求。
- 会判断文件的类型，并会解决在文件检查中遇到的实际问题。

第一节 文件系统

文件系指一切涉及药品生产质量管理全过程中使用的书面标准和实施过程中产生的结果的记录。文件系统系指贯穿药品生产质量管理全过程、连贯有序的系统文件。文件管理系指包括文件的起草、修订、审核、批准、分发、使用、归档以及文件变更等一系列过程的管理活动。

文件是质量保证系统的基本要素，它涉及GMP的各个方面。建立全面、完善的文件系统是一种从“人治”到“法制”的变革，其核心是确保药品的生产过程中“一切行为有准则，一切行为有记录，一切行为有监控，一切行为有复核”。从而避免生产过程中产生混淆、污染和差错，保证生产出安全有效、质量稳定、符合预定规格标准的药品。

一、文件管理的目的

文件管理的目的是界定管理系统、减少语言传递可能发生的错误、保证所有执行人员均能获得有关活动的详细指令并遵照执行，而且能够对有缺陷或疑有缺陷产品的历史进行追踪。

1. 规定所有的物料、成品、半成品的规格标准及生产测试程序，提供正确操作和监控的依据。

2. 规定企业的信息传递和生产质量控制系统，避免因口头或临时书面传递、交流所产生的错误解释或误解。

3. 明确规定药品生产过程中各种必须遵守的程序和规程，使员工明确应该做什么，什么时候去做，在什么地方做以及如何去做，要求达到什么标准，从而有效防止自行其是。特别强调的是一个行动只能有一个标准。

4. 提供产品放行审计的依据，确保授权人可以做出是否能够放行销售的正确判断。

5. 保证可以追溯每一批产品的始末，提供对产品进行再审查的依据，以便对可能有问题的产品从原料到生产、销售的全过程进行详细调查，做出正确的处理判断。

6. 保证药品生产的全过程符合 GMP 要求。

二、文件的类型

完整的药品生产企业文件可分为标准和记录两大类。

(一)标准类文件

标准“为促进最佳的共同利益，在科学、技术、经验成果的基础上，由各有关方面共同合作起草，并协商一致或基本同意而制定的适用于公用并且经标准化机构批准的技术规范和其他文件”。它以特定的形式发布，作为共同遵守的准则和依据。药品生产企业的标准主要包括技术标准、管理标准和工作标准。

1. 技术标准，是指国家、地方及行业制定并颁布的各种标准、法规、规范、办法等，以及药品生产企业根据前述各种法定标准制定的各种技术标准文件，包括产品注册批件、产品工艺规程、质量标准、主配方、生产指令、包装指令、验证文件。

2. 管理标准，是指企业依据上述技术标准，为了行使各项管理职能，协调各项跨职能管理并使管理过程标准化、规范化而制定的制度、规定、标准、办法等的书面要求，如生产管理、质量管理、卫生管理等。

3. 工作标准，是药品生产企业依据技术标准和管理标准，以人的工作为对象，对工作范围、职责、权限、工作方法及内容所制定的规定、标准、办法、程序等的书面要求，如岗位责任制或岗位职责或职务条例、岗位操作法、标准操作程序等。

(二)记录类文件

记录“是为所有完成的活动和达到的结果提供客观证据的文件”，包括过程记录、台账记录、标记、凭证等。

1. 过程记录，为药品生产和质量保证过程中一切已完成的活动和达到的结果提供客观证据的文件，如生产记录、检验记录等。

2. 台账记录，为物料、产品流转与管理活动及其结果依时间顺序提供客观证据的文件，如物料接收台账、成品发放台账、检验台账等。

3. 标记、凭证，是为生产活动和质量监控活动提供标记和证据的文件，如生产许可证、清场合格证、半成品递交许可证等。

综上所述，标准是行动的准则，记录是行动及其结果的证据。其中技术标准文件是管理的依据和目的，管理标准是动力和轨道，而工作标准则是上述标准得以实施的基础。

详见文件系统图 8-1。

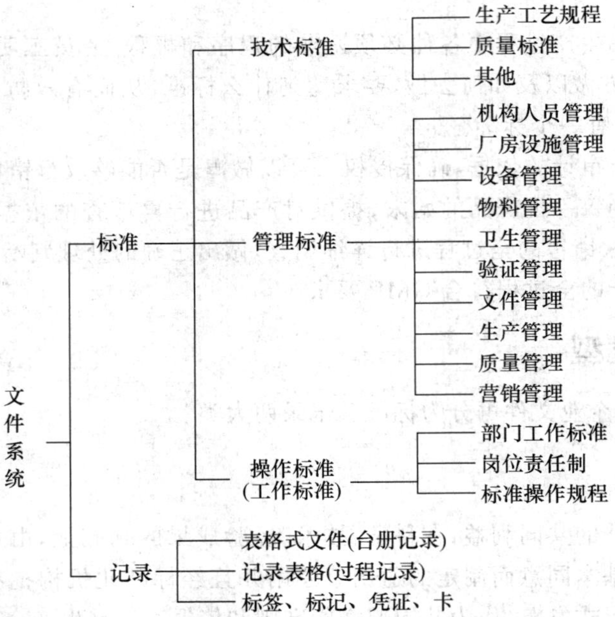

图 8-1　文件系统图

第二节　文件管理

一、文件管理的定义

文件是药品生产活动和质量保证活动的依据和准则，文件管理系统涉及 GMP 的各个方面，贯穿于药品生产有关的一切活动中，文件管理包括文件的起草、修订、审核、批准、替换或撤销、复制、分发、收回、培训、归档、保管和销毁等一系列过程的管理活动，企业应制定文件管理制度，才能保证药品生产的全过程有法可依，有据可查，有监控，有复核，消灭生产中的混淆、污染和差错，同时确保所有文件符合 GMP 标准和各种法定标准，文件应准确无误，清楚明了，切实可行，避免由于文件的错误造成生产过程和控制过程的差错和事故，保证药品生产的一切活动均在良好的控制之下，切实有效地实施 GMP。

二、文件的起草

企业应建立文件起草的组织机构，以文件的形式将文件起草人员确定下来，提出编制文件的相关规定和要求。

起草人员必须具有相应岗位的实践经验，接受过必要的专业教育，具有一定的语言组织能力，乐于与他人合作，具有很好的协调能力，工作严谨认真，有开拓创新精神。

文件起草主要由文件使用部门负责起草，以保证文件内容的全面性、准确性和可操作性，草稿由质量保证部门（QA）初审，再分发与文件有关的使用和管理人员进行会审，并签署意见，再交起草人修改，最后由质量受权人定稿。如有不同意见，由质量受权人裁定，以杜绝文件的片面性，增加文件的可行性。起草的文件应达到以下要求：

（一）文件的内容要求

1. 文件的标题应能清楚地说明文件的性质，其标题、类型、目的、原则应有清楚的说明，便于和其他文件区别开来。

2. 各类文件应有便于识别文本、类别的系统编码和日期，该文件的使用方法、使用人数等，文件便于分类存放、条理分明，便于查阅。

3. 文件使用的文字应当确切、清晰、易懂，不能模棱两可。

4. 填写数据时应有足够的空间。

5. 文件的起草、修订、审核和批准均应当由适当人员签名并注明日期。

（二）文件编制格式要求

1. 文件要求用统一规格纸张如 A_4 纸单面打印或复印。

2. 字间距、行间距、字体、字号的具体要求。

3. 文件表头设计。

下列内容为标准文件必须印制的：文件名称、文件编号、替代规程编号、编订依据、起草人、审核人、批准人签字及日期、颁发日期、生效日期、颁发部门、分发单位、分发数量、目的、范围、职责、内容（正文）。

根据文件类别、特点，表头项目可在管理标准类文件表头基础上作相应增减：设备操作、清洁类文件增加规格型号、设备编号；成品质量标准、工艺规程类增加产品规格及批准文号；分发单位可根据实际需要设定。

4. 页面设置要求。

5. 页眉要求，如显示公司名称和文件大类；页码表示方式，如当前页/总页数。

6. 文件结束符：可划一长度为文件宽度 1/2 的横线作为终止符。

7. 装订要求：为方便管理，可按文件类别，同一类别文件用统一色泽封面装订。

三、文件的审核与批准

所有文件的审核人与批准人必须预先规定，涉及一个车间的文件由车间负责人审核，QA 负责人批准；涉及全公司的文件，由 QA 负责人审核，质量受权人批准或主管领导批准，以保证文件的准确性和权威性。所有文件必须有起草人、审核人、批准人签字并注明日期，签字必须用黑色水笔或钢笔亲笔签名，不得代签或打印。

批准使用的文件是一切行为的准则，具有“法律”效力，任何人无权任意修改。

批准后的文件复制不允许手抄写，以防差错，可以印刷、复印或电脑复制，并填写“文件复制记录”。

文件必须经过批准签字后方可复制，如果原版文件需要复印时，不得产生任何差错；复制的文件必须清晰可辨。

四、文件的编码

文件编码要求：

1. 系统性。统一分类编码，并由质量管理部门负责给定编码，同时进行记录。

2. 准确性。文件应与编码一一对应，一旦某一文件终止使用，此文件编码即告作废，并不得再次启用。

3. 可追踪性。根据文件编码系统的规定，可随时查询文件变更的历史，并方便调用。

4. 稳定性。文件系统编码一旦确定，一般情况下不得随意变动，应保证系统的稳定性，以防止文件管理的混乱。

5. 相关一致性。文件一经修订，必须给定新的修订号，对其相关文件中出现的该文件号同时进行修订。

6. 记录。批生产记录单独归为一类，以"BPR"表示；其他记录随规程一起编号，只在规程后缀一小写英文字母表示，记录顺序依次排列为 a，b，c…

例 1　SMP05-009-00 表示卫生管理类文件的第九个文件，且为新订。

SMP05-009(a)-00 表示卫生管理类文件的第九个文件所附的使用记录，且为新订。

例 2　TS31-009-00 表示第九个原料的质量标准，且为新订。

TS31-009(a)-00 表示第九个原料的质量标准所附的使用记录，且为新订。

例 3　BPR202-001-00 表示片剂流水线第二个工序（压片工序）使用的第一个记录，且为新订。

五、文件的发放、回收、培训、归档及销毁

(一)文件的发放

1. 文件一旦批准，应在执行之日前发放至相关人员或部门。文件必须由起草人、审核人、批准人签字后颁布，文件在培训后方可生效使用。

2. 保密性文件应在扉页上注明密级，并严格控制复制数量。

3. 文件发放必须进行记录，收发双方须在"文件发放、回收记录"上签字，并注明文件名称、编号及份数、收件部门及收件人、收件日期、发件人。密级文件同时注明密级。

(二)文件的回收

1. 一旦新文件生效使用，前版文件必须收回。分发、使用的文件应当为批准的现行文本，已撤销的或旧版文件除留档备查外，不得在工作现场出现。

2. 文件由于以下原因而宣布废止、停止使用时必须及时回收：文件进行了修订，且新修订的文本已被批准使用，则原文本自新文件生效之日起废止，要及时回收；文件发现错误，影响产品质量，必须立即废止，及时回收。

文件回收时必须由文件管理人员按分发时的单位和数量一一收回，并在"文件发放、回收记录"上签字，回收时必须在记录上注明：交回文件的名称、编号及份数、交回部门及交回人、交回日期、收件人。密级文件同时注明密级。并在回收的文件上加盖"回收文件"的红色印章，以

表示回收的文件。

文件应当定期审核、修订;文件修订后,应当按照规定管理,防止旧版文件的误用。分发、使用的文件应当为批准的现行文本,已撤销的或旧版文件除留档备查外,不得在工作现场出现。

(三)文件的培训

1. 新文件必须在执行前进行培训并记录。培训师原则上为文件的起草者、审核者或批准者。

2. 必须保证文件的使用者和管理者均受过培训。

(四)文件的归档

1. 所有标准文件必须及时由质量管理部门归档备查,文件的归档包括现行文件原件及其附件的归档和各种记录的归档。

2. 文件管理部门保留一份现行文本原件或样本并根据文件变更情况随时更新,记录在案。

3. 各种记录一旦完成,按种类归档,并存档至规定日期以便准确追踪。

4. 对于一些主要文件,如批生产(包装)记录、偏差处理等,应定期进行统计分析评价,为质量改进管理需求提供准确的依据。

5. 各种归档文件应建立文件归档记录,以便准确方便调用。

6. 归档的文件要上锁保管,发现失窃及时上报。保管中要防火、防潮、防鼠、防蛀、防霉变等。

7. 质量标准、工艺规程、操作规程、稳定性考察、确认、验证、变更等其他重要文件应当长期保存。

(五)文件的销毁

1. 需销毁的文件包括:文件编订(或修订)过程中的草稿,复制、打印过程中的草稿,回收的旧版文件,归档一份后的其余文件,其他的废止文件。

2. 凡具有密级的文件,统一由技术部门收集、清点,填写文件销毁申请单,由公司领导批准签字后,指定专人销毁,并指定监销人,防止失密,同时填写"文件销毁记录"。

3. 其他文件经颁发部门收集清点,经主管领导批准签字后,指定专人销毁。同时填写"文件销毁记录"。

六、文件的执行检查

新文件初始执行阶段,相关文件管理人员应特别注意监督检查执行情况,以保证文件执行的有效性。所有文件自发布执行之日起,各职能部门应组织相关人员进行首次检查和定期复核。文件管理部门应每半年向文件使用者和收阅者提供现行文件清单一次,以避免使用过时文件。

对所有文件的任何改动均应有签字并注明原因和日期,经文件的批准人批准。如果文件采用自动控制或管理系统,仅允许授权人操作。

七、文件的修订和改进

(一)文件的修订

文件一旦生效,未经批准不得随意更改。但文件的使用者和管理者有权提出变更申请,并说明理由,由该文件的批准人评价签署意见后,需修订的文件按新文件起草程序进行。文件一旦经过修订,必须给定新的修订号,对其相关文件中出现的该文件号同时进行修订。文件管理部门负责检查文件修订引起的其他文件的变更,并将变更情况记录在案,以便追踪检查。

(二)文件的改进

文件管理并非一成不变,其改进方向是:

1. 简化、改进,其目标是简化工作程序,减少中间环节,文件管理程序化、规范化,使之有效控制、有效管理。

2. 计算机化,实现文件管理无纸化,这是现代文件管理的目标。可使文件的起草、审核、批准更加方便快捷,缩短文件的形成周期,能自动贮存,减少定员,提高效率。

第三节　技术标准文件

技术标准是指国家、地方及行业制定并颁布的各种标准、法规、规范、办法等,以及药品生产企业根据前述各种法定标准制定的各种技术标准文件,包括产品注册批件、产品工艺规程、质量标准、主配方、生产指令、包装指令、验证文件。

一、技术标准文件编制的基本要求

1. 文件标题要明确,能确切表明文件的性质。

2. 文件语言要详尽,数据可靠,术语规范,保证技术标准文件可以被正确理解和使用。

3. 文件内容应当与药品生产许可、药品注册等相关要求一致,不得随意修改、偏移。

4. 企业内控标准原则上要高于国家法定标准,以确保产品在贮存期内始终可以达到法定质量标准。

5. 文件要包括所有必要的项目及参数,不要多余的项目及参数。

6. 文件格式按规定的要求,用统一规格纸张印刷、打印或复印,同一类别文件用统一色泽的文件夹装订。

7. 各种工艺、技术、质量参数和技术经济定额的度量衡单位均按国家计量法规定执行,采用国际标准计量单位。

8. 分子量一律以最新国际原子量表计算,取小数点后两位。

9. 产品名称按国家法定标准的通用名、英文名及拉丁名为准。

10. 化学结构式以最新版法定标准为准,要与其成品形态一致,注明结晶水。

11. 中药原辅料一律采用最新版法定标准中的通用名(适当注明商品名、别名),其他辅料一律采用化学名。

二、技术标准文件的表头设计

下列内容为各种技术标准的表头或扉页上必须印制的：文件名称、文件编号、替代规程编号、编订依据、起草人、审核人、批准人签字及日期、颁发部门、颁发日期、生效日期、分发单位、分发数量、目的、范围、职责、内容。

技术标准文件表头设计范例：

××公司

产品工艺规程

当前页码/总页码

文件名称	三黄片工艺规程				
文件编号			替代规程		
产品规格	每片重 0.25 g		批准文号	国药准字 Z	
编订依据	《中国药典》2010 年版一部第 457 页				
起草人/日期			颁发部门		
审核人/日期			颁发日期		
批准人/日期			生效日期		
分发单位	质量部	技术部	生产部	制剂车间	提取车间
分发数量	份	份	份	份	份

目的：建立三黄片工艺规程，明确其工艺规程的要求和内容。

范围：三黄片。

职责：质量部门负责人、技术部门负责人、生产部门负责人、制剂车间负责人、提取车间负责人、主管质量技术负责人、主管生产负责人。

内容：

三、技术标准的管理

(一)产品工艺规程

工艺规程是指“为生产特定数量的成品而制定的一个或一套文件，包括生产处方、生产操作要求和包装操作要求，规定原辅料和包装材料的数量、工艺参数和条件、加工说明(包括中间控制)、注意事项等内容。”由上面的定义，可以看出生产工艺规程是产品设计、质量标准和生产、技术质量管理的汇总，它是企业组织与指导生产的主要依据和技术管理工作的基础，是生产操作规程、质量监控规程、内控标准等文件的制定依据，是技术标准中首先要制定的文件。通俗地讲，是生产药品用的“蓝图”和“模子”。制定生产工艺规程的目的，是为药品生产各部门提供必须共同遵守的技术准则，以保证生产的药品批与批之间，尽可能地与原设计吻合，保证每一药品在存放期(expiry date)内保持规定的质量。

1. 原料药的工艺规程的内容：

(1)所生产的中间产品或原料药名称和文件编号。

(2)标有名称和特定代码(足以识别任何特定的质量属性)的原料和中间产品的完整清单。

(3)准确陈述每种原料或中间产品的投料量或投料北，包括计量单位。

(4)生产地点、主要设备(型号及材质等)。

(5)生产操作的详细说明，包括：①操作顺序；②所用工艺参数的范围；③取样方法说明，所用原料、中间产品及成品的质量标准；④完成单个步骤或整个工艺过程的时限；⑤生产阶段或时间计算的预期收率范围；⑥必要时，需遵循的特殊预防措施、注意事项或有关参照内容；⑦可保证中间产品或原料药适用性的贮存要求，包括标签、包装材料和特殊贮存条件以及时限。

2. 制剂的工艺规程的内容：

(1)生产处方：①产品名称和产品代码；②产品剂型、规格和批量；③所用原辅料清单(包括生产过程中使用，但不在成品中出现的物料)，阐明每一物料的指定名称、代码和用量；如原辅料的用量需要折算时，还应当说明计算方法。

(2)生产操作要求：①对生产场所和所用设备的说明(如操作间的位置和编号、洁净度级别、必要的温湿度要求、设备型号和编号等)；②关键设备的准备(如清洗、组装、校准、灭菌等)所采用的方法或相应操作规程编号；③详细的生产步骤和工艺参数说明(如物料的核对、预处理、加入物料的顺序、混合时间、温度等)；④所有中间控制方法及标准；⑤预期的最终产量限度，必要时，还应当说明中间产品的产量限度以及物料平衡的计算方法、限度；⑥待包装产品的贮存要求，包括容器、标签及特殊贮存条件；⑦需要说明的注意事项。

(3)包装操作要求：①以最终包装容器中产品的数量、重量或体积表示的包装形式；②所需全部包装材料的完整清单，包括包装材料的名称、数量、规格、类型以及与质量标准有关的每一包装材料的代码；③印刷包装材料的实样或复制品，并标明产品批号、有效期打印位置；④需要说明的注意事项，包括对生产区和设备进行的检查，在包装操作开始前，确认包装生产线的清场已经完成等；⑤包装操作步骤的说明，包括重要的辅助性操作和所用设备的注意事项、包装材料使用前的核对；⑥中间控制的详细操作，包括取样方法及标准；⑦待包装产品、印刷包装材料的物料平衡计算方法和限度。

生产工艺规程由生产技术人员编写，由企业质量管理部门组织专业技术人员审核，经主管生产和质量管理的负责人批准后颁布执行。生产工艺规程应有编写人、审核人、批准人的签字及批准执行的日期。

每种药品的每个生产批量均应当有经企业批准的二艺规程，不同药品规格的每种包装形式均应当有各自的包装操作要求。工艺规程的制定应当以注册批准的工艺为依据。工艺规程原则上每 5 年由主管生产技术负责人组织讨论并修订。

生产工艺规程在执行过程中因生产工艺改革、设备改进或更新、原辅材料变更等，须提出申请并经验证。生产工艺规程不得任意更改，在执行过程中因生产工艺改革、设备改进或更新、原辅材料变更等需更改的，须提出申请并经验证。必要时报药品监督管理部门批准。

修订稿的编写、审核、批准程序与制定时相同。

(二)质量标准

1. 原辅料质量标准。原料包括化学原料药、中药材、中药饮片、中药材粉、中药提取物、原材料等。

原辅料可以现行法定标准《中国药典》、《中国生物制品规程》、部颁标准、省市自治区药材标准为依据。若无法定标准又必须使用的药材和饮片应符合国务院药品监督管理部门或省、自治区、直辖市的有关规定,要由药品监督管理部门批准备案。凡是无法定药用标准的辅料,可以依据法定食用标准或行业标准制定本企业内控标准,但必须经过验证,确认不影响产品质量,并经国务院药品监督管理部门批准。原辅料可根据生产工艺、成品质量要求及供应商质量体系评估情况,制定现行的质量标准,确定需要增加的质量控制项目。中间产品或待包装产品也应当有质量标准。

原辅料质量标准的主要内容有:原辅料名称、内部使用的物料代码、规格、用途、性状、鉴别、检查、含量、检验项目与限度、取样与检验方法、贮存条件和注意事项、有效期或复验期、经批准的供应商及质量标准依据、印刷包装材料的实样或样稿等。中药材还需要增加采购原料的商品等级、加工炮制标准及产地。

2. 包装材料质量标准。可依据国家标准(GB 系列)、行业标准(YY 系列)和协议规格制定。包装材料质量标准的主要内容有:品名、代号与编号、材质、外观、尺寸、规格、理化项目和取样规定。与药品直接接触的包装材料和容器的质量标准中还应制定"微生物限度"检查标准。印刷包装材料的应提供实样或样稿。

3. 成品和半成品质量标准。成品和半成品质量标准的标准依据可有法定标准(《中国药典》、《中国生物制品规程》、《部颁标准》、《局颁标准》)、企业内控标准。

药品成品和半成品的质量标准应当包括:产品名称以及产品代码、对应的产品处方编号、产品规格和包装形式、取样和检验方法或相关操作规程编号、定性和定量的限度要求、贮存条件和注意事项、有效期。

4. 制药用水质量标准。制药用水包括饮用水、纯化水、注射用水和灭菌注射用水。

饮用水标准依据为 GB 5749—2006 中华人民共和国国家标准《生活饮用水卫生标准》。纯化水、注射用水和灭菌注射用水标准均为现行的《中国药典》。

制药用水质量标准主要内容有:名称、制备方法;质量标准及标准依据、检查项目及检验方法、取样规定,包括取样容器、方法、频次、取样点、取样量、注意事项等。

质量标准由质量管理部门会同生产、技术、供应等有关部门制定,经企业分管负责人审查,质量管理负责人批准、签发后下达,自生效日期起执行。

质量标准类同于生产工艺规程,一般每 5 年由质量管理部门组织复审或修订。审查、批准、执行办法与制定时相同。在执行期内确实需要修订时,也可向质量管理部门提出申请,审查批准和执行办法也与制定时相同。

(三)检验操作规程

检验操作规程与产品质量标准紧密相连。产品检验操作规程的制定必须按法制化、科学化、规范化的原则进行,依据的药品标准必须是经过药品监督管理部门批准的国家药品标准。

原辅料、工艺用水、半成品、成品及包装材料、洁净室(区)内空气的尘埃数和微生物数监测等的检验操作规程可依据质量标准由各级检验室编制,经质量管理部门负责人审查、质量管理负责人批准并签字后,自生效日期起执行。

检验操作规程内容一般包括:检品名称(中、英文名)、代号或编号、结构式、分子式、分子量、性状、鉴别、检验项目与限度和检验操作方法等。检验操作方法必须规定检验使用的试剂、设备和仪器、操作原理及方法、计算公式和允许误差等内容。检验操作规程的附录,可编入根据药典及有关规定编制的滴定溶液、标准溶液、指示剂、试剂及酸碱度、杂质检查、热原、生物效价等单项检验操作方法中。

检验操作规程的管理类同于生产工艺规程和质量标准,一般每 5 年复审、修订一次。审查批准和执行办法与制定时相同。在执行期限内确实需要修改时,修订、审核、批准和执行办法与制定时相同。

(四)批指令(主配方、生产指令、包装指令)

批指令一经生效下发,即为操作人员进行操作的基准文件,任何人不得任意变更或修改,必须严格遵照执行。

1. 主配方。每个产品的生产批量均应有正式批准的主配方。车间配料岗位依据主配方的要求进行配制。主配方的内容应包括:编订依据、药品名称、剂型、规格、产品批号、批量、原料的质量标准及加工标准编号、辅料的质量标准编号、物料的消耗定额(包括生产用成分)、成品、半成品的质量标准编号、处方,包括各成分品名(法定名称)及规格、每单位剂量的各成分重量、总重量、批量生产用的投料量(不含消耗的投料量、含消耗的投料量)。

2. 生产指令。药品生产必须依据生产指令进行生产。生产指令的内容应包括:编订依据、药品名称、产品批号、规格、生产批量、执行的工艺规程号、生产车间、生产指令号、指令下达日期、编制人、审批人、制造地点及所用设备的描述、环境净化级别及清洁准备,注明执行的清洁规程的编号、生产地点、各工序地点的编号、设备的准备(清洁、安装、调试、消毒所执行的标准操作规程的编号)、使用设备的编号及执行的标准操作规程的编号、详细的操作步骤指导及参考的标准操作规程(SOP)的编号(物料的配料、原辅料的预处理,中药材的加工、炮制,生产中加料的顺序、混合时间、温度及其他参数的控制,实际参数的观察和安全防范)、制造过程中的取样指南(取样时间、取样量、方法、取样人、执行的标准操作规程编号及防止污染的措施等)、生产过程中的控制及极限指令、中间产品、待包装品的贮存要求(容器、标签、条件)、各工序的收率及物料平衡。

3. 包装指令。药品包装材料必须凭包装指令限额领取,药品包装必须按包装指令要求进行。包装指令的内容应包括:药品名称(通用名称、商品名)、剂型、规格(或主要成分、规格)、包装规格及外观描述、最终包装产品的包装尺寸、数量、重量、体积;包装规格一览表:包装材料名称、规格、单位包装的用量、包装材料质量标准编号、包装配套识别编号(包装编号);包装材料消耗定额:材料名称、规格、理论用量;整批产品的理论收率及物料清单、包装材料配料单;包装材料预处理(清洗、消毒)的详尽指导及执行的标准操作规程编号;包装过程所用的设备地点操作指导及所执行的标准操作规程编号;包装方式指导及所执行的标准规程的编号;包装过程控制指导及所执行的标准操作规程编号,包括需核对的特征,包装注意事项,安全措施、清洁、清场执行的标准操作规程编号,包括为确保操作开始前生产环境、生产线已经清理就绪，而对生产区及设备进行的详细检查，正常包装或贮存的要求，特殊包装或贮存的要求。

(五)验证文件

验证文件在验证活动中起着十分重要的作用，它是实施验证的指导性文件，也是完成验证、确立生产运行各种标准的客观证据。验证文件主要包括验证总计划、验证计划、验证方案、验证报告、验证总结及实施验证过程中形成的其他相关文档或资料。

第四节 管理标准文件

药品生产企业应有生产管理、质量管理的各项制度和记录，各项制度属于管理标准文件，它涵盖了药品生产的全过程、质量管理的各个部分。管理标准是指药品生产企业依据技术标准，为了行使各项管理职能，协调各项跨职能管理并使管理过程标准化、规范化而制定的制度、规定、标准、办法等书面要求。建立管理标准的目的，旨在保证管理工作的标准化、规范化，减少随意性和口头性造成的失误。例如，实验室的管理制度、原辅料的取样制度等。狭义地说，管理标准主要指规章制度。广义地说，标准类文件都与管理相关，都可视为管理标准文件。管理标准是 GMP 软件系统的核心与重要组成部分，管理标准与 GMP 要求完全一致。

药品生产企业的管理标准主要由生产管理规程、质量管理规程、生产卫生管理规程组成，另外还涉及辅助部门管理、人员培训、紧急情况处理等。

一、管理标准文件编制的基本要求

药品生产企业应有生产管理、质量管理的各项制度和记录，各项制度属于管理标准文件，它涵盖了药品生产的全过程、质量管理的各个部分。管理标准是指药品生产企业依据技术标准，为了行使各项管理职能，协调各项跨职能管理并使管理过程标准化、规范化而制定的制度、规定、标准、办法等书面要求。建立管理标准的目的，旨在保证管理工作的标准化、规范化，减少随意性和口头性造成的失误。例如，实验室的管理制度、原辅料的取样制度等。狭义地说，管理标准主要指规章制度。广义地说，标准类文件都与管理相关，都可视为管理标准文件。管理标准是 GMP 软件系统的核心与重要组成部分，管理标准与 GMP 要求完全一致。

药品生产企业的管理标准主要由生产管理规程、质量管理规程、生产卫生管理规程组成。另外还涉及辅助部门管理、人员培训、紧急情况处理等。

二、管理标准文件的表头设计

下列内容为各种标准管理规程的表头或扉页上必须印制的：标准管理规程的名称、编制依据、独一无二易识别文件类别的文件编码及修订号、替代规程编号、起草人、审核人、批准人、起草日期、审核日期、批准日期和生效日期、颁发部门、颁发日期、分发单位、分发数量、页数、总页数、编制目的、范围、职责、内容。

管理规程表头范例：

××公司
质量管理规程

当前页码/总页码

文件名称	质量事故管理规程					
文件编号			替代规程			
编订依据	药品生产质量管理规范(GMP)2010 修订版					
起草人/日期			颁发部门			
审核人/日期			颁发日期			
批准人/日期			生效日期			
分发单位	总经理	质量部	技术部	生产部	制剂车间	提取车间	销售部
分发数量	份	份	份	份	份	份	份

目的：量定质量事故性质，规范质量事故上报和处理的程序及要求，杜绝质量事故发生。

范围：重大质量事故和一般质量事故。

职责：质量事故直接责任人、事故发生单位负责人、质量部门负责人、主管负责人、公司负责人。

内容：

三、管理标准的管理

(一)生产管理规程

生产管理规程可归纳为生产文件管理、生产流程管理、生产过程管理三个方面，一般来说要涉及下列内容：生产工艺规程、岗位操作法或标准操作规程管理、物料平衡管理、批记录管理、批号管理、生产工序管理、成品容器管理、标示物管理、包装材料管理、设备器具管理、操作人员作业管理、半成品及成品管理等。

(二)卫生管理规程

卫生对于药品生产企业至关重要，卫生管理对于保证药品质量是绝不可少的。药品生产企业的生产卫生包括两个方面的内容：一是物的卫生（厂房、设施、设备等），一是人的卫生（操作人员）。

1. 厂房、设施及设备的卫生管理制度：应清洁的厂房、设施、设备及清洁维护时间，清洁维护的作业顺序及所使用的清洁剂、消毒剂与清洁用具，评价上述清洁维护工作效果的方法等。

2. 操作人员的卫生管理制度:生产区工作服质量规格,操作人员健康卫生状况管理办法,操作人员更衣洗手规程,卫生缓冲设施及其管理程序,操作人员操作时应注意的卫生事项等。人员是无法避免的污染因素,因此必须加强人员卫生。

(三)质量管理规程

质量管理的内容包括取样管理规程、留样管理、变更控制、纠正和预防措施、产品质量回顾、委托生产与委托检验等方面。质量管理标准文件主要有:质量标准,它是一切质量管理的基础,是药品生产企业确定和实施的“质量政策”。另一个是基于质量标准而制定的质量检验操作规程,用于确保质量标准的实施。为贯彻企业质量方针和政策而制定的管理制度。还有为了避免抽样检验的局限性,确保产品质量的质量管理方法。质量管理部门对影响产品质量的变量的控制是通过在线生产管理与实验室检查两方面实现的。

(四)其他管理规程

其他管理规程包括人员的教育和培训,辅助部门管理规程,紧急情况的处理程序等。此外,还有文件本身的管理制度等。

第五节 工作标准文件

工作标准文件是企业依据技术标准和管理标准,以人的工作为对象,对工作范围、职责、权限、工作方法及内容所制定的规定、标准、办法、程序等书面要求,如岗位责任制或岗位职责或职务条例、岗位操作法、标准操作规程(standard operating procedure,SOP)等。

一、岗位职责

(一)岗位职责编制的基本要求

人是企业内重要的因素,组织机构的各级人员,不仅应具有与其担负的工作职责相适应的能力,而且重要岗位的人员每人均应有一份书面的工作职责指令。工作职责、岗位责任制等是保证 GMP 实施的重要基础之一。它们能明确分工,明确个人和组织的权力与责任,明确药品生产企业内部横向与纵向的关系,方便各岗位和部门之间的联系与协调,有利于创造一个良好的工作氛围。工作职责指令、岗位职责等是保证 GMP 实施的重要基础之一,是药品生产企业成熟的标志。

企业的每个职位(岗位)均应建立具体的岗位职责,语言精炼、准确、易懂,确保职责条例的内容可以被正确理解和执行,阐述每个人所必须完成的工作及其在企业中的位置,做到每个人必须按岗位职责去工作,并有效地与他人合作,既不能超越岗位职责所规定的范围去“侵权”,又必须做到岗位职责规定的所有工作,使企业内人人都有自己的工作,既不会重复交叉,又事事有人负责,不致遗漏。各职务,特别是关键职务的岗位职责要符合 GMP 的要求和规定。

(二)内容要求

工作职责的内容可以因企业、岗位而异，但一般地说至少应包括下述内容：工作范围、素质要求、个人职责要求及权限、与其他人员或部门的工作关系等。

(三)岗位职责管理

岗位职责层层制定，部门人员由各部门负责人制定，各部门及各部门负责人岗位职责由公司指定人员制定，由相应主管负责人审核，公司负责人批准。

职务职责进行了调整，新设备、新工艺、新技术的引入导致职务及工作职责变化，产品用户意见或回顾性验证结果表明要调整管理系统、职务及工作职责要进行岗位职责修订。

每隔两年进行复审决定修订，修订稿的编写、审核、批准程序与制定时相同。

二、标准操作规程(SOP)

操作规程是指经批准用来指导设备操作、维护与清洁、验证、环境控制、取样和检验等药品生产活动的通用性文件，也称标准操作规程。由上述定义，可以看出标准操作规程(SOP)是对某一项具体操作所做的书面指令，是一个经批准的文件，它是组成岗位操作法的基本单元。

(一)标准操作规程编制的基本原则

标准操作规程编制要合理、可行，各项操作步骤前后衔接要紧凑、条理性强，要明确操作的目的、条件(或范围)、操作地点、操作步骤、操作结果标准及操作结果的评价。语言精炼、明确、通俗易懂，应使用员工熟悉的、简短有力的词语来表达，尽量口语化。采用流程、图解，强调关键步骤。必须包括每一项必要的步骤、信息与参数，不能有多余的项目和信息。检验操作规程必要时注明定义、原理、反应式，产品显微鉴别应注明检出成分，检验所用试剂、试液、设备、仪器、材料和用具，操作方法，计算方法和允许误差等。

(二)标准操作规程的内容和格式

标准操作规程(SOP)的内容与格式包括：操作名称或题目、编号、制定人及制定日期、审核人及审核日期、批准人及批准日期、颁发部门、生效日期、分发部门、标题及正文、所属产品、岗位、适用范围、操作(工作)方法及程序、采用物料(原料、辅料、包装材料、中间体)名称、规格、采用容器具名称、规格、操作人员、附录、附页。

(三)标准操作规程管理

标准操作规程(SOP)是某项具体操作的书面文件。各类 SOP 由相应岗位操作人员制定，由相应岗位负责人审核，企业质量管理部门负责人批准后执行。

标准操作规程(SOP)应结合工艺规程、设备、新技术的变动情况而作相应调整修订，且关键的修订需经验证。标准操作规程(SOP)修订稿的编写、审核、批准程序与制定时相同。

第六节 记录和凭证文件

记录是为所有完成的活动和达到的结果提供客观证据的文件，与 GMP 有关的每项活动均应当有记录，目的是确保产品生产、质量控制和质量保证等活动可以追溯，包括过程记录、台账记录、标记、凭证等。

标准与记录(凭证)之间是紧密相连的，标准为记录提供了依据，而记录则是执行标准的结果。记录能记载药品生产的每一批的全部真实情况，甚至可反映出所生产的批与标准的偏离情况，所以记录与凭证可以反映出药品生产活动中执行标准的情况是否符合标准的要求，符合程度如何。对药品生产的所有环节，从原料厂家的质量审计到成品的销售都要有记录或凭证可查证。记录和凭证是文件的组成部分，对保证药品质量很重要。

记录、凭证大体上可划分为五类，即生产管理记录(物料管理记录、批生产记录、批包装记录等)，质量管理记录(批检验记录等)，监测维修校验记录(厂房、设施、设备)，销售记录，验证记录等。

记录、凭证是填写数据性的文件，是生产过程中产生的书面文件，这些数据必须真实、完整，这样才能反映出生产中的质量状况、工作状况、设备运行状况等的实际情况，才能证明企业所生产的药品是符合预定的质量要求的。因为它们记载的是药品生产每一批的全部真实情况，可以反映出所生产的批次与标准的偏离情况，所以记录是保证药品质量十分重要的软件。

一、记录编制的基本要求

1. 记录标题要明确，能够明确表达记录的类型、性质。

2. 记录内容要详尽、合乎逻辑，符合 GMP 的要求，要包括所有必要的内容、项目、参数、产品生产的指令，无多余的项目及信息。

3. 记录中的操作指令、步骤、参数及引用的标准操作规程编号是对产品工艺技术特性及质量特性的阐述和指导，因此应达到如下要求：术语规范、数据准确、无误，符合法定标准、企业标准及产品注册文件，符合企业有关的技术标准及管理标准的要求。

4. 语言要精炼、明确，项目要清晰，保证可以正确地理解和使用。

5. 记录的格式要符合 GMP 要求，并结合企业生产管理和质量监控的实际需要来编制，要提供足够的空白位置，以便于填写。填写不同内容要留有适当间隔。

6. 设计记录填写方法时，要尽量考虑到如何有效地防止填写错误或差错。

二、记录的基本内容

记录的基本内容有：企业名称、独一无二的识别编码、并且附有文件修订的版次标志、记录名称、记录页数、总页数、印数、物料、产品、设备编号，产品标记：药品名称、代号、剂量、剂型、产品批号、有效期，指令与记录：准确地再现工艺规程(或主配方及生产指令、包装指令)中的生产方法及作业顺序(包括工序检查)，并提供必要的记录表格，表格内容有：日期、时间、人员、设备、重量、体积、取样、检查、实际收率、中间检查、记录图等，以保证指令被严格执行。

任何与指令的偏离均要记录，包括偏离原因。

实施生产操作的人员要签字，审查和确认生产操作的人员也要签字，质量管理部门收到全部批记录并进行审核的人也要签字。

应当尽可能采用生产和检验设备自动打印的记录、图谱和曲线图等，并标明产品或样品的名称、批号和记录设备的信息，操作人应当签注姓名和日期。

三、记录填写要求

1. 记录应当留有填写数据的足够空格。记录应当及时填写，内容正确，字迹清晰、易读，不易擦除。不得用铅笔或圆珠笔填写。记录及时，不得超前记录和回忆记录。

2. 记录应当保持清洁，不得撕毁和任意涂改。记录填写的任何更改都应当签注姓名和日期，并使原有信息仍清晰可辨，必要时应当说明更改的理由。记录如需重新誊写，则原有记录不得销毁，应当作为重新誊写记录的附件保存。

3. 按表格内容填写齐全，不得留有空格，如无内容填写时要用"—"表示，以证明不是填写疏忽。内容与上项相同时应重复抄写，不得用"："或"同上"表示。

4. 品名不得简写。

5. 与其他岗位、班组或车间相关的操作记录应做到一致性、连贯性。

6. 操作者、复核者均应填全姓名，不得只写姓或名。

7. 填写日期一律横写，并不得简写，如 2013 年 12 月 10 日，不得写成"14"，"10/12"或"12/10"。

四、各类记录的管理

(一)生产管理记录

1. 批生产记录和批包装记录。批记录是为一个批次的产品生产所有完成的活动和达到的结果提供客观证据的文件，应根据现行批准的工艺规程的相关内容制定，用于记述每批药品生产，可追溯所有与成品质量有关的历史信息。每批产品均应当有相应的批生产记录，可追溯该批产品的生产历史以及与质量有关的情况。

批生产记录的内容应当包括：产品名称、规格、批号；生产以及中间工序开始、结束的日期和时间；每一生产工序的负责人签名；生产步骤操作人员的签名；必要时，还应当有操作（如称量）复核人员的签名；每一原辅料的批号以及实际称量的数量（包括投入的回收或返工处理产品的批号及数量）；相关生产操作或活动、工艺参数及控制范围，以及所用主要生产设备的编号；中间控制结果的记录以及操作人员的签名；不同生产工序所得产量及必要时的物料平衡计算；对特殊问题或异常事件的记录，包括对偏离工艺规程的偏差情况的详细说明或调查报告，并经签字批准。原版空白的批生产记录应当经生产管理负责人和质量管理负责人审核和批准。批生产记录的复制和发放均应当按照操作规程进行控制并有记录，每批产品的生产只能发放一份原版空白批生产记录的复制件。

在生产过程中，进行每项操作时应及时记录。操作结束后，应当由生产操作人员确认并签注姓名和日期，批生产记录提供了每批产品的历史，其具有以下作用：

(1)为质量管理部门进行批次质量审计、确定是否放行，提供真实、客观的依据，保证质量管理部门做出正确判断。

(2)提供对有缺陷的产品或用户投诉产品进行调查与追踪的证据和信息,以便做出正确的处理决定,确认是否应该迅速召回产品。

(3)用于对产品的回顾性评价。它以批记录为依据,以数理统计为手段,可以发现潜在的质量问题以及批指令的不完善处,为标准的编制提供信息和依据。

(4)用于回顾性验证,提供设备与工艺管理改进的信息。

药品的生产过程一般来说可分成制造与包装两阶段。与制造相比,包装操作过程较单纯。然而从保证质量的角度看,包装却是最易于产生混药的事故的过程,所以对包装操作也要实行严格的管理,要求有批生产记录与批包装记录。

批生产记录与批包装记录是一组证明且记录生产与包装作业满意完成了每一步骤的文件。根据包装生产过程控制的需要,批包装记录页表头上增加包装产品的基础信息的内容,用于生产操作人员对记录文件的识别,防止人为差错的发生,批包装记录应当有待包装产品的批号、数量以及成品的批号和计划数量。原版空白的批包装记录的审核、批准、复制和发放的要求与原版空白的批生产记录相同。在包装过程中,进行每项操作时应当及时记录,操作结束后,应当由包装操作人员确认并签注姓名和日期。

批包装记录的内容包括:产品名称、规格、包装形式、批号、生产日期和有效期;包装操作日期和时间;包装操作负责人签名;包装工序的操作人员签名;每一包装材料的名称、批号和实际使用的数量;根据工艺规程所进行的检查记录,包括中间控制结果;包装操作的详细情况,包括所用设备及包装生产线的编号;所用印刷包装材料的实样,并印有批号、有效期及其他打印内容;不易随批包装记录归档的印刷包装材料可采用印有上述内容的复制品;对特殊问题或异常事件的记录,包括对偏离工艺规程的偏差情况的详细说明或调查报告,并经签字批准;所有印刷包装材料和待包装产品的名称、代码,以及发放、使用、销毁或退库的数量、实际产量以及物料平衡检查。每一批次的产品从起始原料到最终产品的每一步都必须详细记录,是做出产品是否能够放心销售的可靠判断。

2. 物料管理记录。物料也要有严格的管理和管理记录。用于生产药品的物料的质量对产品的质量起决定性作用,所以其管理也很重要。物料管理记录主要包括:对物料生产企业考察、审计的记录,对进厂物料的验收检查记录,物料在库的贮藏、保养等记录,物料出库、退库的记录、货位卡等。

(二)质量管理记录

1. 批质量管理记录。对原辅料、包装材料、半成品(或中间体)和成品的检验,是质量管理的重要职能之一。所有原辅料、包装材料、半成品、成品都必须经过检验,经检验符合规定的标准才可以使用。每种物料的质量判定等操作都要有相应的记录,批质量管理记录内容包括:请验单、取样记录、取样单、增补取样申请单、检验记录(或实验室工作记事簿)、检验报告、环境监测记录、检验方法验证记录、仪器校准和设备使用、清洁、维护的记录、物料处理(合格/不合格)、物料销毁记录、状态标志、批中间控制记录、批记录审核记录、成品审核放行单等。

每批药品的检验记录应当包括中间产品、待包装产品和成品的质量检验记录,可追溯该批药品所有相关的质量检验情况。

结合质量回顾和验证要求,对宜进行趋势分析的数据(如检验数据、环境监测数据、制药用水的微生物、监测数据)提出保存要求,加强质量控制部门与其他部门的沟通。明确辅助记录的管理要求,除与批记录相关的资料信息外,还应保存其他原始资料或记录,以方便查阅。

2. 质量审计记录。质量管理部门负责企业的质量审计工作。审计是对生产过程、工程和维修、工艺及质量管理功能的正式检查或审查,其目的在于保证企业生产的各个方面既符合企业内部管理要求又符合 GMP 规定。质量审计包括几种类型,不论哪一种类型的质量审计,都应有专门组织,并写出正式的审计报告,对报告内所提及的质量缺陷均应有相应的纠正措施。如果是内部审计形成的记录就是自检记录。药品生产企业的质量审计一般有三种类型:企业内部的质量审计(自检),对外部供货厂家和合同生产厂家的质量审计,药品监督管理部门对企业的质量审计(GMP 的认证)。

3. 稳定性试验记录。每种药物均有稳定性试验支持的有效期,每种产品必须设计、制订并执行稳定性试验方案。新产品或老产品,只要处方或其他影响稳定性的因素发生改变,如最终内包装容器(塞子)发生改变,就应当重新制定稳定性试验计划并予以执行。

4. 申诉、退货处理报告。申诉是用户对产品不满意的表示,申诉的全部资料均应予以合理保存并定期总结,由此发生的情况均须书面记载,以便查询。申诉可来自批发商、零售商、医院、药师、医生或病人。申诉的处理是质量管理部门的职责之一,该部门往往由一个对生产和质量管理全面了解的人审查所收到的申诉,并评价是否需要调查。有时由于产品质量本身或其他原因使得企业希望将产品从批发商库房、药房货架甚至从病人手中收回,对收回的原因、决定、实施情况、回收药品数量、批号、处理情况,以及应吸取的教训均应有详细的记载。药品生产企业应建立药品退货和收回的书面程序,并有记录。药品的退货记录内容应包括:品名、批号、规格、数量、退货和收回单位及地址、退货和收回原因及日期、处理意见。因质量原因退货和收回的药品制剂,应在当地药品监督管理部门监督下销毁,涉及其他批号时,应同时处理。

(三)设施和设备维护、检测以及其他记录

药品生产所用的各种设备、仪器和器具均应保存有完整的维护和维修、检测和使用记录,以便记载设备、仪器和器具使用的详细情况,尤其是该设备所加工的产品批号,以利于产品质量问题的追溯。

如何保证厂房、设施、设备等的正常运转是药品生产企业生产出合格产品的基础,厂房、设施、设备的维护更加重要,药品生产企业必须要有书面的维修管理规程以及维修规程所要求的各种维修计划。凡是国家规定的计量器具,均应按国家规定予以校验。各种维修记录、合同等有关资料均应按规定予以存档。主要有:设备、仪器和器具的维护记录,设备、仪器的运行和事故记录,设备、仪器和器具校验和验证记录,设备、仪器和器具卫生(清洗和消毒)记录等。

(四)发运与召回记录

产品发运应有专门的记录,发运记录应清楚、完整,能随时方便调用,便于质量跟踪,并方便可能出现的用户意见的处理,确保能迅速地召回产品。

发运记录内容应当包括:产品名称、规格、批号、数量、收货单位和地址、联系方式、发货日期、运输方式等。根据发运记录能追查每批药品的销售情况,必要时应能及时全部追回。每批成品均应有发运记录,发运记录应至少保存至药品有效期后 1 年。

销售管理记录主要有：产品发运记录、产品退货记录、产品召回记录、退货通知单据等。

(五)人员管理记录

人员管理也是企业管理的一项重要内容，人员管理有相应的管理规定，也有相应的记录，人员管理记录主要有：人员体检记录、人员健康档案、各类培训制度、计划、记录、评价、统计等、部门职责及人员岗位责任制的履行和考核记录等。

技能实训

实训项目：按职能流程设计SMP、SOP及记录表格

一、实训目的

通过实训，使学生掌握SMP、SOP及记录表格编制的基本要求、内容、格式，学会自行设计GMP技术类文件。

二、实训内容

根据所学知识和实训参观GMP生产、质量管理部门的情况，按照质量管理流程设计相应SMP、SOP以及相关记录表格。

三、实训要求

将学生分组，每小组6～8人。参观、学习部门设计为生产、物料供应和仓贮、设备动力、销售、QA、QC等。从物料采购直至产品销售后的市场反馈为主线，分别请各小组说明应担负的质量职责，并结合所做的工作设计记录表格。

四、实训提示

查询资料了解质量系统职责分配，同时应注意结合物料在药品生产企业中的流转过程中，药品质量管理系统在不同阶段的作用。

五、实训思考

查询资料，SOP的组成要素有哪些？

××公司
包衣岗位生产记录

编码:BPR201-007-01

药品名称:	产品批号:	规格:	批量:	页数:1/2
执行的工艺规程编号:		生产指令号:	生产日期: 年 月 日	
所用设备		设备编号	设备操作SOP	
岗位操作SOP	包衣标准操作规程:		设备清洁SOP	

物料名称	规格	批号	检验单号	处方量	称重量	称量者	复核者	供货单位

操作开始时间:	操作结束时间:
工艺要求及操作方法	实际操作
1."四证"齐全方可操作 清场合格证 设备完好证 生产许可证 半成品递交许可证	1.☐ 齐全 ☐ 不齐全
2. 核对包衣用片芯和包衣用原辅料的品名、批号、重(数)量、规格等是否均为合格	2.☐ 合格 ☐ 不合格
3. 设备操作按《B×F-1000 型包衣机SOP》及相关设备SOP进行	3.☐ 是 ☐ 不是
4. 制浆:根据品种工艺的规定,配制适当浓度的溶液,作为包衣液浆	4. 制浆记录:见下页表
5. 包衣过程中,随时注意各包衣阶段所用的包衣液浆的品种、浓度、用量、包衣层数和包衣温度等	5. 包衣记录:见下页表
6. 晾片:打光后的糖衣片置硅胶干燥室(柜)干燥8～12 h	6. 晾片时间:____～____
7. 晾片后及时收片,密闭容器,填写桶卡,注意:品名、规格、批号、数量、收片人和收片时间等,交中间站待验	7. 盛器:☐ 清洁 ☐ 不清洁 桶卡:☐ 正确 ☐ 不正确 产量:______kg,共______桶
8. 清洁:执行相关设备、环境等清洁规程	8.☐ 合格 ☐ 不合格
9. 清场:执行《清场SOP》	9.☐ 合格 ☐ 不合格

操作人		复核人	
半成品检验	检验单号:	结果:合格☐ 不合格☐	检验人:
清场	操作结束是否按规定清场和悬挂状态标志		是☐ 否☐
备注			

监控员: 复核人: 操作人:

××公司
设备运行记录

编号:SMP03-xx(y)-00

设备名称						规格型号		
设备编号					岗位定置			
日期	班次			累计开机时间	药品名称	产品批号	运行状态	操作人
	早	中	晚					
本月累计台时								
记录图例				1. 正常运行"√" 2. 停运抢修"?" 3. 故障抢修"!" 4. 日常小修"Δ" 5. 计划大修"—"				

复习题

一、单选题

1. 与《药品生产质量管理规范》有关的文件应经哪个部门审核?( )
A. 生产管理部门　B. 质量管理部门　C. 物料管理部门　D. 企业管理部门
2. 关于批生产记录的叙述错误的为( )。
A. 批生产记录应依据现行批准的工艺规程的相关内容制定。记录的设计应避免填写差错。批生产记录的每一页应当标注产品的名称、规格和批号。
B. 原版空白的批生产记录应经质量管理负责人审核和批准。
C. 批生产记录的复制和发放均应按照操作规程进行控制并有记录,每批产品的生产只能发放一份原版空白批生产记录的复制件。
D. 在生产过程中,进行每项操作时应及时记录,操作结束后,应由生产操作人员确认并签注姓名和日期。
3. 批生产记录的内容不包括( )。
A. 产品名称、规格、批号
B. 不同生产工序所得产量及必要时的物料平衡计算
C. 生产日期和有效期
D. 相关生产操作或活动、工艺参数及控制范围,以及所用主要生产设备的编号
E. 每一原辅料的批号以及实际称量的数量(包括投入的回收或返工处理产品的批号及数量)

4. 下列叙述错误的为（　　）。

A. 所有药品的生产和包装均应当按照批准的工艺规程和操作规程进行操作并有相关记录，以确保药品达到规定的质量标准，并符合药品生产许可和注册批准的要求。

B. 应当建立编制药品批号和确定生产日期的操作规程。除另有法定要求外，生产日期不得迟于产品成型或灌装（封）前经最后混合的操作开始日期，可以以产品包装日期作为生产日期。

C. 在生产的每一阶段，应当保护产品和物料免受微生物和其他污染。

D. 应当检查产品从一个区域输送至另一个区域的管道和其他设备连接，确保连接正确无误。

5.（　　）是用于记述每批药品生产、质量检验和放行审核的所有文件和记录，可追溯所有与成品质量有关的历史信息。

A. 批生产记录　　B. 批记录　　C. 批包装记录　　D. 批检验记录

6. 批号是用于识别一个特定批的具有（　　）数字和（或）字母的组合。

A. 特定性　　B. 特殊性　　C. 唯一性的　　D. 以上全对

7. 文件的内容应当与（　　）等相关要求一致，并有助于追溯每批产品的历史情况。

A. 药品生产许可　　B. 药品注册　　C. 药品标准　　D. A+B　　E. A+C

8. 下列哪些文件不需要长期保存？（　　）

A. 质量标准　　B. 工艺规程

C. 稳定性考察　　D. 确认、验证、变更

E. 操作规程

9.《药品生产质量管理规范》2010 年修订版对操作规程概念的定义为（　　）。

A. 经批准用来指导设备操作、维护与清洁、验证、环境控制、取样和检验等药品生产活动的通用性文件

B. 经批准用以指示操作的通用性文件或管理办法

C. 也称标准操作规程

D. A+C

E. B+C

10. 下列关于制剂的工艺规程的内容叙述错误的为（　　）。

A. 详细的生产步骤的工艺参数说明

B. 关键设备的准备所采用的方法或相应操作规程编号

C. 所有中间控制方法及标准

D. 对生产场所和所用设备的说明

E. 取样、检验方法或相关操作规程编号

二、多选题

1. 关于文件管理的原则，说法正确的是（　　）。

A. 企业应当建立文件管理的操作规程，系统地设计、制定、审核、批准和发放文件

B. 文件的起草、修订、审核、批准、替换或撤销、复制、保管和销毁等应当按照操作规程管理，并有相应的文件分发、撤销、复制、销毁记录

C. 文件的起草、修订、审核、批准均应当由适当的人员签名并注明日期
D. 文件应当分类存放、条理分明，便于查阅
E. 文件应当定期审核、修订；文件修订后，应当按照规定管理，防止旧版文件的误用

2. 每批药品应当有批记录，包括(　　)等与本批产品有关的记录。
A. 批生产记录　　B. 批包装记录
C. 批检验记录　　D. 药品放行审核记录
E. 环境监测结果

3. 物料的质量标准一般包括(　　)。
A. 物料的基本信息　　B. 取样、检验方法或相关操作规程编号
C. 定性和定量的限度要求　　D. 贮存条件和注意事项
E. 有效期或复验期

4. 操作规程的内容应当包括(　　)。
A. 题目、编号、版本号
B. 颁发部门、生效日期、分发部门
C. 制定人、审核人、批准人的签名并注明日期
D. 产品名称、剂型及规格
E. 标题、正文及变更历史

5. 工艺规程对包装操作要求表述正确的为(　　)。
A. 所需全部包装材料的完整清单，包括包装材料的名称、数量、规格、类型以及与质量标准有关的每一包装材料的代码
B. 印刷包装材料的实样或复制品，并标明产品批号、有效期打印位置
C. 包装操作步骤的说明，包括重要的辅助性操作和所用设备的注意事项、包装材料使用前的核对
D. 中间控制的详细操作，包括取样方法及标准
E. 待包装产品、印刷包装材料的物料平衡计算方法和限度

6.《药品生产质量管理规范》2010 年修订版所指的文件包括(　　)等。
A. 操作规程　　B. 质量标准　　C. 报告　　D. 记录　　E. 工艺规程

7. 下列说法正确的为(　　)。
A. 记录应当保持清洁，不得撕毁和任意涂改。记录填写的任何更改都应当签注姓名和日期，并使原有信息仍清晰可辨，必要时应当说明更改的理由。记录如需重新誊写，则原有记录应当销毁
B. 分发、使用的文件应当为批准的现行文本，已撤销的或旧版文件除留档备查外，不得在工作现场出现
C. 物料和成品应当有经批准的现行质量标准；必要时，中间产品或待包装产品也应当有质量标准
D. 工艺规程不得任意更改；如需更改，应当按照相关的操作规程修订、审核、批准
E. 每种药品的每个生产批量均应当有经企业批准的工艺规程，不同药品规格的每种包装形式均应当有各自的包装操作要求，工艺规程的制定应当以注册批准的工艺为依据

8. 关于批包装记录的表述正确的为(　　)。

A. 每批产品或每批中部分产品的包装,都应当有批包装记录,以便追溯该批产品包装操作以及与质量有关的情况

B. 批包装记录应当有待包装产品的批号、数量

C. 原版空白的批包装记录的审核、批准、复制和发放的要求与原版空白的批生产记录相同

D. 批包装记录应当有成品的批号和计划数量

E. 在包装过程中,进行每项操作时应当及时记录,操作结束后,应当由包装操作人员确认并签注姓名和日期

9. 批包装记录的内容包括(　　)。

A. 产品名称、规格、包装形式、批号、生产日期和有效期;包装操作日期和时间;包装操作负责人签名;包装工序的操作人员签名;每一包装材料的名称、批号和实际使用的数量

B. 所用印刷包装材料的实样,并印有批号、有效期及其他打印内容;不易随批包装记录归档的印刷包装材料不可以采用印有上述内容的复制品

C. 所有印刷包装材料和待包装产品的名称、代码,以及发放、使用、销毁或退库的数量、实际产量以及物料平衡检查

D. 根据工艺规程所进行的检查记录,包括中间控制结果;包装操作的详细情况,包括所用设备及包装生产线的编号

E. 对特殊问题或异常事件的记录,包括对偏离工艺规程的偏差情况的详细说明或调查报告,并经签字批准

10. 清场记录内容包括(　　)。

A. 操作间编号

B. 产品名称、批号

C. 生产工序、清场日期

D. 检查项目及结果

E. 清场负责人及复核人签名

三、简答题

1. 制定文件的原则是什么?
2. GMP 文件系统主要包括哪些部分?
3. 如何建立文件系统?
4. 按职能流程设计 SMP、SOP 及记录表格。
5. SMP、SOP 及记录表格编制的基本要求、内容、格式是什么?

第九章

生产管理

知识目标

- 掌握工艺规程、物料平衡、批生产记录、制药用水管理要求。
- 掌握药品批号划分的原则。
- 掌握生产操作中防止差错和混淆、污染和交叉污染的措施。
- 理解工艺规程、标准操作规程、物料平衡、批生产记录、批包装记录、批号、制药用水和清场的概念。

技能目标

- 能够解释工艺规程、标准操作规程、物料平衡、批生产记录、批包装记录、批号、制药用水、清场的含义。
- 能明确生产管理中生产文件管理、生产过程管理要求。
- 会处理和解决在生产现场检查中遇到的实际问题。

药品是生产出来的，因此，生产(production)管理是药品生产企业药品制造(manufacture)全过程中决定药品质量的最关键和最复杂的环节之一。这里所讲的生产指生产加工，即药品制备过程中，从物料的传递、加工、包装、贴签、质量控制、放行、贮存、销售发放等一系列相关的控制作业活动，因此，生产的各个阶段均应采取措施保护产品和物料免受污染。药品的生产制造过程同其他商品一样，都是以工序生产为基本单元，生产过程中某一工序或影响这些工序的因素出现变化，如环境、设施、设备、人员、物料、控制、程序等，必然会引起药品质量及其生产过程的波动。因此，不仅药品要符合质量标准，而且药品生产全过程的工作质量也要符合GMP要求。生产管理的主要目标是按照GMP要求对生产全过程进行监控，以杜绝差错和混淆，防止污染和交叉污染，以确保所生产药品的质量。

生产管理可归纳为生产文件管理、生产流程管理、生产控制管理三个方面，总体要求：确保按现行经批准的文件进行生产，确保生产全过程始终处于受控状态，确保最终产品质量符合标准要求。

第一节　生产文件管理

一、工艺规程

工艺规程是指为生产特定数量(常为一个批次)的成品而制定的工艺文件。它是在具体的生产条件下,将适宜的工艺过程和操作方法,按工艺路线形成文本,经审批后用来指导生产并严格贯彻执行的指导性文件。一般包括以下内容:处方、工艺路线;各个工序的生产内容、采用的设备、操作方法和注意事项;半成品及成品的检验项目及检验方法;原辅料、包装材料数量、能源消耗、工时定额等内容。工艺规程的制定应当以由国家药品监督管理部门注册批准的工艺为依据,同时和工艺验证的结果相一致,药品制剂和原料药投入正常生产的产品,必须有完整的经批准的按规定程序编制的工艺规程,否则不允许生产,执行过程中不得任意变动。

工艺规程是药品生产和质量管理中最重要的文件,具有唯一性,每种药品的每个生产批量均应当有经企业批准的工艺规程,工艺规程的模式不是固定的,可根据企业各自的情况制定相应的模式。工艺规程不得任意更改,在执行过程中因生产工艺改革、设备改进或更新、原辅材料变更等,须提出申请并经验证,修订稿的编写、审核、批准程序与制定时相同。工艺规程原则上每 5 年由主管生产技术负责人组织讨论并修订。

二、标准操作规程

标准操作规程(standard operation procedure,SOP)是经批准用来指导药品生产活动的通用性文件,如设备操作、维护与清洁、验证、环境控制、取样和检验等。标准操作规程是企业活动和决策的基础,确保每个人正确、及时的执行质量相关的活动和流程。

标准操作规程一经发布,任何人不得任意改动,操作人员必须严格按照标准进行操作。标准操作规程应结合工艺规程、设备、新技术的变动情况而作相应调整修订,且关键内容的修订需经验证。

标准操作规程(SOP)修订稿的编写、审核、批准程序与制定时相同。

三、批生产记录的管理

从流程上讲,批记录(批生产记录和批包装记录)的管理包括:空白原版批记录的起草、审核、批准、保存及复制、发放;批记录的使用、审核和归档保存。

(一)批生产记录的含义

批生产记录(batch production record,BPR)是用于记述每批药品生产、质量检验和放行审核的所有文件和记录,可追溯所有与成品质量有关的历史信息。

批生产记录包括产品制造过程中使用的所有物料和进行的所有岗位操作的文件。每批药品均应有一份反映各个生产环节实际情况的生产记录,批生产记录是该批药品生产全过程(包括中间产品检验)的完整记录,它由主配方、生产指令、有关岗位生产原始记录、清场记录、偏差调查处理情况、检验报告单、质量监控记录等汇总而成。通过记录，可以准确地反映生产中各个工序的任务、时间、批量、物料、操作、数量、质量、技术参数、操作人、复核人等的实际情况，同时也能反映出质量管理部门对生产过程的监控情况。

（二）批生产记录的管理

1. 批生产记录的编制原则。

（1）体现剂型的特点。批生产记录应当依据现行批准的工艺规程的相关内容制定，记录的设计应根据产品工艺规程中的操作要点和技术参数等内容，体现出产品剂型的特点，应能避免填写差错，批生产记录的每一页应当标注产品的名称、规格和批号。

（2）格式应经过批准。批生产记录应当经生产管理负责人和质量管理负责人审核和批准，批生产记录的复制和发放均应按照操作规程进行控制并记录，每批产品的生产只能发放一份原版空白批生产记录的复制件。

（3）具有质量的可追踪性。批生产记录应统一编码，其内容应具有质量的可追踪性，通过记录，可追溯该批产品的生产历史以及与质量有关的情况。

2. 批生产记录的填写。在生产过程中，进行每项操作时应当及时记录，操作结束后，应当由生产操作人员确认并签注姓名和日期。

操作人员应按要求认真及时填写批生产记录，填写时应用擦不掉的蓝色或黑色墨水填写，做到字迹清晰、内容真实、数据完整，并由操作人和复核人同时签上姓名和日期，不得提前填写，也不能写成“回忆录”或“备忘录”，更不得伪造记录。

批生产记录应保持整洁，不得撕毁和任意涂改。记录填写的任何更改，应在原错误的地方划一横线，写上正确信息，签注姓名和日期，并使原有信息仍清晰可辨，必要时应当说明更改的理由。记录如需重新誊写，则原有记录不得销毁，应当作为重新誊写记录的附件保存。记录表格不得有未填的空项，如某项信息不适用可填写 N/A(not applicable)，如出现无内容可填时，可在该项划一斜线或横线，当出现空白区域或空白页时，应在整个区域或空白页画斜线，在斜线上签注姓名和日期。

3. 批生产记录的归档。批生产记录由车间指定的人员按批号整编装订，由质量管理部门归档，保存至药品有效期后 1 年。

用电子方法保存的批记录，应当采用磁带、缩微胶卷、纸质副本或其他方法进行备份，以确保记录的安全，且数据资料在保存期内便于查阅。

（三）批包装记录的管理

批包装记录是该批产品包装全过程的完整记录。批包装记录一般情况下单独设置，也可作为批生产记录的组成部分。每批产品或每批部分产品的包装，都应有批包装记录，以便追溯该批产品包装操作以及与质量有关的情况。

批包装记录内容包括：包装指令、待包装产品的名称、批号、规格、包装规格、批量；印有批号的标签和使用说明书及产品合格证；待包装产品和包装材料的领用数量及发放人、领用人、复核人签名；已包装产品数量；前次包装操作的清场记录（副本）及本次包装清场记录（正本）；本次包装操作完成的检查核对结果、复核人签名；生产操作负责人签名。

合箱记录：药品零头包装应只限两个批号为一个合箱，合箱应在产品开始时进行，包装箱外应标明两个合箱药品的批号，装入或贴上两个产品的合格证，并建立合箱记录和合箱台账。

原料药生产中，对可以重复使用的包装容器，应根据书面程序清洗干净，并去除原有的标签。

在包装过程中，进行每项操作时应当及时记录，操作结束后，应由包装操作人员确认并签注姓名和日期。

案例分析

案例一 企业在批生产记录中存在的常见问题有如下几点：

1. 批生产记录的特定步骤缺少操作人员的签名，操作时间以及第二人复核。
2. 批生产记录中在一些操作阶段缺少实际收率和理论收率。
3. 主批生产记录没有被合适的部门批准，没有包含完整的生产和控制步骤。
4. 批生产记录中没有包括操作指令，此外，生产记录是由生产部门签发的，签发前质量部门未检查其准确性和完整性。

分析 应通过修订主空白记录，确保记录格式覆盖每步操作，对于关键步骤，加入理论收率值和实际收率填写处，对于关键操作，需要设计第二人复核签名栏，该空白记录应经QA批准。空白批记录的发放应受控，由QA或者QA授权生产部门发放。

在实际操作过程中，及时记录每一步的操作，对于关键步骤，由第二人复核并签名。对于实际收率，应同理论收率进行比较。如果超出理论收率范围，应作为偏差处理。

案例二 某产品最后一步纯化步骤中，结晶温度被定义为关键工艺参数，在某批次的生产中，结晶温度偏离既定范围约半个小时，未进行记录和调查，跟生产人员讨论得到的答复是批生产记录中没有地方可以记录这个偏差。

分析 这是非常典型的生产偏差。生产人员要经过偏差处理程序的培训，任何偏差都需要记录和调查，生产人员应在批生产记录中描述所发生的情况和或采取应急措施(经主管批准)。

批生产记录应设计有偏差记录页或者用于记录偏差的地方。生产人员应填写偏差报告表，主管批准采取应急措施，查找影响结晶温度的根本原因，以及评估该温度超偏带来的影响(一般通过历史性的数据和研发数据)，采取纠正预防措施，比如人员培训，维修保温装置，对结晶体进行额外的测试等。

第二节 生产流程管理

一、生产前准备

生产开始前应当进行检查，确保设备和工作场所没有上批遗留的产品、文件或与本批产品生产无关的物料，设备处于已清洁及待用状态，检查结果应当有记录。

生产操作前，还应当核对物料或中间产品的名称、代码、批号和标识，确保生产所用物料或中间产品正确且符合要求。

（一）生产用文件

根据生产工艺规程、标准操作规程及生产作业计划制定主配方、生产指令、包装指令，经复核、批准后分别下达各工序，同时下达生产记录。

认真阅读生产指令或包装指令，理解指令内容要求。

检查与生产品种相适应的工艺规程、SOP 等生产管理文件是否齐全。

（二）生产用物料

根据生产指令编制限额领料单并领取物料或中间产品，标签要凭包装指令按实际需用量由专人领取，并且要计数发放，发料人、领料人要在领料单上签字。

对所用各种物料、中间产品应有质量管理监督员签字的中间产品递交单；生产期间使用的所有物料、中间产品或待包装产品的容器及主要设备、必要的操作室应当贴签标识，或以其他方式标明生产中的产品或物料名称、规格和批号，如有必要，还应当标明生产工序。容器、设备或设施所用标识应当清晰明了，标识的格式应当经企业相关部门批准。除在标识上使用文字说明外，还可采用不同的颜色区分被标识物的状态（如待验，黄色；合格、已清洁，绿色；不合格，红色等）。用于盛装物料的容器、桶盖编号要一致，并有容器标识，标明复核重量等信息。

（三）生产现场

生产操作开始前，操作人员必须对卫生和设备状态进行检查，检查内容有：检查生产场所是否符合该区域清洁卫生要求，是否有“已清洁”状态标识；更换生产品种及规格前是否清场，是否有上次生产的清场合格记录，清场者、检查者是否签字，未取得“清场合格”不得进行另一个品种的生产；对设备状态进行严格检查，是否保养，试运行情况是否良好，是否清洁（或消毒）并达到工艺卫生要求，检查合格挂上“合格”标牌后方可使用。正在检修或停用的设备应挂上“检修”、“停用”或“不得使用”的状态标识；检查工具、容器清洗是否符合标准；检查计量器具是否与生产要求相适应，是否清洁完好，是否有“计量检定合格证”，并在检定有效期内，对衡器进行使用前校正；检查操作人员的工作服穿戴是否符合要求。

（四）记录

操作人员检查后应填写检查记录，签名并签署日期；检查记录（生产许可证）纳入批记录。

二、生产操作

（一）投料（称量配制）

投料，是物料开始进入到生产的过程。投错料、投料量不准确会造成较大的经济损失和质量风险。物料（固体和液体）的称量或量取应按照操作规程，确保准确投料，并避免交叉污染。

暴露的条件下投料，应使用排风系统来控制粉尘或者溶剂的挥发。

(二)操作监控

操作人员应按生产指令或包装指令要求、工艺规程、标准操作规程等进行生产、清场、记录等操作，质监员按照产品质量监控频次和质量监控点进行检查，以确保药品达到规定的质量标准，并符合药品生产许可和注册批准的要求。

1. 文件。文件为批准的现行文本，必须符合生产指令的内容要求。

2. 物料。保证生产中传递合格的中间产品，工序收率或物料平衡、消耗定额应符合工艺规定。

3. 工序。保证生产符合工艺规程要求，有工艺查证记录，中间产品有质量检验记录，生产中有质量监督人员的专检、生产操作人员的互检、生产操作人员个人自检。

4. 工艺卫生。厂房、设备、物料、人员、生产操作、工作服等符合工艺卫生要求。清洁记录、清洁状态标识、现场清洁卫生等必须符合要求。

5. 防止混淆或交叉污染。不得在同一生产操作间同时进行不同品种和规格药品的生产操作，除非没有发生混淆或交叉污染的可能。在生产的每一阶段，应当保护产品和物料免受微生物和其他污染。在干燥物料或产品，尤其是高活性、高毒性或高致敏性物料或产品的生产过程中，应当采取特殊措施，防止粉尘的产生和扩散。

三、包装操作

包装是指待包装产品变成成品所需的所有操作步骤，包括分装、贴签等。但无菌生产工艺中产品的无菌灌装，以及最终灭菌产品的灌装等不视为包装。企业应制定包装操作规程，包括内包装、外包装两个方面；对分装、贴签等过程进行规范，对手工包装、可能出现的补签等情况应详细规定，并明确防止污染混淆或差错产生的措施。

1. 包装开始前应当进行检查，确保工作场所、包装生产线、印刷机及其他设备已处于清洁或待用状态，无上批遗留的产品、文件或与本批产品包装无关的物料，检查结果应当有记录。

2. 包装操作前，还应当检查所领用的包装材料正确无误，核对包装产品和所用包装材料的名称、规格、数量、质量状态，且与工艺规程相符，同时在批包装记录上记录，并附有相应的印刷包装材料实样，以利于追溯；待包装产品的状态标识应准确粘贴牢固，防止因标识遗失导致混药风险。

3. 为避免差错和混淆，每一包装操作场所或生产线(包括内包生产线、机器外包生产线和手工外包操作间)生产操作过程中应当有标识标明包装中的产品名称、规格、批号和批量的生产状态。

4. 待包装产品外观性状大多不易区分，极易造成混淆且不易发现，存在极大风险。当有数条包装线同时进行包装时，应当采取隔离或其他有效防止污染、交叉污染或混淆的措施。

5. 待用分装容器在分装前应当保持清洁，避免容器中有玻璃碎屑、金属颗粒等污染物。分装容器主要指与生产用物料直接接触的周转容器(如缓冲瓶、换料桶等)，在使用前应清洗、保持清洁，必要时进行消毒或灭菌，并在规定的贮存条件和贮存期内妥善放置，避免对物料产生污染。

6. 产品分装、封口后应当及时贴签。部分待包装产品内包完成后，包装上无产品信息，若散落则无法识别，极易发生混淆差错，因此应及时贴签。在未贴签时应有有效的防混淆差错措施，如集中存放、妥善保存、有必要的状态标识，标明产品的名称、规格、批号、数量、生产日期等信息。应确保标识牢固、不易脱落。

7. 单独打印或包装过程中在线打印的信息（如产品批号或有效期）均应当进行检查，确保其正确无误，并予以记录。如手工打印，应当增加检查频次。包装操作时，内标签（即直接接触药品的包装标签）、外标签（除内标签以外的其他标签）和用于运输和贮存的包装标签需根据批生产指令打印产品名称、规格、生产批号、生产日期和有效期等。企业应有可靠的措施，确保设定打印信息的准确性和打印内容完整、效果清晰。

8. 使用切割式标签或在包装线以外单独打印标签，应当采取专门措施，防止混淆。各类包装标签的式样不同，包括卷式标签、切割式标签等。其中，切割式标签易发生散落，应采取措施防止混淆；在包装线外已打印产品信息的标签应妥善保管，防止不同批次标签的混淆。

9. 应当对电子读码机、标签计数器或其他类似装置的功能进行检查，确保其准确运行，检查应当有记录。使用带有电子读码、计数、检重、检漏、自动剔废等功能的包装机，该项功能应能够有效保证产品质量，企业应定期按照经验证有效的方法对配套功能的有效性进行确认，确保相应功能的可靠运行。

10. 包装材料上印刷或模压的内容应当清晰，不易褪色和擦除。药品包装所用的材料（包括与药品直接接触的包装材料和容器、印刷包装材料，但不包括发运用的外包装材料），除已印刷的包括产品名称、规格、生产地址等信息外，包装材料上的部分信息如生产日期、生产批号等是在生产过程中以模压或喷墨等形式加上的，企业应对供应商的印刷质量进行考察，确保印刷内容清晰准确；同时企业应加强中间检查，确保包装过程中打印信息的准确性和完整性。

11. 包装期间，产品的中间控制检查应当至少包括下述内容：①包装外观；②包装是否完整；③产品和包装材料是否正确；④打印信息是否正确；⑤在线监控装置的功能是否正常。

样品从包装生产线取走后不应当再返还，以防止产品混淆或污染。

根据各企业生产规模需求，可能需要多个设备组合完成包装过程，如口服固体瓶装包装线包含理瓶机、数粒机、旋盖机、贴标机、封口机、装盒机、裹包机、装箱机等多台设备。企业应根据品种包装线特点制定产品中间控制检查项目，确保包装工序各环节操作的可靠性、持续稳定性，保证产品的质量。

12. 因包装过程产生异常情况而需要重新包装产品的，必须经专门检查、调查并由指定人员批准，重新包装应当有详细记录。对包装过程出现设备故障、印刷打签等异常、装箱错误等异常情况需要重新包装产品时，应加强监控，做好偏差记录。

13. 在物料平衡检查中，发现待包装产品、印刷包装材料以及成品数量有显著差异时，应当进行调查，未得出结论前，成品不得放行。

14. 包装结束时，已打印批号的剩余包装材料应当由专人负责全部计数销毁，并有记录。如将未打印批号的印刷包装材料退库，应当按照操作规程执行。

四、生产结束

（一）清场

清场是对每批产品的每一个生产阶段完成以后的清理和小结工作，是药品生产和质量管理的一项重要工作内容。每次生产结束后应当进行清场，确保设备和工作场所没有遗留与本次生产有关的物料、产品和文件。下次生产开始前，应当对前次清场情况进行确认。

1. 清场的概念。清场是指在药品生产过程中，每一个生产阶段完成之后，由生产人员按规定的程序和方法对生产过程中所涉及的设施、设备、仪器、物料等加以清理，以便下一阶段的生产，清场结束后应挂上写有“已清场”字样的标识牌。清场的目的是防止药品的混淆和污染。

2. 清场的范围。清场的范围应包括生产操作的所有区域和空间，包括生产区，辅助生产区，涉及的一切相关设施、设备、仪器和物料等。

3. 清场工作的内容。一般来说，清场工作涉及以下三个方面内容：

(1)物料的清理。生产中所用到的物料，包括原料、辅料、半成品、中间体、包装材料、成品、剩余的物料等的清理和退库、贮存和销毁等工作。

(2)文件的清理。生产中所用到的各种规程、制度、指令、记录，包括各种状态标识等的清除、交还、交接和归档等工作。

(3)清洁卫生。对生产区域和辅助性生产区域的清洁、整理和消毒灭菌等工作。

4. 清场管理。每批药品的每一生产阶段完成后必须由生产操作人员清场，并填写清场记录。清场记录内容包括：操作间编号、产品名称、批号、生产工序、清场日期、检查项目及结果、清场负责人及复核人签名。清场记录应当纳入批生产记录。

(1)为了防止药品生产中不同品种、规格、批号之间发生混淆和差错，更换品种、规格及批号前应彻底清理及检查工作场所和生产设备。

清场分为大清场和小清场，更换生产品种或某一产品连续生产一定批次后应进行大清场，确保所有前一批次生产所用的物料、产品、文件、废品等全部移出，设备房间按照清洁操作规程要求进行彻底清洁。同产品批间清场及生产完工当日的清场为小清场，小清场时应确保前一批次生产所用的物料、产品、文件、废品等全部移出，设备厂房清除表面粉尘，确保目视清洁。应通过验证确认可连续生产的最大批次数，并有适当方式进行记录。

(2)对清场的要求有：地面无积尘、无结垢，门窗、室内照明灯、风管、墙面、开关箱(罩)外壳无积灰，室内不得存放与生产无关的杂物；使用的工具、容器应清洁、无可视异物，无前次产品的遗留物；设备内外无前次生产遗留的药品，无油垢；非专用设备、管道、容器、工具应按规定拆洗或灭菌；直接接触药品的机器、设备及管道工具、容器应每天或每批清洗或清理。同一设备连续加工同一非无菌产品时，其清洗周期可按设备清洗的有关规定；包装工序调换品种时，多余的标签、标识物及包装材料应全部按规定处理；固体制剂工序调换品种时，对难以清洗的用品，如烘布、布袋等，应予更换，对难以清洗的部位要进行清洁验证。

(3)清场工作应有清场记录。清场记录应包括工序、清场前产品的品名、规格、批号、清场日期、清场项目、检查情况、清场人、复核人及其签字。

清场负责人及清场复核人不得由同一人担任。清场记录应有正本、副本，正本纳入本次批记录中，副本纳入下一产品的批记录中。清场记录只有正本时，可纳入本批生产记录中，而清场合格证纳入下批生产记录中作为下批产品生产的依据。

(4)清场结束由指定部门的具有清场检查资格的人员复核合格后发给“清场合格证”。清场合格证作为下一个品种(或下一个批次，或同一品种不同规格)的生产凭证附入生产记录。未取得“清场合格证”不得进行下一步生产。

清场记录范例：

清场记录

编号:SOP08-xx(y)-00

<table>
<tr><td rowspan="6">清场前</td><td>药品名称</td><td></td><td rowspan="6">清场要求</td><td rowspan="6">1. 地面无积水、无异物、无积灰等
2. 使用的工具盛器清洁无异物,管道内外清洁,无黏液、无异物
3. 设备内外无浆块、无油垢,物见本色
4. 有关的生产设施、环境等均要干净整洁,并要物放有序</td></tr>
<tr><td>规格</td><td></td></tr>
<tr><td>产品批号</td><td></td></tr>
<tr><td>包装</td><td></td></tr>
<tr><td>生产结束</td><td>年 月 日 时</td></tr>
<tr><td>生产工序</td><td></td></tr>
</table>

<table>
<tr><td rowspan="10">清场情况</td><td rowspan="2">清场项目</td><td rowspan="2" colspan="3">清场操作要点</td><td colspan="2">自查情况</td></tr>
<tr><td>已清</td><td>未清</td></tr>
<tr><td>工序产品</td><td colspan="3">合格品移交下工序、存放中间站或入库;不合格品按规定处理</td><td></td><td></td></tr>
<tr><td>多余物料</td><td colspan="3">按《生产剩余物料管理规程》的规定处理</td><td></td><td></td></tr>
<tr><td>废弃物</td><td colspan="3">清离现场</td><td></td><td></td></tr>
<tr><td>工艺文件
状态标识</td><td colspan="3">与连续产品无关的,则收集、整理并上缴车间管理员或车间负责人,不得存放现场</td><td></td><td></td></tr>
<tr><td>工器具</td><td colspan="3">冲洗干净</td><td></td><td></td></tr>
<tr><td>地漏管道</td><td colspan="3">冲洗干净</td><td></td><td></td></tr>
<tr><td>生产设备</td><td colspan="3">擦洗干净,见本色(无可视异物)</td><td></td><td></td></tr>
<tr><td>操作场地</td><td colspan="3">清扫、湿抹、拖净</td><td></td><td></td></tr>
<tr><td rowspan="5">余料不合格品处理</td><td>名称</td><td></td><td rowspan="5">连续品种</td><td>药品名称</td><td colspan="2"></td></tr>
<tr><td>数量</td><td></td><td>规格</td><td colspan="2"></td></tr>
<tr><td>去向</td><td></td><td>产品批号</td><td colspan="2"></td></tr>
<tr><td>交料人</td><td></td><td>包装</td><td colspan="2"></td></tr>
<tr><td>接料人</td><td></td><td>数量</td><td colspan="2"></td></tr>
<tr><td colspan="2">清场人</td><td></td><td colspan="2">清场时间</td><td colspan="2">年 月 日 时</td></tr>
</table>

监督员检查情况:

监督员: 时间: 年 月 日 时

(二)结料、退料

批产品生产结束后,结算物料使用情况。余料经质量部门监督员核对后方可包装,并贴上封口签、内外包装容器上均贴上状态标识,标明品名、规格、数量、日期、签名,填写退库记录。物料结算发生偏差时,执行偏差处理程序。

(三)中间产品流转

中间产品放入暂存间后必须悬挂待检状态标识,经请验、取样检验合格发放检验报告书后,悬挂合格状态标识方可流转(或入库),检验不合格按不合格品处理规程处理。

暂存区域的物料管理,包括账物卡,存贮条件,有效期和虫害控制等应同仓库一样,遵从相同的 GMP 规范要求。

(四)整理批生产记录

车间管理人员按工艺流程依次整理各岗位生产记录,装订封面、签名;车间负责人审核、签名;生产部门审核、签名;质量检验部门(QC)审核、签名;质量管理部门(QA)负责人或质量受权人终审,并签发放行单。

第三节 生产过程管理

生产(production)过程是药品制造(manufacture)全过程中决定药品质量的最关键和最复杂的环节之一。药品生产过程实际上包含两种同时发生的过程,既是物料的生产过程,又是文件记录的传递过程。以典型合成药生产过程为例,从备料(原材料领料,发料,物料暂存),投料,化学反应,提取(分离),纯化(结晶,干燥),过程控制,包装,待验直至检验合格后入库,清场,物料投入,目标产物的生成以及后续处理的过程。

文件记录传递过程是指由生产部门发出生产指令,确定批号、签发和发放批生产记录(由质量管理部门或者授权生产部门来进行),并在生产过程中由操作人员完成各种批生产记录,批包装记录以及其他辅助记录(设备使用记录,清洁记录等),检验人员完成检验记录。该记录经部门负责人或者授权人员审核并归档。质量管理人员对这些记录审核,作为批放行的一部分。

一、物料平衡管理

在每个关键工序计算收率并进行物料平衡,不仅是在计算生产效能,更是避免或及时发现差错与混淆的最有效方法之一。

物料平衡系指在药品生产过程中,同批产品的产量和数量所应保持的平衡程度。

当物料平衡的数值过高时,分析有可能是有上一批生产的物料混入本批产品,该批次产品则不能继续生产加工或出厂,必须找出原因,予以解决。

当物料平衡过低时,分析有可能是本批次物料存在跑料损失、混入下批次产品、丢失等多方面原因，同样不能继续加工或出厂，也必须分析原因，予以处理。

因此，每个品种各关键生产工序的批生产记录（批包装记录）都必须明确规定物料平衡的计算方法，以及根据验证结果确定各工序物料平衡的合格范围（通常物料平衡在98.0%～102.0%之内）。

（一）物料平衡的含义

物料平衡是批生产过程中所有产品或物料实际产量或实际用量及收集到的损耗之和与理论产量或理论用量之间的比较，并考虑可允许的偏差范围。

收率是产品（或中间产品）的产出数量与投入数量的比值。

收率可分为预期收率和实际收率。

收率上的变化可能表示工艺没有按照预期进行，所以，对规定工艺步骤收率波动的调查不仅是控制生产的波动，而且要提高工艺的重现性，保证产品质量的一致性。

预期收率的来源包括产品开发数据，工艺验证结果，产品年度回顾数据等。预期收率并不是一成不变的，应通过每年产品年度回顾对预期收率进行评估。改变预期收率范围，需要通过内部的变更控制程序来实现。

干燥品预期收率的计算要容易一些，但如果是湿品或液体，通常的做法是在检测并确定产品含量后再计算收率。

值得强调的是，药品生产企业应评估收率的预期和变动性，并决定预期收率是多少以及对质量潜在的影响。另外，对关键工艺步骤的确定，可以保证对于收率的调查能集中在那些可能影响产品质量的步骤上。

（二）物料平衡的计算

$$物料平衡=\frac{产出量+废品量+取样量+废料量}{理论值}\times 100\%$$

$$收率=\frac{产出量}{理论值}\times 100\%$$

理论值为按照所用的原料（包装材料）量，在生产中无任何损失或差错的情况下得出的最大数量。

（三）影响物料平衡因素

1. 工艺不成熟，投料、产量不稳定，偏差较大。
2. 验证工作粗糙，未对物料平衡严格考察分析，限度标准过大或过小。
3. 通过中间体检查替代物料平衡。
4. 个别物料实际产量难以称量或计算。

（四）物料平衡管理

制剂生产必须按照处方量的100%（标示量）投料，产品（或物料）的理论产量（或理论用量）与实际产量之间的比值应有可允许的正常偏差。每批产品应在生产作业完成后，填写岗位物料结存卡并作物料平衡检查。

当物料平衡出现显著差异时，必须查明原因，认真调查分析，在得出合理解释、确认无潜在质量风险后，方可按正常产品处理。

出现以下偏差时必须及时处理：物料平衡超出收率的正常范围；生产过程时间控制超出工艺规定范围；生产过程工艺条件发生偏移、变化；生产过程中设备突然异常，可能影响产品质量，产品质量（含量、外观、工序加工）发生偏移，跑料；标签和标示物实用数、剩余数、残损数之和与领用数发生差额；生产中其他异常情况如原料药及制剂所用物料因特殊原因需处理使用时等。发生超限偏差时，须填写偏差处理单，写明品名、批号、规格、批量、涉及产品批号、偏差内容、发生的过程及原因、地点、填表人签字、日期，将偏差处理单交给生产及质量管理部门人员按程序处理。

偏差处理原则：确认不存在质量风险，不影响最终产品质量，符合质量标准，保证产品安全有效。

二、状态标识管理

对工艺中的设备、物料的正确标识，可以防止差错和混淆。确定设备的过程状态是为了有助于操作人员和管理者能够正确地控制操作过程，并避免设备的错用。

以下几点应该很好地控制：

1. 批号和进行中的操作状态；设备的清洁状态；状态标识卡：设备维护中、超期或超出校准期限。

2. 对于需要返工或重新加工的物料可以使用相应的有颜色和编码的标签标识。质量部门应该明确规定哪些物料可以重处理或重加工，并确保有对应的经批准的规程。需要返工或重新加工的物料可以通过隔离、电脑控制、专门的标签、封存设备或其他适当的手段控制。

3. 企业应建立状态标识管理规程。规程中应明确规定各类状态标识对象、内容、色标、文字、符号等内容，并在文件后附样张。规程中明确规定状态标识的“全过程管理程序”，由生产管理部门统一规定，各主管部门分别管理，包括印制、登记、领用、签发、归档、处理等内容。

4. 状态标识管理应分别能满足以下内容：操作间、设备、管道、容器具、物料等与所生产产品有关的范围。

5. 生产操作间的状态有：清场、待清场，运行、清洁和待清洁等。

6. 生产设备应当有明显的状态标识，标明设备编号和内容物（如名称、规格、批号）；没有内容物的应当标明清洁状态。设备的状态有：运行、已清洁、待清洁、检修、停用和闲置等。

7. 主要固定管道应当标明内容物名称和流向。

8. 衡器、量具、仪表、用于记录和控制的设备以及仪器应当有明显的标识，标明其校准有效期。

9. 容器具的状态有：已清洁和待清洁等。

10. 生产期间使用的所有物料、中间产品或待包装产品的容器及主要设备、必要的操作室应当贴签标识或以其他方式标明生产中的产品或物料名称、规格和批号，如有必要，还应当标明生产工序。物料的状态有：合格、待验、不合格等。

11. 容器、设备或设施所用标识应当清晰明了，标识的格式应当经企业相关部门批准。除在标识上使用文字说明外，还可采用不同的颜色区分被标识物的状态（如待验，黄色；合格、已清洁，绿色；不合格，红色等）。

知识链接

工业管道的基本识别色、识别符号和安全标识(GB 7231—2003)

八种基本识别色和色样及颜色标准编号

物质种类	基本识别色	颜色标准编号
水	艳绿	G03
水蒸气	大红	R03
空气	淡灰	B03
气体	中黄	Y07
酸或碱	紫	P02
可燃液体	棕	YR05
其他液体	黑	
氧	淡蓝	PB06

三、产品批号管理

批次管理是药品生产控制的一种方法,通过合理的批次设定,便于对某一数量或某一时间段产品生产的过程和质量均一性进行控制。企业应当建立划分产品生产批次的操作规程,生产批次的划分应当能够确保同一批次产品质量和特性的均一性,考虑自身品种、设备特点和法规要求合理划分批次。可能有必要将一批产品分成若干亚批,最终合并成为一个均一的批,也可能若干合格小批混合形成一个混合批,每批药品均应编制唯一的批号。应当建立编制药品批号和确定生产日期的操作规程,除另有法定要求外,生产日期不得迟于产品成型或灌装(封)前经最后混合的操作开始日期,不得以产品包装日期作为生产日期。

(一)产品批号的含义

批是指经一个或若干加工过程生产的、具有预期均一质量和特性的一定数量的原辅料、包装材料或成品。在连续生产情况下,批必须与生产中具有预期均一特性的确定数量的产品相对应,批量可以是固定数量或固定时间段内生产的产品量。

批号是用于识别一个特定批的具有唯一性的数字和(或)字母的组合,用以追溯和审查该批药品的生产历史。据此,能查到该批药品的生产日期直至相关的生产、检验、销售等记录等。

(二)产品批号的划分原则

在药品生产中,由于剂型不同,生产情况不同,为确保生产的每批药品达到均一的要求,就必须根据批的定义确定生产中哪些产品能成为一个批号。

1. 无菌药品批的划分原则:

(1)大(小)容量注射剂以同一配液罐最终一次配制的药液所生产的均质产品为一批;同一批产品如用不同的灭菌设备或同一灭菌设备分次灭菌的,应当可以追溯。

(2)粉针剂以同一批无菌原料药在同一连续生产周期内生产的均质产品为一批。

(3)冻干产品以同一批配制的药液使用同一台冻干设备在同一生产周期内生产的均质产品为一批。

(4)眼用制剂、软膏剂、乳剂和混悬剂等以同一配制罐最终一次配制所生产的均质产品为一批。

2. 非无菌制剂产品批的划分原则。口服或外用的固体、半固体制剂在成型或分装前使用同一台混合设备一次混合所生产的均质产品为一批。

口服或外用的液体制剂以灌装(封)前经最后混合的药液所生产的均质产品为一批。

3. 原料药批的划分原则。连续生产的原料药,在一定时间间隔内生产的在规定限度内的均质产品为一批。间歇生产的原料药,可由一定数量的产品经最后混合所得的在规定限度内的均质产品为一批。混合前的产品必须按同一工艺生产并符合质量标准,且有可追踪的记录。

4. 生物制品批的划分原则。生物制品的批号按照《中华人民共和国药典(2010 年版三部)》的“生物制品分批规程”要求:生物制品批号和亚批号的编制应符合相应的要求:同一批号的制品应来源一致、质量均一;同一制品的批号不得重复;同一制品不同规格不应采同一批号;成品批号应在半成品配制后确定,配制日期即为生产日期。

生物制品原液生产日期的确定应符合相关法规要求,如《中华人民共和国药典(2010 年版三部)》中的各论或经批准的制造检定规程。

5. 中药制剂批的划分原则。固体制剂在成型或分装前使用同一台混合设备一次混合量所生产的均质产品为一批。如采用分次混合,经验证,在规定限度内所生产一定数量均质产品为一批。液体制剂、膏滋、浸膏、流浸膏等以灌装前经同一台混合设备最后一次混合的药液所生产的均质产品为一批。

(三)产品批号的编制方法

批号的编制可有各种模式,均由企业自定,但要求企业统一规定,注意批号不可代替生产制造日期。

批号的编码方式通常为:年-月-日(流水号)形式;也有采用字母与一组数字联合使用的形式。常用 6 位数字表示,前两位是年份,中间两位是月份,后两位是日期或流水号。一般来说有以下几种批号形式:

1. 正常批号,如 120307,即 2012 年 3 月 7 日生产的药品的批号。

2. 返工批号,返工后原批号主干不变,只是在原批号后加一代号以示区别,如在 120307 之后加字母“R”,表示是 2012 年 3 月 7 日生产的这批药品的返工,对返工生产的成品,质量管理部门应当考虑需要进行额外相关项目的检验和稳定性考察。

3. 产品回收批号,产品回收需经预先批准,并对相关的质量风险进行充分评估,根据评估结论决定是否回收。回收应当按照预定的操作规程进行,并有相应记录。回收处理后的产品应当按照回收处理中最早批次产品的生产日期确定有效期。回收合并后生产的成品,质量管理部门应当考虑需要进行额外相关项目的检验和稳定性考察。

(四)产品批号的管理

批号是用于识别一个特定批的具有唯一性的数字和(或)字母的组合。为便于追溯生产批次,企业应编制唯一性、简单、易于识别的批号管理规程,明确各工序批号编制原则和管理记录要求，应根据剂型特点合理明确生产日期的确定原则。

1. 企业应建立操作规程，规范中间产品（包括细胞或病毒原液）、待包装产品或成品批号编制原则，能够体现唯一性，建立操作规程，明确药品生产日期确定的原则。

2. 生产日期确定原则应符合GMP、药典附录及相关法规的要求，如不得迟于产品成型或灌装（封）前经最后混合的操作开始日期，不得以产品包装日期作为生产日期；对于回收处理后的产品应当按照回收处理中最早批次产品的生产日期确定本批产品的生产日期；混合批次原料药的生产日期应为参与混合的最早批次产品的生产日期等。

3. 企业应有措施确保给定的产品批号的唯一性，通过批号追踪和审查该批药品的生产全过程和生产历史。

4. 应按照操作规程要求设定生产批号、确定生产日期，产品不同剂型的总混设备，其容量应能满足批量要求。

5. 亚批、返工批、混合批等规定应符合要求，并能确保批量内药品质量的均一性。

6. 批号连接。所有物料进厂需编制进厂编号，炮制药材编制炮制批号、粉碎药材编制粉碎批号、包装产品可编制包装批号等，所有批号必须在指令上及主配方上标明。

案例分析

案例 为了满足规格，XX API（原料药）的OOS批与其他批次混合在一起。有4批的API（原料药）与其他批次混合在一起后销售。

分析 该案例是典型的违背GMP的做法。公司被发现类似问题后，需要采取的措施如下：

1. 按照偏差流程进行调查，调查发生的原因（为什么不合格批会参与混批），影响分析，采取纠正和预防措施。

2. 审核混批的管理程序，若必要，需要修订。

3. 审核不合格品控制程序，若必要，需要修订。

4. 启动召回程序或者退货处理程序，通知客户，主动要求客户将货物退回（如果客户已经加工成制剂，已在市场销售，涉及到客户产品的召回）。

5. 将退回的货物销毁或者按照返工工艺进行处理。

6. 请第三方的审计机构来现场审计，出具独立的质量系统评价报告。

四、生产过程中防止混淆和污染

（一）混淆

混淆是指一种或一种以上的其他原材料或成品与已标明品名的原材料或成品相混合，如原料与原料，成品与成品，标签与标签，有标识的与未标识的，已包装的与未包装的混淆等。在药品生产中，这类的混淆事件时有发生，有的甚至产生严重后果，带来极大危害，应引起注意。

（二）污染

生产操作中可能的污染主要有以下几个途径：人员、设备、环境、物料，污染可以是交叉污染、灰尘污染或微生物污染。对于许多外来物质的污染，无法通过最终检验来识别，带来巨大的质量风险。生产管理人员要时刻考虑可能的污染和交叉污染的风险，并通过控制避免发生，尤其在最后的生产步骤。

应从人员、设备、环境、物料、生产计划安排、状态标示管理的角度来采取措施，避免污染和交叉污染。

对污染和交叉污染的措施应定期评估。

设备和设施（厂房、设备、管道等）的设计和预防性维护非常重要，可以排除隐患，防止污染或交叉污染的发生。

当批与批之间有大量的残留物时，特别是过滤或干燥器的底部，应有研究数据能证明没有不可接受的杂质的积累或者确定不存在微生物的污染（若适用的话）。这也有助于确定那些专用设备（长期用于生产一种产品）的清洗频率。

案例分析

案例一 2007 年 7 月 6 日国家药品不良反应监测中心陆续收到药品不良反应病例报告，至少 193 例患者使用了标示为上海医药（集团）有限公司华联制药厂生产的注射用甲氨蝶呤后，出现下肢疼痛、麻木，继而萎缩，无法直立和正常行走等神经损害症状。9 月 14 日，卫生部、国家食品药品监管局公布调查结果，该厂在生产部分批号甲氨蝶呤和阿糖胞苷过程中混入了硫酸长春新碱。其原因：在生产过程中，现场操作人员将硫酸长春新碱尾液，混于注射用甲氨蝶呤及盐酸阿糖胞苷等批号的药品中，导致了多个批次的药品被污染。

分析 此案例提示我们在进行清场时，一定要严格按照 SOP 彻底清洁，避免上次生产的遗留物对药品生产造成污染。

案例二 某企业在生产某 API 时，未对生产设备中观察到的异物展开调查和记录，导致 40 批由于异物污染被召回。

分析 采取的措施应为按照偏差流程进行补充调查，调查发生的原因（异物的来源，必须要根源调查），影响分析（评估该原因对其他批次的影响），采取纠正和预防措施（CAPA）。

调查报告还应解释没有及时展开调查的原因。

案例三 某 API（原料药）使用专用设备生产。规程中规定每 10 批清洗一次。但缺少研究资料来表明残留物是否会降解或者产生微生物污染的风险。

分析 一般按照偏差流程来调查。进行研究实验，来评估残留物带来的降解或者微生物污染的风险。并根据研究实验的结果来评估对以前放行批次的影响以及清洗周期制定的合理性。

五、卫生管理

生产过程中造成污染的形式有：尘粒、微生物和其他外来物质（如尘埃、污物、棉绒、纤维和头发等）。

而微生物传播污染的四大途径包括:空气、水、表面和人,因此人员卫生是GMP的最基础要求。

人是最常见的传染源。当我们谈话、咳嗽和打喷嚏时,被污染了的水滴正是不断地从我们的呼吸道中释放到我们的工作场所。人们常说,人是药厂中最不清洁的成分、最大的污染源,为什么呢?一个原因,人体是一个永不休止的污染媒介。每天来药厂上班时,你也许随身将几百万细菌带入工厂,因此,按要求更衣,戴口罩,控制进入洁净区的人数,洁净区人的动作要轻等是十分必要的。

卫生是防止产品被污染的重要措施之一,因此,企业应制定卫生准则来保证环境的洁净。

卫生准则一般应包括但不局限于如下内容:门窗、地面、墙壁和操作台面的清洁消毒的方法、频率和责任人等;使用的清洁剂和消毒剂,消毒剂如需交替使用则应制定相应的替换周期;人员卫生要求,包括勤洗手、勤剪指甲等;洁净区行为规范,包括在洁净区不得佩戴手表、饰物,不得化妆,不得裸手直接接触产品等;传染病或体表有伤口的人员不得从事直接接触药品或对药品质量有不利影响的生产,员工患病应有汇报制度。

企业应定期对在洁净区工作的员工进行操作纪律、卫生和微生物方面的培训,对于需进入洁净区的外部人员也需进行适当的培训、指导和监督。

六、制药用水的管理

在药品生产中,水是应用最广泛的工艺原料,用作药品的成分、溶剂、稀释剂等,不论容器洗涤还是原料、制剂的生产都离不开水,但水也是主要污染源之一,因此水的质量就关系到产品的质量,必须对制药用水进行合理选择、严格的管理,各国药典定义了不同质量标准和使用用途的工艺用水,并要求定期检测。

企业应建立"制药用水管理规程",根据产品工艺规程规定选用符合要求的工艺用水,有水系统验证文件及"工艺用水监护规程",取样点和使用点的设置应合理,监控应到位。

根据水系统验证结果,规定检验周期,明确各类水质的检验周期,包括岗位自检、化验室检验及送检验机构检验等周期,按规定检验周期定期检验,检验记录(包括岗位自检记录)应完整,所有检验都有检验报告书,检验结果必须符合工艺用水质量要求。

使用时应符合相关的SOP规定,水处理设备的运行不得超出其设计能力,纯化水可采用循环,注射用水可采用70℃以上保温循环,确保水质不受污染。

现场操作人员应能正确地操作和监测,并有相应的记录,发现制药用水微生物污染达到警戒限度、纠偏限度时应当按照操作规程处理,确保水系统的运行始终处于受控状态。

技能实训

实训项目:批生产记录管理

【实训目的】

1. 掌握批生产记录的组成、内容。

2. 学会如何进行批生产记录的管理,根据批生产记录追溯该批产品生产历史的方法。

【实训要求】

教师应让学生对某特定产品的生产工艺流程和质量控制点进行事先了解。教师进行角色分配时应明确具体，并参与批记录的审核工作。

【实训内容】

实训学生根据给定的生产品种的工艺流程、操作规程、质量控制点整理出完整的批生产记录，并能真实和准确地反应生产中各个工序的任务、时间、批次、用料、操作、数量、质量、技术数据、操作人、复核人等实际情况。

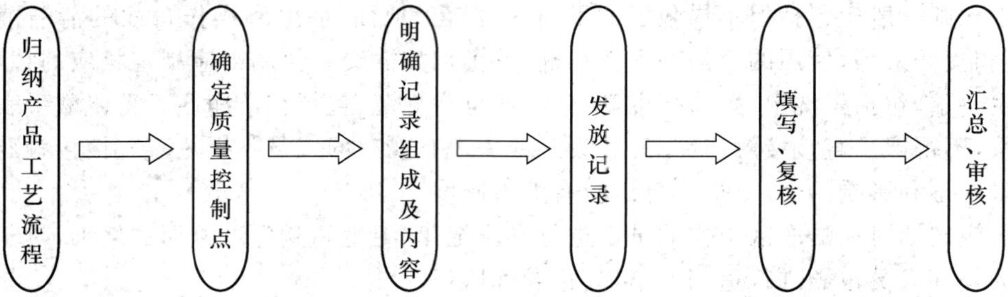

【实训评价】

通过实训，学生应该能够熟悉批生产记录的发放、填写、复核、汇总、审核流程，能够熟练地整理一套完整的批生产记录，并总结实训体会、发现存在的问题、提出合理化建议等。

复 习 题

一、填空题

1. 药品生产的各个阶段均应采取措施保护产品和物料免受________。

2. 工艺规程不得任意更改，原则上每________年由主管生产技术负责人组织讨论并修订。

3. 操作人员应按要求认真填写批生产记录，填写时应用________的蓝色或黑色墨水填写，做到字迹清晰、内容真实、数据完整。

4. 批生产记录填写的任何更改，应在原错误的地方________，写上正确信息，签注姓名和日期，并使原有信息仍清晰可辨。

5. 生产操作开始前，检查生产场所是否符合该区域清洁卫生要求，是否有________状态标识。

6. 生产操作开始前，检查计量器具________，并在检定有效期内。

7. 当有数条包装线同时进行包装时，应当采取________措施防止污染或混淆。

8. 药品分装、封口后应当及时________。

9. 药品包装结束时，已打印批号的剩余包装材料应当由专人负责全部________，并有记录。

10. 物料平衡和收率计算公式中的理论值为按照所用的原料（包装材料）量，在生产中无任何损失或差错的情况下得出的________数量。

二、单选题

1. 批生产记录是用于记述每批药品(　　)的所有文件和记录。

A. 生产　　B. 检验　　C. 放行审核　　D. 退货

2. 批生产记录的编制原则有(　　)。

A. 可追溯性　　B. 突出剂型特点　　C. 能避免填错　　D. 格式经过批准

3. 生产时需要用的文件有(　　)。

A. 主配方　　B. 生产指令　　C. 包装指令　　D. 生产记录

4. 在干燥(　　)物料或产品的生产过程中,应当采取特殊措施,防止粉尘的产生和扩散。

A. 高吸湿性　　B. 高活性　　C. 高毒性　　D. 高致敏性

5. 包装工序中间控制检查应当包括(　　)。

A. 包装是否完整、无污染　　B. 产品和包装材料是否对应

C. 打印信息是否正确　　D. 在线监控装置的功能是否正常

6. 药品生产结束后,要进行(　　)的清理。

A. 物料　　B. 文件

C. 生活区域　　D. 生产区域辅助性生产区域

7. 药品生产企业主要固定管道应当标明(　　)。

A. 内容物名称　　B. 内容物流速　　C. 内容物流向　　D. 内容物浓度

8. 物料的状态有(　　)。

A. 合格　　B. 废弃　　C. 待验　　D. 不合格

9. 药品生产操作中可能的污染主要有(　　)。

A. 人员　　B. 物料　　C. 环境　　D. 设备

10. 制药用水是指药品生产工艺中使用的(　　)。

A. 纯化水　　B. 饮用水　　C. 注射用水　　D. 灭菌注射用水

三、简答题

1. 什么是生产工艺规程?什么是物料平衡?
2. 批记录的管理要求是什么?
3. 造成污染的原因有哪些?防止污染的措施是什么?
4. 内包材和印刷包装材料的使用和管理是如何规定的?
5. 什么是批?怎么制定批号?
6. 什么是清场?清场的目的是什么?清场的内容包括哪些?
7. 制药用水依据不同质量标准分为哪些类型?请分别说出它们的用途。

第十章

质量保证与质量控制

知识目标

- 掌握实验室管理及留样观察、稳定性考察的相关要求；熟悉用户投诉和自检的要求。
- 熟悉物料和产品放行的要求；熟悉变更控制与偏差处理的要求。
- 熟悉供应商审计的内容、方法。
- 熟悉产品质量回顾分析与产品质量档案管理。

技能目标

- 能正确规范的填写相关记录；可按规定进行药品质量检验的取样工作；熟知药品质量检验规程。
- 正确规范填写药品质量检验记录；正确区分实验室试液、指示液的标签内容是否符合基本要求。
- 根据仪器检测室的仪器铭牌判断其能否直接使用。
- 观察样品的包装、贮藏条件、留样量是否符合要求。

第一节　质量保证(QA)

质量保证(quality assurance,QA)是为使人们确信某一产品过程或服务能满足规定的质量要求所必需的有计划、有系统的全部活动。

质量保证是个广义的概念，涉及所有独立地或共同地影响产品质量的活动，是各项活动的总和，质量保证贯穿于GMP，因此质量保证并非企业中某一部门的义务，而是所有可能影响产品质量的员工的责任。这里所讲的仅限于GMP中质量管理项下的质量保证，也可叫作质量监督管理。

一、物料和成品放行质量管理

(一)物料质量控制管理

1. 药品生产企业应制定原辅料、包装材料及标签、说明书等的购入、贮存、发放、使用等管理制度、规程或SOP。采取核对或检验等适当措施,确认每一包装内的原辅料正确无误。一次接收数个批次的物料,应当按批取样、检验、放行。

2. 仓库应由专人按有关要求负责进厂物料的验收、保管、发放及填写原辅料质量月报。

3. 生产部门应由专人按有关规定负责物料的领取、验收和使用。

4. 应建立物料放行的操作规程并由指定人员负责物料放行工作。物料的放行应对物料的质量进行评价,内容包括生产厂商的检验报告、物料包装完整性情况和密封性的检查情况检验结果等并做出批准放行、不合格或其他决定的明确结论。

(二)批记录审核和成品放行质量管理

质量管理部门负责对批生产记录和批检验记录的审核,决定成品发放。分别由车间技术员、质量受权人、质监员审核,内容包括配料、称量过程中的复核情况、各工序生产记录、清场记录、中间产品质量检验结果、偏差处理、成品检验结果等。对关键操作和关键工艺参数的监控检查,批记录审核放行单,经审核符合规定后放行。

质量现场监控点的设置、监控项目、方法、标准和频率,监控情况的确认及记录符合规定。制定现场监控的操作规程、批生产记录的审核及相关的管理文件。审核项目及内容、审核结论、审核记录、审核人签字。产品放行的批准签发,批准签发人签字。杜绝只凭检验报告出厂的做法,明确质量管理部门对生产过程及偏差审核、评估的职责。产品的质量审核、最终评估的内容应包括:生产条件、在线控制试验的结果、生产(包括包装)文件及记录、偏差调查处理、产品结果与质量标准的相符性、对产品最终包装的检查。

二、稳定性考察

药品的稳定性是指原料药及其制剂保持其物理、化学、生物学和微生物学性质的能力。稳定性研究的目的是考察原料药、中间产品或成品的性质在温度、湿度、光线等条件的影响下随时间变化的规律,为药品的生产、包装、贮存、运输条件和有效期的确定提供科学依据,以保障临床用药的安全有效。并且通过持续稳定性考察可以监测在有效期内药品的质量,并确定药品可以或预期可以在标示的贮存条件下,符合质量标准的各项要求。

稳定性研究可以分为:影响因素实验、加速稳定性实验、长期稳定性实验;另外各公司根据需求及法规规定,还可以进行中间产品放置时间稳定性实验,批量放大及上市后变更(如生产设备变更,原辅料变更,工艺调整等)稳定性实验以及特殊目的稳定性实验,例如对偏差调查等的支持性实验。

药品生产企业质量管理部门应对原料、中间产品及成品的质量稳定性开展有计划的考核,稳定性试验记录应妥善保管,长期试验一般第一年每隔3个月进行一次,第二年每隔6个月进行一次,以后每年进行一次。

质量管理部门应建立稳定性试验计划并遵照执行,稳定性试验计划,内容包括:对有关产品的完整描述、阐明含量/效价、纯度物理特征等检验项目的检测方法，以及证明这些检验能够反映药品稳定性的书面材料。稳定性试验的批次数量应有连续三批产品的稳定性考察数据，以确定有效期。每年每品种至少留一批进行质量稳定性评估，正常生产的头三个销售批号通常应列入稳定性考察计划。特定贮存条件的要求：如贮存条件可能会碰到高温、强光、高湿度或冷冻时，可另取样品在此类严苛的条件下进行考察，积累稳定性数据。对试验数据的总结，包括对试验的评价和结论。

生产工艺、生产设备和包装材料发生重大变化时，质量管理部门经过试验确定产品的稳定性后，再决定是否允许产品上市。

三、变更控制管理

变更控制是由适当学科的合格代表对可能影响厂房、系统、设备或工艺的验证状态的变更提议或实际的变更进行审核的一个正式系统。其目的是为了使系统维持在验证状态而确定需要采取的行动并对其进行记录。

(一)适用范围

任何可能影响产品质量或重现性的变更都必须得到有效控制，变更的内容一般包括：原辅料的变更；标签和包装材料的变更；处方的变更；生产工艺的变更；生产环境（或场所）的变更；质量标准的变更；检验方法的变更；有效期、复检日期、贮存条件或稳定性方案的变更；验证的计算机系统的变更；厂房、设备的变更；公用系统的变更；产品品种的增加或取消；清洁和消毒方法的变更；其他。

(二)变更分类

根据变更的性质、范围和对产品质量潜在的影响程度以及变更是否影响注册、变更时限等，可以分为：

1. 主要变更，对产品关键质量特性可能有潜在的重大影响，并需要主要的开发工作以确定变更的合理性。

2. 次要变更，对产品的关键质量特性不大可能产生影响，亦不会使生产工艺发生漂移，而无须主要的开发工作便可批准执行的变更。

3. 涉及注册的变更，超出目前注册文件的描述，需要报告或报送药品监督部门批准的变更。

4. 不涉及注册的内部变更，注册文件中无描述或在注册文件描述的范围内，无须报送药品监督部门批准的变更。

5. 永久变更，批准后将长期执行的变更。

6. 临时变更，因某种原因而做出的临时性改变，但随后将恢复到现有状态。

(三)变更程序

任何变更都应该经过如下程序：变更申请；变更评估；变更批准；跟踪变更的执行；变更效果评估；变更关闭。

1. 变更申请，变更发起人应起草一份变更申请，变更申请应包括：变更描述；变更理由；受影响的文件和产品；受影响的生产厂、承包商、API 的接收厂和客户等；支持变更的追加文件；行动计划；变更申请人和批准人的签名。

2. 变更评估，变更应由相关领域的专家和有经验的专业人员组成专家团队进行评估变更可能带来的影响并确定应采取的行动，并制定预期可接受的评估标准。

3. 变更批准，批准变更至少要提供如下信息：开发性工作所产生的所有支持数据；需要的其他文件和信息；变更批准后应采取的行动（例如修改相关文件、完成培训）；行动计划和责任分工；变更必须得到相关部门和质量部门的批准。变更如果影响到其他生产厂、承包商、API 的接收厂和客户等，则应通知外部并获得其认可。

4. 变更执行，只有得到书面批准后方可执行变更。应建立起追踪体系以保证变更按计划实施。

5. 变更效果的评估，变更执行后应进行效果评估，以确认变更是否已达到预期的目的。对于次要或明显的变更评估可以作为变更执行过程的一部分。但是，对于影响和范围较大的变更，评估要在得到了适当数据的基础上进行。

6. 变更关闭，当变更执行完毕，相关文件已被更新，重要的行动已经完成，后续的评估已进行并得出变更的有效性结论后，变更方可关闭。

四、偏差管理

药品生产企业应制定和执行偏差处理程序。

（一）偏差范围

1. 物料平衡限度超出合格范围。
2. 生产过程时间控制超出工艺规定范围。
3. 生产过程工艺条件发生偏移、变化。
4. 生产过程中设备突发异常，可能影响产品质量。
5. 产品质量发生偏移。
6. 跑料。
7. 标签、封口签、说明书等的实用数、残损数、退回数与领用数发生差额。
8. 生产中其他异常情况：如原料药及制剂所用物料因特殊原因需处理使用等。
9. 质量标准。
10. 检验方法。

（二）偏差处理的原则

质量管理部门确认不能影响最终产品的质量，符合规格标准，安全、有效。

（三）偏差处理程序

1. 发生偏差时，生产车间或仓贮部门由质量部门监控员填写偏差处理通知单，岗位人员填写“偏差处理记录”，内容包括：品名、批号、规格、批量、涉及产品批号、偏差的内容、发生过程及原因、地点、填表人签字，注明日期后交部门负责人，并通知监控员及质量管理部门负责人。

2. 各相关部门负责人、质量管理部门负责人及监控员进行调查，同时提出处理措施，相关人员填写“偏差处理记录”相应项目。

3. 审核：确认不影响产品最终质量的情况下，采取继续加工、进行返工或采取补救措施、再回收、再利用措施；确认可能影响产品质量，应报废或销毁。

4. 相关部门负责人将调查需采取的措施在偏差处理记录上详细写明，由质量管理部门负责人审核、批准签字，一式三份，生产车间或仓贮、生产部、质量部三个部门各存一份，生产部下达实施指令。

5. 生产车间按批准的措施组织实施，实施过程必须在监控员的控制下进行，并详细记入批记录，同时将偏差处理记录附于批记录后。

6. 若调查中发现有可能与本批次前后生产批次的产品有关联，质量管理部门负责人应采取措施停止相关批次的放行，直至调查确认与之无关后方可放行。

7. 重大偏差要有调查报告。

(四)文件归档

1. 所有偏差均应有记录，重大偏差必须有调查报告。与处理偏差有关的所有文件，如检验结果、偏差处理记录、偏差调查报告等均归入相关批的批档案中，涉及多批产品的偏差每份批档案都应有偏差处理记录的复印件。建立偏差台账。

2. 每半年应对偏差情况作一次总结。这些总结将为以后的生产计划、工艺设计、文件管理、生产设施的改进等提供依据。必要时，应及时修改批生产记录或生产工艺。

3. 质量管理部门应当负责偏差的分类，保存偏差调查、处理的文件和记录。

五、纠正和预防措施管理

(一)术语及定义

纠正措施：为消除已发现的不合格或其他不期望情况的原因所采取的措施。

预防措施：为消除潜在不合格或其他潜在不期望情况的原因所采取的措施。

纠正和预防措施(CAPA)：对存在的或潜在不合格或不期望情况的原因进行调查分析，采取措施以防止问题发生或避免发生的全部活动。

(二)范围

制药企业 CAPA 的管理范围覆盖了 GMP 的各个环节，包括设计控制，人员培训，物料管理，生产与工艺控制，设备与设施，文件、记录与变更控制。

(三)实施步骤

生产企业应当建立和贯彻 CAPA 程序，并对整个执行过程有完整的文件记录。

(四)CAPA 系统启动

在发生下述情况时，应进行风险评估，再根据评估情况，执行相应处理程序。发生生产偏差时；发生检验结果超常、超标时；需要变更时；回顾分析，发现不良趋势时；出现产品退货时；实施产品召回计划前；内部自检或外部检查后。

（五）CAPA 处理流程

CAPA 处理流程见表 10 - 1。

表 10 - 1　CAPA 处理流程

问题的定义（风险评估）	对发现的问题进行描述与记录，发生了什么事情？在哪里发生的？何时发生的？怎么发生的？谁发现的？评估问题的严重程度和影响范围
问题调查（原因分析）	对问题或潜在问题展开调查，并制订书面的调查计划。以确保调查过程的完整性和调查范围的全面性。调查过程应当包括：①目标的制定：首先必须明确 CAPA 的目标，即采取纠正与预防措施后期望达到的效果，并对其进行描述。②调查策略：制定合适的调查策略，合理运用调查方法和质量工具。③归责与资源配置：成立专门的调查小组，职责明确并落实到位；进行必要的附加资源配置，如专门的测试设备、分析软件等 原因分析则是为了确定根本原因。需要采集所有与调查结果相关的数据和信息，对其进行分析以确定根本原因。①数据的采集：创建原因分析列表，对所有相关信息、测试数据等整理记录。②数据的来源：试验结果、操作记录、审核记录、服务信息、设计控制等，都可作为数据采集的来。③根本原因的确定：是 CAPA 措施制定的基础
CAPA 计划	利用分析得出的结论，制定出最佳的纠正和预防措施，以解决现有的问题或预防潜在问题的发生。制订 CAPA 实施计划，包括采用的纠正方法、程序、文件变更、系统完善、人员培训以及必要的监控措施
执行（确认、验证、变更控制）	CAPA 措施应严格按照计划进行，必要时可调整计划。另外责任的划分必须明确并落实到位，相关的实施和归责部门要切实地进行督促检查并记录
跟踪确认	CAPA 的跟踪确认不仅是对执行措施的成功与否进行核实，还要对纠正措施的有效性进行评估，是 CAPA 流程中不可缺少的部分。CAPA 的跟踪确认一般由质量管理部门负责，通常由 QA 负责管理并应建立相关管理程序，以确保跟踪确认正常有序的实施
关闭	质量管理部门针对该 CAPA 项目进行了跟踪验证以后，确认其有效性，在 CAPA 措施确认记录中填写确认结论并签字确认，该 CAPA 项目就可宣布关闭

六、供应商的审计

1. 起草和批准供应商质量评估和现场审计程序。药品生产企业应成立供应商质量体系评估工作小组，由质量管理部门负责，会同采购、生产等部门定期对主要供应商质量体系进行评估。

2. 审计内容如下：

（1）供应商合法的资质审核，如原料药生产企业必须具有《药品生产许可证》、药品 GMP 认证证书及该原料药的生产批准文号或注册证。医药原料药经销单位必须持有《药品经营许可证》、药品 GSP 认证证书。直接接触药品的药包材生产单位必须具有《药品包装材料和容器注册证书》并通过注册验收。印刷包装材料厂需持有《特种印刷许可证》或《包装装潢印刷许可证》等按规定经批准许可的证明文件，上述单位还应有工商行政管理部门颁发的《营业执照》等。对有效期、范围、证号等内容全面审查，所有资质证明文件都应在有效期内，复印件加盖企业红章，供应商最好是直接的生产商。

(2)供应商厂房、设施、设备等生产硬件,必要时现场考核,重点对药品、内包材、生产洁净环境、设施、设备等进行考核。

(3)质量保证体系应是按 GMP、GSP、ISO 等体系认证合格的供应商。

(4)产品质量检验,检验设施、设备、仪器和检验人员数量等应满足要求。

(5)与生产、采购部门共同参与,综合评价并确认,按程序做好审核批准记录。

(6)应对供应商提供的小样进行检验,并在其合格的情况下进行小试。

3. 确定供应厂商,建立供应商档案。按规程经有关部门讨论,经有关负责人批准,确定供应厂商。供应厂商一经确定,应相对稳定。根据以上审核、认可情况,建立完整的可适时更新的供应商审计档案。与供应商签订采购合同,保证供货质量,包括名称、规格/标准、数量、包装等信息。下达批准供应商的目录,及时更新,监督执行情况。供应商一般应定 2～3 家。

4. 对产品影响较大的情况,要进行必要的工艺验证,变更主要物料供应商,质量管理部门要审查批准变更程序。如确实需要变更时,必须重新对新的供应厂商质量体系进行评估。供应部门不得向不合格的或未经批准的供应厂商购买原辅料及直接接触药物的内包装材料。

七、产品质量回顾分析与产品质量档案管理

(一)产品质量回顾分析

产品质量回顾分析是对活性药物成分和药品的定期质量回顾性分析,是针对一系列的生产或质量控制数据的回顾分析,客观评价产品生产与批准工艺(已验证的工艺)一致性,以及起始物料与成品的质量标准对工艺的适应性,辨识任何显著的趋势并控制;确保产品的工艺稳定可控,产品始终如一地保持一定的质量水平;确保产品质量符合产品质量标准要求;为持续改进产品质量和管理风险提供依据。

1. 目的:为了确认在现行生产工艺及控制方法条件下产出的产品其安全性、有效性、持续性及质量符合规定的水平。发现明显趋势,对产品做出正确分析和评价,以利于更好改进。

2. 回顾范围及时间段:企业的质量回顾可以根据产品剂型进行分类,如固体制剂、液体制剂、无菌制剂等。产品质量回顾应覆盖一年的时间或有 2～3 批产品生产后进行,除非法规部门对此有特殊要求。

3. 工作步骤:见表 10 - 2。

4. 产品质量回顾总结报告。对产品质量回顾的总结应包括:数据趋势:根据所生产产品的检验数据和生产数据,以表或图的形式进行总结并给出评价性的结论,如质量稳定、某项指标有超标的趋势等。对支持性数据回顾所发现的问题。需要采取的预防和改正行动的建议。预防和改正行动的行动计划和责任人及完成时间。之前产品质量回顾中预防和改正行动的完成情况。通过产品质量回顾,总结当前产品的生产情况及结论。

(二)产品质量档案管理

质量管理部门必须建立产品质量档案,并指定专人负责。产品质量档案内容包括:产品简介(品名、规格、批准文号及日期、简要工艺流程、工艺处方等),质量标准沿革,主要原辅料、半成品、包装材料、成品的质量标准,工艺路线和检验方法变更情况,质量指标完成情况,留样观察情况,与国内外同类产品对照情况,重大质量事故,用户访问意见,退货、换货情况,提高产品

质量的试验总结等。

表 10-2　制定流程,QA 制定 PQR 管理程序,并进行相关培训

<table>
<tr><td>组织培训</td><td>QA 负责制定 PQR 管理程序,并进行相关培训</td><td rowspan="6">向药品监督管理部门报告
批准 PQR
督促企业按计划开展 PQR</td></tr>
<tr><td>分派任务</td><td>QA 制订年度产品质量计划,按计划任务分派到各职能部门,并规定时限</td></tr>
<tr><td>收集信息/数据</td><td>各职能部门按要求收集产品相关信息/数据,按时交至 QA</td></tr>
<tr><td>汇总整理</td><td>QA 收集产品相关信息/数据,按一定格式进行汇总及整理,并进行趋势分析</td></tr>
<tr><td>分析讨论</td><td>QA 召集专门会议,组织相关人员对产品的相关信息/数据进行分析、讨论和评价,并对重大事项进行风险评估</td></tr>
<tr><td>总结、报告、归档</td><td>QA 记录汇总会议的分析讨论结果及产品质量回顾年度的质量状态总结,形成报告,报 QP 审批。批准的报告复印、分发到个相关职能部门,原件存档</td></tr>
</table>

八、投诉与不良反应报告

(一)药品不良反应报告制度

1. 药品生产企业不良反应监测报告制度。药品生产企业应当建立药品不良反应报告和监测管理制度,设立专门机构并配备专职人员承担本单位的药品不良反应报告和监测工作。

药品生产企业应当主动收集药品不良反应,经常对本单位生产药品所发生的不良反应进行详细记录、调查、分析、评价、处理,并进行风险和效益评估。药品生产企业获知或者发现药品群体不良事件后,应当及时报告;同时立即开展调查,同时迅速开展自查,分析事件发生的原因,必要时应当暂停生产、销售、使用和召回相关药品,并报所在地省级药品监督管理部门。

药品生产企业还应以《药品不良反应/事件定期汇总表》的形式进行年度汇总后,向所在地的省、自治区、直辖市药品不良反应监测中心报告。

2. 药品生产企业不良反应监测记录。药品不良反应的监测应有监测记录,记录内容主要包括:产品名称、剂型、规格、批号和数量,随访人姓名、地址、日期、单位名称和电话,随访内容,调查取证核实的结果,负责部门初步处理意见,企业负责人审核意见,处理结果等。监测记录应保存在产品质量档案中。

3. 药品生产企业不良反应后续工作。药品生产企业除制定相应的报告制度和报告程序外,还应制定相应的后续处理制度,配合药品监督管理部门的调查和处理,对于国家食品药品监督管理局确认发生严重药品不良反应的药品,根据《药品管理法》采取责令生产企业修改药品标签、说明书和停止生产、销售、使用的紧急控制措施通知或公告,药品生产企业接到通知或通告后应立即组织内部实施,如修改标签、说明书或者停止生产、销售。以上措施在药品生产企业的药品不良反应监测报告机构应有相应的记录和存档。

(二)药品质量用户投诉管理

企业应做好药品质量信息的反馈工作,重视用户对药品质量评价,建立用户投诉记录,搞好意见反馈和处理,定期汇总分析,提出改进意见。

1. 药品质量用户投诉制度。

(1)用户质量投诉的管理制度。企业要建立用户投诉的管理制度。药品生产企业应该设立专门的机构或人员处理药品质量投诉问题,有关药品质量的所有书面和口头投诉的处理方法都应制定书面的处理程序,对不合格药品的投诉的审查以及是否进行调查提出意见,审查确定投诉所反映问题的严重程度等。

(2)用户投诉的调查。调查的目的有两个:一是通过调查查明原因,明确质量责任;二是对属于产品本身的质量问题,通过查明原因,通知生产部门采取改进措施,防止再发生,并借此改进、提高产品质量。

(3)产品质量问题的处理。发现产品质量问题,属于产品本身的质量问题,一定要根据实际情况,按照有关规定,承担应该承担的质量责任,造成经济损失的还应负责赔偿实际经济损失。属于用户贮运或保管不当而造成的质量问题,要热情地给予技术上的指导和帮助,及时帮助解决。

(4)用户投诉档案的建立。企业还要建立用户投诉档案。用户关于质量的函电、来访,必须登记备案,及时回复处理,并将投诉的时间、问题、内容、调查过程及处理结果等记录在案。每一投诉应有书面记录,保存在用户投诉档案内。有关药品投诉的书面记录保存至药品有效期后 1 年。

用户投诉记录内容应包括:药品名称、剂型、规格、产品批号,投诉人姓名、投诉的内容和性质以及对投诉的答复。如果进行调查,投诉记录应包括调查结果及采取的措施;如果不进行调查,则应有认为不必进行调查的原因以及对此做出决定的负责人签字。

2. 重大质量事故报告制度。

(1)重大质量事故范围:①生产过程中因发生质量问题造成整批报废或部分报废,损失金额在 1 万元以上的(含 1 万元),包括在企业有效期内的退货和索赔。②已出厂的产品,发现混药、差错、严重异物混入、整批退货或其他质量问题性质严重,威胁人体用药安全或造成医疗事故者。③上级药品监督管理部门产品质量监督抽查不合格者。

(2)重大质量事故报告。重大质量事故发生后要分析原因,吸取教训,提出改进措施,防止事故再发生的改进措施,杜绝类似事故发生。

①重大质量事故发生后,发现部门应于当天立即报告质量管理部门。②质量管理部门收到事故报告后,应立即会同有关人员初步查明事故原因,并向企业负责人汇报。③重大质量事故的责任部门,应立即制定防范措施,严防同类质量事故的再次发生。④企业负责人在事故发生的 3 天内,组织事故调查,深入现场查清事实,分析质量事故发生原因。⑤企业负责人在调查的基础上,召集会议,对事故进行深入分析,确定事故原因及责任者,责成责任部门认真总结事故教训,制定和落实纠正措施。⑥重大质量事故发生后,应立即报告上级主管部门,待原因查清后再作详细书面报告,并报药品监督管理部门,不得隐瞒。对于造成重大质量事故的企业必须追究领导责任,并上报药品监督管理部门,对于直接责任者要给予处分。质量事故报告内容包括以下几个方面:事故发现及发生的时间、地点,有关人员姓名,事故发生原因、性质、经过、处理情况与结果,损失金额和数量,改进措施等。⑦重大质量事故的全部材料,汇总后作为产品质量档案归档保存。

第二节　质量控制(QC)

质量管理部门必须设置负责质量控制的一个或多个实验室,包括车间化验室。实验室配置的设施、仪器、设备和人员足以对起始物料和药品进行取样、检查、检验并对洁净区环境进行监测。

一、化验室管理

(一)设施、设备仪器、仪表、小容量玻璃仪器的管理

质量管理部门应当有受其支配的实验室。实验室布局要合理、各类检验室要齐全,并有足够的空间操作。做到无菌实验室与微生物限度室分开,生物检定室与微生物限度检查室、放射性同位素室分开,阳性菌室要单独设立,且直接对外排风,实验动物房应有国家规定的资质证明,检验仪器及设备符合并满足检验需要,检验仪器及设备的计量校验和操作、清洁维护保养SOP及记录、凭证完整并按规定实施。

检验用的仪器、仪表、衡器需由专人负责验收、保管、使用、维修和定期校验。经检定合格的仪器、仪表、衡器应贴上合格证并规定使用期限,定期进行检定。操作人员应严格按操作规程正确使用仪器。并填写使用记录。小容量玻璃容器需要经专业人员校验合格后方可使用,并贴上合格证,超过有效使用期的应重新标定。

实验室的洁净度应按有关规定进行定期监测。新进设备使用前要做验证,对灭菌设备、培养箱、烘箱、真空烘箱等定期再验证。

(二)滴定液、标准液、标准品和检定菌的管理

质量管理部门应指定专人负责滴定液、标准液、标准品和检定菌的管理,并制定相应的标准操作规程(SOP)。

滴定液应制定标化允许误差及有效期,标准液应制定使用期,滴定液的配制、标化要有记录,滴定液和标准液由质量管理部门指定专人配制、专人复标、专人发放并定期复核,领用滴定液、标准液要做好登记。

标准品由质量管理部门向有关药品检验所统一申请,统一发放,并做好记录,标准品和对照品应加锁由专人管理。

检定菌由质量管理部门建立收发制度,使用部门指定专人定期进行传代纯化,做好遗传谱,做好记录。

(三)试剂、试液、指示液、培养基的管理

实验室全部试剂、试液、指示液、培养基均应按规程配制,并有记录,全部试剂、试液、指示液的容器均应贴有明显的标签,标签内容包括:品名、配制浓度、配制日期、配制人等,要注明有效期和特殊贮存条件。

(四)剧毒(麻醉)药品(试剂)的管理

这类物品需存放在保险柜内，由企业保卫部门及质量管理部门专人保管，使用时应严格按国家有关制度领用，做好登记。

(五)实验动物的管理

药品生产企业对实验动物的管理，应按有关法规和国家标准(如《实验动物环境及设施》)的要求，制定本企业的实验动物管理制度、规程及 SOP，并应使用具有合格证明的实验动物。

(六)实验室人员的管理

实验室的质量检验人员必须熟悉各级各类质量标准，能熟练使用与本人检验有关的检测仪器及量具，遵守检验操作规程和实验室安全规范，独立地进行质量检验，认真填写各项原始记录。

二、质量标准管理

(一)质量标准的类别和主要内容

1. 原辅料质量标准。原辅料可以现行法定标准《中国药典》、局颁标准、省市自治区药材标准为依据。原辅料可根据生产工艺、成品质量要求及供应商质量体系评估情况，确定需要增加的质量控制项目。

原辅料质量标准的主要内容有：企业统一指定的原辅料名称和内部使用的原辅料代码、品名、规格、用途、性状、鉴别、检验项目与定性和定量的限度要求、检验方法、贮存条件和注意事项、有效期(或复验期)及标准依据等。中药材还需要增加采购原料的商品等级、加工炮制标准及经批准的供应商。

2. 包装材料质量标准。可依据国家标准(GB 系列)、行业标准(YY 系列)和协议规格制定。

包装材料质量标准的主要内容有：品名、代号与编号、材质、外观、尺寸、规格、理化项目和取样规定。直接接触药品的包装材料、容器的质量标准中还应制定符合药品要求的卫生标准。

3. 中间产品和成品质量标准。可依据法定标准(《中国药典》、《局颁标准》)、企业内控标准。

中间产品和成品质量标准的主要内容有：产品名称、代号或编号、规格、包装形式、处方、成分名称或活性成分名称、法定质量标准及标准依据(包括卫生学标准)、内控项目及检验方法(高于法定质量标准的成品发放标准)、外观质量标准及检验方法、卫生学标准及测定方法、取样规定、贮存条件及注意事项、有效期或贮存期。

4. 工艺用水质量标准。其中饮用水依据 GB 5749—2006《生活饮用水卫生标准》。纯化水、注射用水及灭菌注射用水依据现行的《中国药典》二部。

工艺用水质量标准主要内容有：名称、制备方法、质量标准及标准依据、检查项目及检验方法、取样规定(取样容器、方法、频次、取样点、取样量、注意事项)等。

(二)质量标准的管理

1. 质量标准由质量管理部门会同生产、供应等有关部门制定,经企业分管负责人审核,企业负责人批准、签发后下达,自生效日期起执行。

2. 在使用无法定标准的物料时应按规定向药品监督管理部门备案。

3. 质量标准类同于生产工艺规程,一般每 5 年由质量管理部门组织复审或修订。审查、批准、执行办法与制定时相同。在执行期内确实需要修订时,也可向质量管理部门提出申请,审查批准和执行办法也与制定时相同。

三、质量检验管理

(一)取样

1. 取样。对原料、辅料、包装材料、半成品(中间产品)、成品及工艺用水等都应分别逐个制定取样方法。对取样环境的洁净要求、取样人员、取样容器、取样部位和顺序、取样方法、取样量、样品混合方法、取样容器的清洗、保管、必要的留样时间、对无菌药品及特殊管理药品(麻醉、精神、毒性药品)等,都应有明确的规定。取样环境的空气洁净度级别应与生产要求一致。

2. 取样数量。一般原辅料总件数 $n \leqslant 3$ 时,每件取样;n 为 4～300 时,取样数为$\sqrt{n}+1$;$n>300$ 时取样数为 $1+\frac{\sqrt{n}}{2}$。中药材总件数 $n \leqslant 5$ 或为贵细药材时,每件取样;n 为 5～99 时,取样数为 5;n 为 100～1 000 时,按 n 的 5%取样;$n>1\ 000$ 时,超出部分按 1%取样。对于成品、半成品(中间产品)、包装材料、工艺用水及特殊要求的原料,可按具体情况另行规定。取样量为全检所需数量的 1～3 倍,特殊情况另定。

3. 取样记录。取样时所填写的取样记录内容应包括:取样日期、品种、代号或编号、规格、批号、数量、来源、包装、取样件数、必要的抽样说明和取样人签字等,每件被抽样的容器上要贴上取样证。

4. 特殊要求。原辅料发放时,发现其有疑问应重新取样复检,超过规定的贮存期的原辅料,应重新取样复检,合格后方可发放,每份样品应有标签,标明品名、批号、代号或编号、取样日期、取样人、请验项目等。

(二)检验操作

1. 检验操作。检验操作必须依据检验操作规程,检验操作规程中的检验方法,以及使用的设备、仪器,应按规定进行验证。

2. 检验操作规程的编制。原辅料、工艺用水、半成品或中间产品、成品及包装材料、洁净室(区)内空气的尘埃数和微生物数监测等的检验操作规程可依据质量标准由各级检验室编制,经质量管理部门负责人审查、企业分管负责人批准并签字后,自生效日期起执行。

检验操作规程的管理类同于生产工艺规程和质量标准,一般每 5 年复审、修订一次。审查批准和执行办法与制定时相同。在执行期限内确实需要修改时,审查、批准和执行办法与制定时相同。

3. 检验操作规程内容。检验操作规程一般包括:检品名称(中、英文名)、代号或编号、结构式、分子式、分子量、性状、鉴别、检验项目与限度和检验操作方法等。检验操作方法必须规定检验使用的试剂、设备和仪器、操作原理及方法、计算公式和允许误差等内容。检验操作规程的附录,可编入根据药典及有关规定编制的滴定溶液、标准溶液、指示剂、试剂及酸碱度、杂质检查、热原、生物效价等单项检验操作方法中。

4. 检验操作记录和检验报告。检验所得的数据、记录及运算等原始资料应记入检验操作记录。其内容应包括:样品的名称、剂型、规格、来源、数量、批号、代号或编号、取样日期和测试日期、全部项目测试的数据和计算单位、换算系数、当量系数、演算过程、仪器分析的图谱、化验结论等。检验结果由检验人签字、复核人签字。检验操作记录应能准确、真实、方便地追溯检品的质量状况及检验情况。

检验报告单作为正式报告,其内容应有检验依据、检验结论,检验人和复核人签字,由质量部门负责人审核签字加盖公章。所有检验均应建立检验台账。

检验记录、检验报告单需按成品批号整理成批检验记录,归入批生产记录或单独存放,保存至药品有效期后 1 年,以便于追溯。

四、生产过程质量控制管理

监控员或质监员应根据工艺要求和质量标准,按批复核原辅料数量,检查半成品(中间产品)、成品质量,检查关键工艺参数符合性,检查工艺卫生、生产现场清洁及清场情况,做好质量抽查及控制记录。填写半成品及成品质量月报。

在药品生产中洁净室(区)环境的监测、工艺用水的检测,以及工艺卫生的监督十分重要,应按有关规程执行,并做好记录。也应对生产过程中的物料及半成品进行抽样检查,检验报告单纳入批检验记录。在生产过程中的异常情况应及时调查处理,同时报告质量管理部门,必要时质量管理部门调查处理并记录。质量管理部门有权审核不合格的中间产品或成品的返工程序,决定物料及中间产品的使用,有权制止不合格原辅料投入生产、不合格半成品流入下道工序、不合格成品出厂。

五、不合格品控制管理

药品生产中规定:凡不合格原辅料不准投入生产,不合格半成品不得流入下道工序,不合格成品不准出厂。当发现不合格原辅料、半成品(中间产品)和成品时应按下列要求管理。

1. 立即将不合格品隔离于规定的存放区,挂上明显的不合格标牌。

2. 必须在每个不合格品的包装袋或容器上标明品名、规格、批号、生产日期等。

3. 填写不合格品处理报告单,内容包括:品名、规格、批号、数量等,查明不合格的日期、来源,不合格项目及原因、检验数据及负责查明原因的有关人员等,分送各有关部门。

4. 由质量管理部门会同生产技术部门查明原因,提出书面处理意见,负责处理的部门限期处理,质量管理部门负责人批准后执行,并有详细的记录。

5. 凡属正常生产中剔除的不合格的产品,必须标明品名、规格、批号、数量等,妥善隔离存放,根据规定处理。

6. 整批不合格产品,应由生产部门负责写出书面报告。内容包括质量情况、事故或差错发生原因,应采取的补救方法,防止今后再发生的措施。由质量管理部门审核决定处理程序。

7. 必须销毁的不合格产品应由仓库或生产部门填写销毁单，质量管理部门批准后按规定销毁。

六、质量事故管理

所谓的质量事故是指生产的半成品或中间体、成品的质量达不到质量标准的规定，生产出的中间体或成品不合格或中间体、成品的收率极低，产生大量的废品。

质量管理部门负责质量事故的处理。应制定质量事故管理制度。发生质量事故时应会同生产、技术部门分析质量事故原因，提出解决办法，并采取适当的纠正措施以避免此类事故的再次发生。重大质量事故应及时报告药品监督管理部门。在未找到原因及解决办法前应暂停生产。所有的分析、质量事故调查的结果、建议及付诸实施的计划都应该是书面的。如果以后再发生同类质量事故的话，则要考虑是否要对工艺过程进行重新验证。

所有质量事故的处理都应有书面记录和处理报告，内容有：分析、调查原因，即所产生的质量事故的中间体、成品与预期的质量差异何在。对可能引起问题的工艺过程或操作人员技术的审查结果。对质量事故所采取的纠止措施和解决办法。为防止此类质量事故再次发生而采取的措施。生产、技术、质量管理部门的意见。有关生产、技术、质量管理人员的签名和日期。发生质量事故的半成品或中间体、成品要做一些特殊的质量检验，而且要经质量管理部门的书面批准才可以对处理后的物料回收或进一步加工，并由质量监控员监督执行。

七、产品留样观察制度

质量管理部门应根据产品贮存条件设立相应的留样观察室，建立产品留样观察制度，明确规定留样品种、批数、数量、复查项目及期限、留样时间等。指定专人进行留样观察，填写留样观察记录，建立留样台账。定期做好总结，并报有关企业负责人。

产品留样应采用产品原包装或模拟包装，贮藏条件应与产品规定的条件相一致，留样量要满足留样期间内测试所需的样品量。留样样品应当按照注册批准的贮存条件至少保存至药品有效期后 1 年。

产品留样期间如出现异常质量变化，应填写留样样品质量变化通知单，报质量管理部门负责人，由部门负责人报告有关领导及部门分析原因研究措施，并监督执行。

技能实训

取样操作

【实训目的】

能按取样操作规程正确完成取样操作工作。

【实训内容】

按照取样操作规程完成取样操作。

【实训操作】

分组进行，每组 5 人。

【实训测试】

按照取样操作过程中取样工具的选择，样品的计算，取样过程的操作，取样场所的选择及样品的分装与贴标签记录等的完成程度进行综合评价。

××公司
物料质量监控检查记录

编号:SMP09-xx(y)-00

品名		编号	
包装		数量	
代码		批号	
供货单位		产地	
监控项目	标　准	结果 符合打"√",否则打"×"	
定点采购	供货方为企业批准的定点供应商		
包装	外包装应无破损、受潮、混杂、污染，有符合规定的外包装标志		
初检记录	记录完整，有供货商出具的检验报告书		
取样	符合取样标准操作规程		
检验	符合检验标准操作规程，有物料放行许可证及物料入库单		
贮存	1. 分库或分区贮存，货位正确，有状态标志		
	2. 库内卫生清洁		
	3. 物料贮存状态标志正确，每件贴有合格证或不合格证		
	4. 贮存区温度应控制在 0～30℃，相对湿度在 45%～75%(需阴凉存放的，温度在 20℃以下)		
	5. 有防虫、防鼠、防霉变等设施		
发放	执行先进先出、近期先出原则，物料发放符合物料发放管理规程，且记录完整		
备注			
监 控 员		检查日期	年　　月　　日

复 习 题

一、填空题

1. ________按有关要求负责进厂物料的验收、保管、发放及填写原辅料质量月报。

2. 稳定性试验的批次数量应有连续________批产品的稳定性考察数据，以确定有效期。

3. 任何可能影响产品质量或重现性的________都必须得到有效控制。

4. 发生偏差时，生产车间或仓贮部门由质量部门监控员填写偏差处理通知单，岗位人员填写________。

5. 在发生产品退货、检验结果超常等情况时，应进行________，再根据情况执行相应处理程序。

6. 供应厂商一经确定，应相对稳定并建立完整的________，一般应定________家。

7. 药品生产企业将药品不良反应进行年度汇总后，以________的形式向所在地的省、自治区、直辖市药品不良反应监测中心报告。

8. 实验室布局要合理，做到无菌实验室与________分开，生物检定室与________、放射性同位素室分开，________要单独设立，且直接对外排风。

9. 标准品由质量管理部门向________统一申请，统一发放，并应加锁，由专人管理。

10. 质量环是指对产品质量的________、形成和________过程进行的抽象描述和理论概括。

二、单选题

1. 非无菌原料药精制工艺用水至少应当符合(　　)的质量标准。

A. 注射用水　　B. 纯化水　　C. 饮用水　　D. 原水

2. 质量控制实验室的检验人员至少应当具有(　　)以上学历，并经过与所从事的检验操作相关的实践培训且通过考核。

A. 初中　　B. 中专或高中　　C. 专科　　D. 本科

3. 以下为质量控制实验室应当有的文件(　　)。

A. 质量标准、取样操作规程和记录、检验报告或证书

B. 检验操作规程和记录(包括检验记录或实验室工作记事簿)

C. 必要的检验方法验证报告和记录

D. 以上都是

4. 一批甲硝唑原料共 16 件，应取样(　　)。

A. 3 件　　B. 5 件　　C. 10 件　　D. 4 件　　E. 16 件

5. (　　)应当对受托生产或检验的全过程进行监督，且应当确保物料和产品符合相应的质量标准。

A. 委托方　　B. 受托方　　C. 生产车间　　D. 以上都不是

6. 实验室管理内容不包括(　　)。

A. 剧毒(麻醉)药品　B. 实验药物　　C. 车间设备　　D. 培养基

7. 检验操作方法必须规定检验使用(　　)、仪器和设备,操作原理及方法,计算公式和允许误差等。

A. 试剂　　B. 设备　　C. 计算公式　　D. 稳定性考察

8. 药品生产企业应当长期保存的重要文件和记录不包含(　　)。

A. 质量标准　　B. 操作规程　　C. 设备运行记录　　D. 稳定性考察报告

9. 批生产记录和批检验记录的审核分别由(　　)审核,决定成品放行与否。

A. 车间技术员　　B. 质监员　　C. 质量受权人　　D. 生产部门负责人

10. 药品的稳定性是指原料药及其制剂保持其物理、化学、生物学和微生物学性质的能力。稳定性研究可以分为(　　)。

A. 毒理试验　　B. 影响因素实验　　C. 加速稳定性实验　　D. 长期稳定性实验

11. 偏差处理记录由(　　)审核、批准签字,(　　)下达实施指令。

A. 质量管理部门负责人　　B. 质量部

C. 生产部　　D. 生产部门负责人

12. 供应商的审计内容包括(　　)。

A. 产品质量　　B. 合法的资质　　C. 厂房　　D. 设施、设备

13. 重大质量事故范围包括(　　)。

A. 整批报废,损失金额在 1 万元以上的

B. 已出厂的产品,发现混药,威胁人体用药安全或造成医疗事故者

C. 上级药品监督管理部门产品质量监督抽查不合格者

D. 用户投诉的

14. 原辅料质量标准可以(　　)为依据。

A.《中国药典》　　B. 行业标准　　C. 局颁标准　　D. 省市自治区药材标准

15. 工艺用水的质量标准可以依据现行的《中国药典》二部的是(　　)。

A. 饮用水　　B. 纯化水　　C. 注射用水　　D. 灭菌注射用水

16. 检验操作规程一般包括(　　)。

A. 检验操作方法　　B. 检验项目与限度　　C. 检品名称　　D. 检验报告

17. 需按成品批号归入批生产记录的是(　　)。

A. 检验方法　　B. 检验限度　　C. 检验记录　　D. 检验报告单

18.“三不”指的是(　　)。

A. 不合格原辅料不准投入生产　　B. 不经批准的人员不能进入生产车间

C. 不合格半成品不得流入下道工序　　D. 不合格成品不准出厂

三、简答题

1. 应当按照经批准的操作规程取样,操作规程应当详细规定哪些内容?

2. 物料的放行应该至少符合哪三项要求?

3. 质量控制实验室应该具有哪些文件?

4. 持续稳定性考察的目的包括哪些?持续稳定性考察的时间应当涵盖药品有效期,考察方案应当至少包括什么内容?

5. 企业如何进行偏差分类?对重大偏差的评估可能包括哪些措施?

6. 企业应当建立实施纠正预防措施的操作规程，其内容包括什么？
7. 主要物料的确定应当综合考虑哪些因素？
8. 产品质量回顾分析的目的是什么？产品质量回顾分析的内容至少应该包括哪些方面？
9. 什么是药品不良反应？药品不良反应主要有哪些类型？
10. 药品生产企业药品不良反应的报告制度内容有哪些？

第十一章

委托生产与委托检验

知识目标

- 掌握委托方、受托方的条件与职责。
- 熟悉委托合同内容。

技能目标

- 能够解释委托生产与委托检验的含义。
- 能明确委托合同要求。
- 会解决在委托生产与委托检验中遇到的实际问题。

委托生产和委托检验，也可称为合同生产和检验，这种企业之间合作形式是最大限度利用资源的一种商业模式。在全球经济一体化的今天，这种商业模式在国内外得到越来越广泛的应用，也是降低药品生产成本以及提高产品质量的一种方式。

由于药品质量要求的严格性，我国《药品生产监督管理办法》、《中华人民共和国药品管理法》、《药品生产质量管理规范》等法规从技术层面上针对药品委托生产和委托检验行为做出了较为全面、细致的规定，这与国际上的相关要求是一致的。

第一节 委托生产及委托检验的概念

一、委托生产

委托生产指的是委托方将其生产（贮存、采购等）整体或其中的某一部分委托给其他组织进行的活动。由委托方提供工艺、标准、规格，并贴上自己的品牌商标并负责销售。接受委托的生产厂也应当按照 GMP 法规的要求，从事与其接受的委托生产任务相关的各项活动。

2004 年修订的《药品生产监督管理办法》规定：疫苗制品、血液制品以及国家食品药品监督管理局规定的其他药品不得委托生产；麻醉药品、精神药品、医疗用毒性药品、放射性药品、药品类易制毒化学品的委托生产按照有关法律法规规定办理;其他药品委托生产向省级药品监督管理部门提出申请,并提交规定的申请材料。

委托生产的运作方式大致有四种:

1. 横向委托生产,也就是平行同类企业的相互委托生产。

2. 纵向委托生产,是药品生产经营企业沿产业链,委托上下游企业进行的委托生产。

3. 国际委托生产,是指品牌拥有者不直接生产产品,而是利用自己所掌握的核心技术,负责设计和开发新产品,并控制销售渠道,具体的加工任务则交给别的企业去做。从全球的趋势来看,发展中国家的企业接受跨国公司订单,实施委托生产战略成为发展中国家企业国际化战略的重要选择。我国作为世界上最大的发展中国家,已经融入这一国际经济发展的大潮当中。

4. 医院制剂的委托生产。根据《医疗机构制剂配制监督管理办法》,符合规定的医疗机构中的药物制剂可以委托符合规定的药品生产企业为其配制。

二、委托检验

委托检验指的是委托方将其检验整体或其中的某一部分委托给其他组织进行的活动。由委托方自行送样或由受托方组织抽取样品。以委托方的要求和药品质量标准以及国家法律法规等为依据,按标准规定的检验方法,受托方在规定的环境条件下对药品样品质量进行检验,并对样品的质量状况做出准确、可靠的评价结论。

委托方由于实验室条件及人员资格的限制,或仪器发生故障不能满足正常工作时,可以考虑对原辅料、包装材料、放行产品部分实验项目等的委托检验。委托检验的受托方可以是国家或地方药品检验所,或第三方具有检验资质的机构或企业。主要看其检验仪器是否经过计量校验(生产企业和药检所在这方面是强制执行的),是否处于良好工作状态,人员是否具备要求的技术水平,质量管理水平是否符合 GMP 法规要求等。

国家食品药品监督管理局于 2004 年下发了《关于药品 GMP 认证过程中有关具体事宜的通知》,规定:药品生产企业对本企业放行出厂的产品(包括制剂和原料药)必须按药品标准项下的规定,自行完成所有检验项目。除动物试验暂可委托外(菌、疫苗制品的动物试验除外),其余各检验项目不得委托其他单位进行。药品生产企业在对进厂原辅料包装材料的检验中,如遇使用频次较少的大型检验仪器设备(如核磁、红外等),相应的检验项目可以向具有资质的单位进行委托检验。委托检验需要得到国家药品监管部门的批准。

委托检验的所有活动,包括在技术或其他方面拟采取的任何变更,均应符合有关药品注册批准的要求及合同要求。对于委托方提供质量标准的检验,如果检验方法不是药典等收载的通用方法,应该评估是否需要方法转移。药品生产企业委托检验,应保持受托方相对稳定,委托检验(包括变更受托方)应按相关规定在药品监督部门备案。只有合同生效期内所做的委托检验结果是有效的。

委托检验必须明确界定检验内容和职责,经双方同意并严格控制,委托方和受托方必须签订书面合同,明确规定各方的职责。合同必须明确说明质量受权人在批准放行每一批产品时,如何履行其全部职责。

委托检验的方式,就目前样品的提供过程来看,大体有以下三种形式:

1. 送样委托检验/来样检验。样品由委托方自行从产品批中抽样送受托的质检机构按委托方指定的标准或产品的标准进行检验。由于受托的质检机构对产品批次和抽样过程不了解,因此出具的检验报告仅对样品而言。检验结论一般为:“依据标准检验,所送样品质量合格(不合格)”、“依据委托方指定的标准检验,所送样品质量合格(不合格)”、“依据委托方要求的检验项目,所送样品项目合格(不合格)”。

2. 委托抽样检验。样品抽取、检验,直至对产品批做出质量判定等过程,均由受托的质量检验机构进行。这一形式在实际中最常见,受托的质检机构一般受企业或行政执法部门(非仲裁检验)或其他组织(非仲裁检验)的委托,整个检验过程都是质检机构严格按有关规定和标准进行的,因此出具的检验报告中所做出的检验结论,一般要更加切合实际些。在大多数情况下,其检验报告是对产品批而言,检验结论一般为“依据标准检验,该批产品质量合格(不合格)”。

3. 委托仲裁检验。接受质量争议的双方或一方或司法机关、或质量技术监督行政主管部门、或工商行政机关等其他组织的委托,对产品质量进行仲裁检验。仲裁检验的样品,可由争议双方协商一致共同抽样,否则由质量技术监督部门组织抽样。与委托抽样相比,仲裁检验的性质是一种行政仲裁,更强调法制性、公正性,对于委托方不合乎有关仲裁检验法律法规的要求,检验机构检验时一概不予考虑。仲裁检验的结论必须对整批产品而言,仲裁检验可看成是委托抽样检验的一种特殊形式。

第二节　委托方管理

一、委托方资质

根据我国目前实行的生产许可证审批体系,药品委托生产的委托方必须是取得《药品生产许可证》、营业执照;已取得该药品批准文号的药品生产企业。

二、委托方职责

1. 委托方应负责对受托方进行评估,对受托方的条件、技术水平、质量管理情况进行现场考核,确认其具备完成委托工作的能力,确认采用委托生产或检验的方式仍能保证遵照执行本规范阐述的原则和要求。

2. 委托方应向受托方提供所有必要的资料,例如,试验方法和操作指南、样品贮存和运输条件、试剂的规格、标准品来源及贮存条件等,以使受托方能够按照药品注册和其他法定要求正确实施所委托的操作,委托方应让受托方充分了解与产品生产或检验相关的各种问题,包括产品或操作有可能对受托方的分析设备、人员及其他造成的危害。

3. 委托方,必要的时候应对受托方进行方法转移,并在生产或检验的全过程进行指导和监督。

4. 委托方应确保受托方接到的所有实验样品,均按照合理的取样规则取样,具有代表性。

5. 委托方应确保按照所要求的条件贮藏和运输样品,如对记录格式有特别需求,委托方必须向受托方提供所要求的记录格式。

6. 委托方应当确保物料和产品符合相应的质量标准。

第三节　受托方管理

一、受托方资质

受托方必须是具有《药品生产许可证》、营业执照；持有与生产该药品的生产条件相适应的GMP认证证书的药品生产企业。受托方的检验实验室，必须是获得GMP认证的企业或相应资质的实验室。

委托方应根据实验需求，挑选有资质的实验室，并由质量部门组织进行现场考察，包括实验室的组织结构，资质证书，实验条件、仪器管理现状，校验/使用历史，人员资质和培训，试剂管理和标准品溶液的管理等。审计时，需注意现场的操作与批准生效的管理程序的一致性。根据审计结果出具现场审计报告，并由质量管理部门相关负责人批准。就实验方案的细节同候选的合同实验室进行交流探讨，以确定它具有条件按质按量完成试验。

委托方应通过对受托方的评估，确保受托方有能力按照GMP和相关法律法规的要求完成其托付的任务。对受托方的评估应考虑通过对其进行现场审计来完成，如果能够通过其他途径获得受托方的信息并确保其符合GMP要求，可以考虑不进行现场审计。但是如果是关键工艺步骤被委托，就应当派有经验的人员到受托方的现场进行审计。

1. 对受托方质量管理能力的评估及预先现场审计。委托方的质量管理部门应当评估所委托事项可能导致的风险，包括委托事项的复杂程度和重要程度、受托方的质量保证能力、可能存在的风险及对策等。

针对委托事项的复杂程度和对产品质量的影响程度的不同，对受托方的质量管理能力的要求也不同。

如果是关键中间体的整个生产过程或产品生产的关键步骤全部委托给受托方进行，则要求受托方必须拥有完整的GMP管理体系，具备按GMP要求实施质量保证的能力，如有效且完善的预防交叉污染的管理能力、偏差管理程序、变更管理程序、OOS（检验结果偏差）程序、符合GMP要求的实验室等。

如果是委托方租用受托方的设备和设施，进行较为初始阶段的某一步骤的加工（如中间体粉碎，委托方提供物料由受托方进行溴化反应等），或者由委托方的人员进行现场监控时，那么，需要对特定的设施和生产环节进行管理，如针对性的清洁程序、人员培训、操作指导、文件管理等。适用的委托方的管理程序也可以被移植到受托方使用。

委托生产或委托检验实施前，委托方派有相关经验的人员对受托方进行现场审计是通常且有效的评估方法。针对委托事项的具体要求，审计受托方的设施、设备、质量管理体系。

通过审计评估受托方的质量管理能力及以往的管理绩效，就审计中发现的问题要求受托方进行改进。如果审计中有关键的缺陷被发现，在受托方完成整改后正式委托前还可以进行复审。这样可以提高受托方的管理水平，可以使委托事项得以实施，又能够切实保证委托活动的整个过程符合GMP要求。

2. 对受托方的定期评估。为了切实保证委托活动的整个过程符合GMP要求，在完成第一个生产订单后、发生特殊事件（如严重的产品质量问题）或一定时间间隔，委托方的 QA 部门应对受托方进行质量审计，以评估其是否按要求执行、质量管理绩效如何，帮助受托方提高质量管理能力。

二、受托方职责

1. 受托方应有相应的资质，必须具备足够的实验室空间，相应的分析设备，具备相应知识和经验的人员，以确保完成委托方所委托的检验工作，必须具备足够的厂房、设备、知识和经验以及人员，满足委托方所委托的生产或检验工作的要求。如需要，受托方亦可按合同要求，依据合理的取样原则取样，保证样品具有代表性。

2. 受托方应确保所有收到的实验样品（包括初始物料、中间产品、待包装产品和成品）和标准品、试剂按要求妥善保管，并用于预定用途。受托方应当确保所收到委托方提供的物料、中间产品、待包装产品和标准品、试剂按要求妥善保管，并适用于预定用途。

3. 不得从事任何可能对委托方检验的产品质量有不利影响的活动。

4. 对于检验过程中出现的不符合规定的结果，受托方有义务按合同要求及时通知委托方，并进行相应的调查，同时将调查结果反馈委托方。

5. 对于合同实施过程中，出现其他偏离合同要求的情况，受托方亦应按要求通知委托方，并做相应的调查。

6. 受托方有义务接受委托方的审计。

7. 受托方应对委托方提供的内控检验方法及数据实施保密措施，不得泄露或作其他用途。

第四节　合同的管理

为确保委托生产产品的质量和委托检验的准确性和可靠性，委托方和受托方必须签订书面合同，明确规定各方责任、委托生产和检验的内容及相关的技术事项。

一、合同的起草

1. 委托方与受托方之间签订的合同应当详细规定各自的产品生产和控制职责，其中的技术性条款应当由具有制药技术、检验专业知识和熟悉本规范的主管人员拟订。

2. 委托生产及检验的各项工作必须符合药品生产许可和药品注册的有关要求并经双方同意。

3. 允许委托方对受托方进行检查或质量审计，还应明确受托方同意接受药品监督管理部门检查。

4. 合同应阐明何方负责物料的采购、检验、批准放行使用、生产和质量控制（包括中间控制）、委托生产及检验过程中有不同意见时的处理程序。

5. 何方负责取样和检验。在委托检验的情况下，合同应当规定受托方是否在委托方的厂房内取样。

6. 由受托方保存的生产、检验和发运记录及样品，委托方应当能够随时调阅或检查，同时批生产记录等原始材料一式两份，委托双方各执一份；出现投诉、怀疑产品有质量缺陷或召回时，委托方应当能够方便地查阅所有与评价产品质量相关的记录。

7. 详细规定质量受权人批准放行销售每批药品的方式，确保每批产品都已按药品注册批准的要求完成生产和检验。

8. 委托与受托双方联系人的名称、职位、联系方式，应当被写在合同中。

9. 合同中应清楚表明，如果委托方要求，受托方必须允许委托方对其进行现场审计。

10. 委托检验合同应由质量负责人批准。

11. 药品须留样至其有效期后 1 年，中药提取物（浸膏、干膏等）须留样至制剂生产完成以后。

二、合同的约定

1. 如果是关键过程或关键中间体生产的整体委托，合同中应详细规定各种事项、职责分工、变更管理等。

2. 委托合同应针对委托事项中所涉及的 GMP 管理要素及双方的职责进行清楚地界定，如受托方应遵守的工艺要求、质量标准、分析检测程序、变更批准权、重处理和再加工批准权、放行权、文件要求等。

技能实训

实训项目：根据产品设计委托生产、质量检测合同

【实训目的】

通过实训，使学生掌握委托生产、质量检测合同设计的主要内容和方法，熟悉委托生产、质量检测合同规定的各种事项、程序。

【实训内容】

根据某产品委托生产、质量及检测要求模拟合同设计，学习 GMP 中对委托生产、质量及检测的相关规定。

【实训要求】

由教师确定某一产品委托方、受托方，学生分组讨论并设计委托生产、质量及检测合同，学生展示，学生汇报等。

【实训提示】

一般情况下，委托加工合同文件由采购或供货、质量、保密、订单等文件组成。根据委托事项的复杂程度、时间长短等，上述文件可以单独签署，也可以合并成一个文件签署。具体合同的内容也应根据委托事项的复杂程度、对产品质量的影响程度、对受托方要求不同而使其内容有所不同。

【实训思考】

查询资料，委托生产、委托检验申报需提交哪些材料？

复 习 题

一、填空题

1.《关于药品 GMP 认证过程中有关具体事宜的通知》规定:药品生产企业对本企业放行出厂的产品(包括制剂和原料药)必须按药品标准项下的规定,________所有检验项目。

2. 原辅料包装材料的检验,如遇核磁、红外等大型检验仪器设备的检验项目,可以向具有资质的单位进行________。

3. 受托方必须是具有________、________、________等证明其资质的药品生产企业。委托检验时,委托方质量部门组织对受托方实验室进行________。

4. 委托方和受托方必须签订________,明确规定各方责任、委托生产和检验的内容及相关的技术事项________。

5. 审计中有关键的缺陷被发现,在受托方完成整改后正式委托前还可以进行________。

二、单选题

1. 委托检验有以下(　　)种形式。

A. 来样检验　　B. 委托抽样检验　　C. 委托仲裁检验　　D. 自行检验

2. 委托检验方应向受托方提供(　　)等资料,让受托方充分了解与产品生产或检验相关的各种问题。

A. 试验方法　　B. 贮存和运输条件　C. 试剂的规格　　D. 标准品来源及贮存条件

3. 委托生产的运作方式大致有(　　)等。

A. 横向委托生产　B. 纵向委托生产　　C. 国际委托生产　　D. 医院制剂的委托生产

三、简答题

1. 解释委托生产与委托检验的含义。

2. 委托方、受托方的条件与职责是什么?

3. 委托合同内容包括什么?

4. 委托合同要求有哪些?

第十二章

产品的发运与召回

知识目标

- 掌握产品发运的管理程序。
- 掌握产品发运与召回的记录要求。
- 理解产品召回中有质量问题产品的处理关键。

技能目标

- 能确定产品发运与召回的关键问题。
- 能对产品发运与召回的记录中的问题做出判断。

产品的发运与召回管理是质量管理不可缺少的部分，是生产过程质量管理的延伸，建立完善的产品发运记录及召回管理程序，能保证在紧急情况时将产品从销售市场顺利收回，避免对患者造成不必要的伤害及对企业造成不必要的损失。

第一节　药品发运

药品发运过程质量管理的重点是保证能追查到每批药品的出厂情况，在必要时能及时召回售出的药品。药品发运过程管理的主要工作是药品发运文件的建立、药品的入库验收、出库验发及药品发运记录。

一、建立药品发运文件

药品发运应建立书面的药品发运操作规程，内容主要包括：产品在放行前，应为待检的状态；确保只有放行的产品才能发放至外部客户或市场，发运应依据于当地的法规（如只发放给授权的客户）；产品贮存在合适的条件，如温度、湿度、光照等，应确保质量不受影响；并能有体系确保每批的产品可追溯并适当的时候可召回；发运和接收的药品不得是有效期后或非常接近有效期的产品；药品发运的零头包装只限两个批号为一个合箱，合箱外应当标明全部批号，并建立合箱记录。

二、药品的入库验收及出库验发管理

（一）药品的入库验收管理

仓库按交货记录验收成品入库。入库时，验收人员应检查生产部门随每批成品发来的入库交货记录是否完备，根据交货记录检查每批成品的代码、品名、规格、批号、有效期、数量（应特别注意核对零箱的数量）。同时接收两批或两批以上的成品时应注意分开堆放，以免混批。

核对无误后在交货记录上签名，如发现该批与交货记录存有偏差，立即与生产部门有关人员联系。

仓库根据该成品的贮存条件，将成品存放在常温仓库、冷库或凉库内。用铲车将成品送到空货位上，同批产品应尽量集中存放；注意将零箱药品放在底层货架表面处以便清点、拼箱；并在交货记录上记录相应的库位号码，填上日期并签名。

（二）药品的出库验发管理

产品的发放，只有在接到交货单时，才能发放。交货单的接收和货物的发放必须应有文件记录。仓库管理人员应根据交货单认真核对出库成品的物料名称、批号、数量后才能发货。发放的成品必须是已有质量部下达的成品放行的通知单，外包装必须完好无损。

仓库相关人员根据发货数量到仓库领取相应数量的成品合格证。成品发放时，仓库相关人员核对发放成品的物料名称、批号后将成品运至发货区，在每件的指定位置贴上成品合格证，双人相互复核，确保不漏贴。粘贴完后应及时填写标签使用记录，破损的成品合格证需及时销毁，销毁方式为用手撕毁等，销毁人和销毁复核人在标签使用记录上签字确认。剩余的成品合格证存放在带锁的专柜中保管。

装运成品的车辆须是厢式货车，在向运输车辆码放成品时，按照外包装标识的要求正确码放。

发货完成后，仓库管理人员和承运商双方在交货单上签字确认，复印后原件留存，仓库相关人员应及时填写成品入库台账、成品货位卡。

三、药品发运记录管理

每批产品均应有发运记录。发运记录应包含足够的信息，使产品具有可追溯性。而实行药品发运记录管理的目的，就是要求能根据发运记录追查到每批药品的售出情况，便于质量追踪，必要时应能及时全部追回售出的药品。此外，他们应确保分销链中的每个参与方的责任，确保可追溯性。逐步采用电脑进行销售全过程的管理，所有销售管理方面的记录都可贮存于电脑内，但要注意保密和防止数据丢失。

（一）发运记录的内容

每批产品均应有发运记录。根据发运记录，应当能够追查每批产品的销售情况，必要时应当能够及时全部能够追回，发运记录的内容应当包括：产品名称、规格、批号、数量收货单位、收货地址、联系方式、发货日期、运输方式等。

(二)发运记录的管理

发运记录是销售工作的重要文件,其管理的要点为:应由专人、专柜保管,防止遗失,保存至药品有效期后1年。销售记录要方便查阅,应规定查阅人的资格,因工作需要必须经过领导批准方可进行查阅,应办理查阅登记,查阅人阅后要在有关登记表上签字。每年销售记录保存人应列出超保存期的"销售记录明细表",报请销售部门和质量管理部门负责人批准后,方可销毁,销毁时应有监销、签字手续。

(三)销售客户档案

药品生产企业应按照依法批准的经营方式和经营范围从事药品的经营活动,只能销售本企业生产的药品,特别注意不得超范围经营。

企业应依据有关法律、法规和规章,将药品销售给具有合法资格的单位,不得将药品销售给无《药品生产许可证》、《药品经营许可证》、《医疗机构执业许可证》的单位和个人,以及城镇、乡村中的个体行医人员、诊所,不得在非法药品市场或其他集贸市场销售本企业的产品,不得将处方药销售给非处方药经营单位,不得销售更改产品批号或有效期的药品,不得销售说明书和标签不符合规定和违反药品批准文号管理规定的药品。

因此,在销售药品时,要对销售对象进行资格确认。药品销售客户必须具备下列条件:药品生产企业必须持有在有效期内的《药品生产许可证》和《营业执照》,药品经营企业必须持有在有效期内的符合经营范围的《药品经营许可证》和《营业执照》,医疗单位必须持有卫生行政部门颁发的在有效期内的《医疗机构执业许可证》。

客户档案的内容包括:编号、单位名称、地址、邮编、电话、传真、账号、证照编号、证照有效期、法人代表、经营方式、经营范围、注册资金、经济体制、每年经营业绩、重点经营品种、付款情况、退货情况以及信誉度等级等。

第二节　药品退货及召回

一、药品发运中的退货管理

(一)建立退货文件

企业应建立退货管理的书面操作规程,内容包括退货产品的接收、贮存、调查、评估、最终处理(重新包装、重新销售、返工、再加工),并有相关记录。记录内容至少应当包括:产品名称、批号、规格、数量、退货单位及地址、退货原因及日期、最终处理意见。

(二)退货的接收检查

企业应根据建立的退货管理操作规程对退货产品进行接收检查,检查内容包括退货产品名称、物料号、产品批号、数量以及外包装情况,对已拆箱的退货产品应检查至最小包装,以防止差错、混淆、假药；接收检查应有记录，一般退货产品应给定退货产品接收批号，便于退货产品的追溯和产品质量回顾分析。

(三)退货的存放

通常退货产品接收后应单独隔离存放在退货品库，同时在退货产品的包装上粘贴退货物料标签并标识为待检状态，直至产品经质量管理部门评估、放行后转为合格状态并存放在合格区(库)。同一产品同一批号不同渠道的退货产品应分别指定接收批号、分别记录、分开存放和处理。退货品库应考虑产品退货和召回的可能，确保有足够的空间。如果召回产品涉及的批次多、数量大而导致退货品库的空间不足时，企业应采取合适的贮存方法对召回产品实施单独隔离、控制。

(四)退货产品的调查、评估

质量管理等相关部门对退货产品的调查、评估应考虑以下几个方面：

1. 退货产品是否保存在原始包装中且未被开封，处于良好状态。
2. 是否有文件、证据支持退货产品在要求的条件下贮存和处理。
3. 退货产品的剩余有效期是否可接受。
4. 退货产品是否经质量管理部门检验和评估(评估应考虑产品特性、贮存和运输条件，对于光敏性、温度敏感性等退货产品应特别关注)。

(五)退货产品的最终处理原则

1. 所有退货产品将不会再次使用。
2. 对于制剂产品退货，不得进行重新加工，一般不得返工。
3. 退货产品经质量管理部门按退货管理操作规程严格评价后且有证据表明产品质量未受影响方可考虑重新包装、重新发运销售。
4. 退货产品如果仅涉及次级包装的更换方可考虑重新包装、重新发运销售，次级包装之前的工序一般不得返工。
5. 对于原料药产品，经质量管理部门按退货管理操作规程严格评价后可考虑进行重新加工或返工。
6. 因消费者投诉导致的退货产品，企业应根据投诉管理操作规程进行调查、评估和处理；一般情况下，此类退货产品因无法确认和追溯药品的贮存条件、药品历史等信息以及外包装破损等原因，退货后应直接作为不合格品作销毁处理。
7. 因产品质量、销售等原因导致经销商要求的退货产品，企业应根据投诉管理操作规程进行调查、评估；在确认产品存在质量问题后，企业应根据退货管理操作规程进行处理，一般情况，此类退货应在销售管理部门与经销商协商达成一致意见后提出书面的退货申请，经质量管理等相关部门批准后实施退货。
8. 因产品质量、不良反应等原因导致产品召回，企业应根据《药品召回管理办法》规定和要求实施、完成产品召回、销毁。

二、药品召回

药品召回是指药品生产企业(包括进口药品的境外制药厂商)按照规定的程序收回已上市

销售的存在安全隐患的药品。也就是说，由于产品违背法规或注册信息，产品存在缺陷或该产品被报告有严重的不良反应等原因，需从市场或临床试验中收回一批或者几批产品。

1. 根据召回活动发起主体的不同，药品召回分为两类：

主动召回，药品生产企业通过信息的收集分析，调查评估，主动召回存在安全隐患的药品。

责令召回，药品监督管理部门通过调查评估，认为存在安全隐患，企业应当召回药品而未主动召回的，责令企业召回药品。

2. 根据产品的安全隐患、危害的严重程度，药品召回分为以下三级：

一级召回，使用该产品可能引起严重健康危害的。

二级召回，使用该产品可能引起暂时的或者可逆的健康危害的。

三级召回，使用该产品一般不会引起健康危害，但由于其他原因需要召回的。

各公司和企业可以根据实际情况及所生产的产品的具体特点，对不同级别的召回进行具体的有针对性的描述。

3. 三级召回采用一般情况产品召回方式；一级召回和二级召回采用紧急情况产品召回方式。

(一)一般情况产品召回程序

使用该药品一般不会引起健康危害，但由于其他原因需要召回的三级召回，采用一般情况产品召回方式。

1. 企业应当指定专人负责组织协调召回工作，并配备足够数量的人员。产品召回负责人应当独立于销售和市场部门；如产品召回负责人不是质量受权人，则应当向质量受权人通报召回处理工作情况。

2. 召回工作负责人接到产品召回决定后，迅速调阅销售记录，做出调查评估报告和制订收回计划，调查评估报告应当包括以下内容：召回药品的具体情况，包括产品名称、规格、批号、包装规格和数量等基本信息，实施召回的原因，调查评估结果，召回分级。召回计划应当包括以下内容：召回单位名称、地址、电话(或传真)、联系人、药品生产销售情况及拟召回的数量。召回措施的具体内容包括实施的组织、范围和时限等、召回信息的公布途径与范围、召回的预期效果、药品召回后的处理措施、联系人的姓名及联系方式。72 小时内通知该批销售记录中收货单位，并转发到该批产品售往的每个药品批发单位、医院、药店直至每个患者，同时向所在地、省、自治区、直辖市药品监督管理部门报告。

3. 把召回计划通知销售部门及有关人员，立即实施召回计划。7 天内，应当将调查评估报告和召回计划提交给所在地省、自治区、直辖市药品监督管理部门备案。药品生产企业对上报的召回计划进行变更的，应当及时报药品监督管理部门备案。

4. 执行人员(部门)对召回工作情况及异常情况，统计收回差额及召回率等随时向主管领导报告，且每 7 天向所在地省、自治区、直辖市药品监督管理部门报告药品召回进展情况。

5. 召回的产品按照企业制定的“产品召回管理规定和操作规程”进行。

6. 做好产品召回的各项记录。

(二)紧急情况产品召回程序

使用该药品可能引起严重健康危害的一级召回和使用该药品可能引起暂时或者可逆健康

危害的二级召回采用紧急情况产品召回程序。

1. 经批准立即进行产品紧急召回的同时，成立由企业主管质量的领导、质量管理部门及销售部门负责人组成的专门小组，负责紧急收回全过程的决策和异常情况处理。

2. 成立由销售部门为主，质量管理部门和仓贮部门参加的工作小组，负责实施产品紧急收回工作。

3. 紧急召回决定下达后要在 24 小时内准备如下资料：药品名称、规格、剂型、批号、包装规格和数量、产品批销售记录。产品停止使用说明或停止销售说明，内容包括：紧急回收原因，可能造成的医疗后果，建议采取的补救措施或预防措施，立即停止销售、使用的通知，做出调查评估报告和制订召回计划。

4. 调查评估报告应当包括以下内容：召回药品的具体情况（包括产品名称、规格、批号、包装规格和数量等基本信息）、实施召回的原因、调查评估结果、召回分级。召回计划应当包括以下内容：召回单位名称、地址、电话（或传真）、联系人、药品生产销售情况及拟召回的数量、召回措施的具体内容（包括实施的组织、范围和时限等）、召回信息的公布途径与范围、召回的预期效果、药品召回后的处理措施、联系人的姓名及联系方式。

5. 把召回计划通知销售部门及有关人员，立即实施召回计划。应当及时将调查评估报告和召回计划提交给所在地省、自治区、直辖市药品监督管理部门备案。一级召回在 24 小时内，二级召回在 48 小时内通知到有关药品经营企业、使用单位停止销售和使用，同时向所在地省、自治区、直辖市药品监督管理部门报告。药品生产企业对上报的召回计划进行变更的，应当及时报药品监督管理部门备案。

6. 在紧急召回过程中，专门小组应 24 小时留有值班人员，处理随时可能发生的问题。要注意召回率、召回数量与规定的差额，随时向主管领导报告召回工作的进展情况，且一级召回每天、二级召回每 3 天向所在地省、自治区、直辖市药品监督管理部门报告药品召回进展情况。

7. 召回的产品按照企业制定的“产品召回管理规定和操作规程”进行。

8. 详细记录紧急召回过程中每个阶段所采取的措施、结果和时间，并整理归档，存入产品质量档案。

9. 领导小组根据收回情况决定是否紧急召回工作结束，若可以结束，应以书面形式宣布并通知有关部门，同时呈报当地药品监督管理部门。

企业一旦决定召回产品，除立即执行召回管理制度，启动召回程序等和产品召回有关的工作外，还应做好如下工作：首先应立即报告当地药品监督管理部门，然后对因质量问题退货和召回的药品制剂，分析是否会涉及其他批号，决定是否立即实施召回，分析质量问题产品的原因，采取必要的预防措施，防止再发生，对有严重质量问题的产品和生产车间，还应立即停产整顿。

三、药品退货和召回记录

药品生产企业对召回药品的处理应当有详细的记录，并向药品生产企业所在地省、自治区、直辖市药品监督管理部门报告。产品退货和召回记录内容包括：品名、剂型、规格、批号、包装规格和数量、涉及产品名称、剂型、规格、批号、包装规格和数量、退货和召回单位及地址、电话、传真，退货和收回原因及日期、处理意见等。

技能实训

参观药厂药品的发运与召回

【实训目的】

1. 掌握药品的入库验收及出库验发管理。
2. 熟悉药品发运记录管理。
3. 熟悉药品销售中的退货管理。
4. 了解产品召回程序。

【实训要求】

1. 实训前应认真复习第十二章产品的发运与召回的内容。
2. 做好实训前的各项准备。
3. 遵守药品生产企业的各项规定。

【实训内容】

1. 观看药品的入库验收及出库验发管理标准操作规程。
2. 观看药品的发运记录和销售客户档案。
3. 药厂退货与召回的标准操作规程，退货的存放管理，退货与召回记录。

【实训评价】

学生根据实训内容填写“参观药厂实训报告”，教师根据学生参观药厂时的表现及报告完成情况进行实训评价。

参观药厂实训报告

班级	姓名	学号	参观日期
实训目的			
实训内容			
实训体会			
实训评价			

复 习 题

一、填空题

1. 药品发运过程质量管理的重点是保证能追查到每批药品的出厂情况，在必要时能及时________售出的药品。

2. 药品发运的零头包装只限________个批号为一个合箱，合箱外应当标明________批号，并建立________记录。

3. 药品生产企业对已拆箱的退货产品应检查至________。

4. 产品召回负责人应当独立于________部门，可以不是质量受权人。

5. 产品召回应在________小时内通知该批销售记录中收货单位，并转发到涉及的所有单位直至每个患者，同时向所在地、省、自治区、直辖市药品监督管理部门报告。

二、单选题

1. 药品发运过程管理的主要工作是(　　)。

A. 入库验收　B. 出库验发　C. 药品发运记录　D. 药品发运文件的建立

2. 发运记录应当包括(　　)等内容。

A. 产品具体信息　B. 收货单位　C. 收货地址　D. 发货日期

3. 药品出库放行时需要有(　　)。

A. 交货单　B. 放行通知单　C. 合格证　D. 检验报告单

4. 发运记录管理的要点为(　　)。

A. 专人保管　B. 双人保管　C. 专柜保管　D. 双锁保管

5. 药品生产企业的销售对象可以是(　　)。

A. 药品生产企业　B. 药品经营企业　C. 医疗单位　D. 个体诊所

6. 退货产品的最终处理原则有(　　)。

A. 全部返工

B. 更换包装和批号后销售

C. 如是制剂，次级包装之前的工序不得返工

D. 必要时销毁

7. 使用紧急情况产品召回程序的是(　　)。

A. 一级召回　B. 普通召回　C. 二级召回　D. 三级召回

三、简答题

1. 药品的三级召回是怎么划分的？
2. 简述药品发运记录的管理。
3. 药品销售客户必须具备哪些条件？
4. 简述药品退货的接收检查内容。
5. 简述药品退货的存放管理。

第十三章

自　　检

知识目标

- 掌握自检工作程序。
- 掌握自检记录和自检报告的管理要求。
- 理解自检在质量保证体系中的地位和作用。

技能目标

- 能明确自检在质量保证体系中的地位和作用。
- 能够按照自检程序要求对GMP全部条款进行检查、记录、报告、整改。

第一节　概　　述

GMP自检(self inspection)是指药品生产企业内部对药品生产实施GMP检查,是企业执行GMP的一项重要内容,也是日常生产质量管理工作中的一项重要的质量活动。ISO 9001中称为"内部审核"、"内部审计",实质上是企业内部完善生产质量管理体系的自我审核。通过GMP自检,发现企业执行GMP时存在的缺陷项目,并通过实施纠正和预防措施来进一步提高GMP执行的持续性、符合性、有效性或通过自检继续寻求改进和提高。

一、GMP与自检

在药品生产企业管理中,经常遇到许多检查,检查药品生产企业生产质量管理的法律法规的符合性,如GMP认证检查、GMP跟踪检查、GMP飞行检查及药品监督管理部门的其他监督检查如日常监督检查、《药品生产许可证》换发的检查等。在企业生产质量管理工作中我们遇到最多的就是GMP自检,自检是GMP条款之一,自检是药品生产企业在建立、运行质量保证体系以后必须进行的一项管理活动,药品生产企业进行自检的目的是为了质量保证体系的运行符合企业的质量管理方针、目标,能够符合GMP规范要求的所有方面,能够保证质量保证体系的持续、有效运行，实现企业的质量管理目标。企业通过组建自检组织机构或领导机构，建立自检工作程序，拟订自检计划，按预定程序定期对 GMP 规范要求的全部情况进行准确、客观、公正地判断，以评价企业在生产和质量控制所有方面与 GMP 规范的符合性、充分性和有效性，并对自检过程进行详细记录，自检完成后形成符合规定的自检报告，内容包括自检的结果、评价结论以及改进措施和建议。

(一)自检的作用和地位

1. 评估药品生产企业执行 GMP 的符合性和有效性。
2. 获取公正、客观的管理信息，为管理层的决策提供事实依据。
3. 指出药品生产企业存在的质量风险。
4. 指出需要质量改进的可行性。
5. 增加质量管理部门与其他相关部门及人员的沟通。
6. 适时评价员工的工作业绩，并可协助公司有关部门人员进行 GMP 培训。

(二)自检的管理

GMP 自检对药品生产企业是否有效执行 GMP，满足法律法规要求生产安全、有效、稳定的产品，提高产品质量，提高生产质量管理水平具有重要的意义。

药品生产企业应定期组织自检。自检应按预定的程序，对执行规范要求的全部情况定期进行检查，对缺陷进行改正。要求企业成立自检领导小组、制定自检管理规程、制定自检频率、确定自检项目，对质量管理、机构与人员、厂房与设施、设备、物料与产品、确认与验证、文件管理、生产管理、质量控制与质量保证、委托生产与委托检验、产品发运与召回等项目定期进行检查，以监控药品 GMP 的实施情况，评估企业是否符合药品 GMP 的要求，并提出必要的纠正和预防措施。

自检要有记录，记录的内容要求详尽，自检完成后应形成自检报告，内容应包括自检过程中观察到的所有情况、自检的结果、评价的结论以及提出纠正和预防措施的建议，自检情况应当报告企业高层管理人员。

二、自检类型

GMP 自检可按自检对象、检查方法进行分类。

(一)按自检对象分类

按自检对象分为产品质量自检、生产过程(工序)质量自检和生产质量管理体系自检三种。

1. 产品质量自检，是对最终产品的质量进行单独评价的活动，用于确定产品质量的符合性和适用性，通过对产品的客观评价，获得产品的质量信息，评估产品的质量、检测质量活动的有效性、对产品的再次验证、对供应商的产品质量进行确认等作用。

2. 生产过程质量自检，是通过对过程、流程或作业的检查、分析评价过程质量控制的适宜性、正确性和有效性，过程质量是指产品寿命周期各个阶段的质量，一般生产质量管理体系自检包括了过程自检的内容。

3. 生产质量管理体系自检，是独立地对企业生产质量管理体系所进行的 GMP 自检。生产质量管理体系自检应覆盖企业的所有部门和过程，一般围绕产品质量形成全过程进行，通过对生产质量管理体系中的各个场所、各个职能部门、各个过程的自检和综合，得出生产质量管理体系符合性、有效性的评价结论。药品生产企业的 GMP 自检通常是使用生产质量管理体系自检的方式进行，以评价企业执行 GMP 的符合性、有效性、适宜性。

(二)按检查方法分类

按检查方法可分为自检(第一方审核)、第二方审核和第三方审核三种。

1. 自检(第一方审核)，是以企业的名义对自身的产品、过程或生产质量管理体系自行进行的自查，以称为内部审核，是一种自我检查、自我完善、持续改进的系统活动。一般有企业内部人员或外聘人员进行，通过自检，评价执行 GMP 的符合性，对自检中发现的不符合项采取纠正和改进措施。

2. 第二方审核，是由企业的客户或其委托代理机构以客户的名义对企业的质量管理体系进行的审核。其目的是选择、评定合格的供应商。在合同签订前，检查企业的质量管理体系满足合同要求的能力，也可促进企业质量管理体系改进，建立良好的合作关系。

3. 第三方审核，是由第三方认证机构对企业的质量体系进行的审核或认证，由质量体系认证机构或其他监督管理机构派出审核组和审核员，按照国际标准或国内标准及规范对企业的质量体系进行的审核或认证过程，如国家药品监督管理部门组织的 GMP 认证检查。

第二方审核和第三方审核又称为外部质量体系审核。

三、自检年度计划类型

年度自检计划通常有集中式 GMP 自检和滚动式 GMP 自检两种类型。

(一)集中式 GMP 自检

企业的 GMP 自检集中在一段时间内完成，每一次自检可针对 GMP 全部适用条款及相关部门，也可针对某些条款或部门，该方式具有连续性和系统性的优点，但需要统一占用时间，人员难以召集，此种方式适合中小型企业实施，用于企业执行 GMP 一段时间后的全面检查，此外在迎接国家或省 GMP 认证检查或监督检查之前组织的检查。

集中式 GMP 自检实例：

20××年度 GMP 自检计划

1　自检目的

(1)第一次自检的目的：检查企业执行 GMP 的符合性、有效性和适宜性。

(2)第二次自检的目的：在 20××年 12 月接受省 GMP 认证检查或监督检查之前组织的检查。

2　自检范围

涉及 GMP 条款的所有部门。

3　自检依据

(1)《药品生产质量管理规范(2010 年修订版)》。

(2)《中国药典》、《部颁药品标准》、《局颁药品标准》、其他药品管理法律法规等。

(3)企业现行生产质量管理文件。

4　自检小组成员

组长：

成员：

5　自检计划(按部门编制)

月份/部门	20××年												20××年					
	1	2	3	4	5	6	7	8	9	10	11	12	1	2	3	4	5	6
人事部			■							■					■			
销售部			■							■					■			
供应部			■							■					■			
生产部			■							■					■			
制剂车间			■							■					■			
提取车间			■							■					■			
维修车间			■							■					■			
质量部			■							■					■			
化验室			■							■					■			
技术部			■							■					■			
编制人：	日期：　年　月　日																	
批准人：	日期：　年　月　日																	
注释：■实施自检日期																		

(二)滚动式 GMP 自检

在一段时间内，针对企业执行 GMP 所涉及的各有关部门和区域按照一定顺序有计划地实施 GMP 自检，在一个自检周期内对所有适用于企业的 GMP 条款及相关部门进行检查。这种方式自检持续周期长，自检时间短且灵活，可对重要的条款和部门安排多频次的检查，检查有一定的深度和质量，但自检周期跨度长后缺乏系统性，适用于大、中型企业，以及设有专门的自检机构或专职人员的情况。

滚动式 GMP 自检计划实例：

20××年度 GMP 自检计划

1　自检目的

检查企业执行 GMP 的符合性、有效性和适宜性。

2　自检范围

涉及 GMP 条款的所有部门。

3 自检依据

(1)《药品生产质量管理规范(2010 年修订版)》。

(2)《中国药典》、《部颁药品标准》、《局颁药品标准》、其他药品管理法律法规等。

(3)企业现行生产质量管理文件。

4 自检小组成员

组长：

成员：

5 自检计划(按 GMP 条款编制)

自检项目 \ 月份	1	2	3	4	5	6	7	8	9	10	11	12
机构与人员				■						■		
厂房与设施			■									
设备			■								■	
物料					■				■			
卫生				■								
确认与验证				■							■	
文件					■					■		
生产管理					■					■		
质量管理、质量控制与质量保证					■				■			
产品发运与收回				■							■	
委托生产与委托检验			■								■	
自检			■						■			

编制人： 日期： 年 月 日

批准人： 日期： 年 月 日

■实施自检日期

第二节 自检工作程序

药品生产企业按照 GMP 要求实施自检是企业保证与 GMP 要求一致的重要措施。定期进行自检，也是药品全面质量管理的基本要求，是药品质量改进的前提。所以，药品生产企业应重视对企业实施 GMP 情况的定期自检。

企业自检实施活动包括自检的启动、自检的准备、自检的实施和自检的报告四个阶段。

一、自检的启动

药品生产企业依据新版 GMP，成立自检领导小组，组长一般由企业质量负责人任命或由其本人担任，组员由质量管理部门和其他与生产质量管理相关部门的人员的组成，并明确各自的职责。可按 GMP 的 12 个方面或按 GMP 相关的部门，再分成若干小组，分别进行检查，再由质量管理部门负责汇总。

(一)任命自检小组组长

自检小组组长主持自检的全过程，负责协调各部门或分支小组的工作，对自检工作质量起关键作用。一般由企业质量负责人任命或由其本人担任。要求具备一定的管理、组织、协调、指挥能力，有处理自检中出现的各种问题的能力。

(二)确定自检任务

自检小组组长必须明确此次自检目的、自检依据、自检范围、自检完成时间以及其他自检等信息。

(三)组建自检小组

自检小组的组成和能力，直接影响自检的客观性和有效性，确保自检小组顺利实现自检目标。自检小组组长根据自检目的、自检范围、部门、过程以及自检日程安排，明确各成员的分工和要求。自检小组成员应是经过培训和授权，可根据实际需要配备专业技术人员(如空调净化系统、水系统等)以提高自检的有效性。为保证自检工作的独立性、公正性和客观性，应做到自检员不检查自己的工作和部门。

(四)收集和审阅有关文件和信息

1. 文件的收集和审阅。收集文件为了明确自检的依据，为编制检查表和现场检查获取有用信息。自检时的文件检查，重点是收集与受检部门管理活动有关的程序文件、作业指导书等文件，在审阅程序文件时，不仅要检查该部门自身中心工作的程序文件，还要检查与其他部门程序文件的接口是否明确清晰，规定内容是否协调，对一些涉及药事法规的程序文件有效性也要进行检查，如药品注册管理办法、麻醉药品、精神药品、医疗用毒性药品、放射性药品等相关管理制度、标签和说明书管理等，除上述文件外，还应对各部门需要填写的记录的名称、填写的内容以及对应的程序文件进行了解。

2. 信息的收集和审阅。信息收集是为了了解企业生产质量的管理情况，为自检准备和现场检查工作安排提供参考信息，提高现场检查的针对性和有效性。如上次自检的结果，最近一次国家药品 GMP 认证检查的结果，回顾公司管理层及组织机构变化情况，受检查部门的基本情况，生产质量管理体系运作的情况，有关产品发运与召回、市场退货、客户投诉与不良反应报告、偏差处理等基本情况，相关的流程图和系统图(如有关生产工艺流程，洁净空气系统，水处理系统，厂区、车间平面布置图，厂区灭虫灭鼠点布置图)，相关的产品技术资料和其他资料(如产品处方、主要生产和检验设备清单、验证计划、培训计划、计量设备校验计划、企业文件和记录目录等)。

二、自检的准备

自检小组组长依据“GMP 年度自检计划”组织自检小组成员编制“GMP 自检实施计划”和检查表,准备自检所依据的文件。

(一)编制自检计划

自检实施计划是自检小组组长制订的确定自检活动日程安排的指导性文件,反映现场检查的具体日程安排,自检计划的合理性将影响自检的有效性。

1. 自检计划的内容。自检的目的和范围,自检的依据的文件,自检小组成员名单及分工情况,进行自检的日期和地点,要进行自检的单位、部门,自检活动的进度日程。

2. 编制自检计划的方法。

(1)按部门编制。以部门为对象,需识别出并列出涉及该部门有关条款。按部门安排自检计划,可以避免多个自检小组对各部门的重复自检,在一个部门自检时将自检所有与该部门有关的活动,有较高的检查效率。但是按部门自检可能缺乏系统性,因此需要各个自检组的配合沟通,并做好条款的分类工作。

(2)按规范的条款编制。以规范条款为对象进行自检,需检查到每一个与此条款有关的部门。按规范的条款自检,对自检员要求较高,需制定一个非常合理、有效的自检计划难度较大,按条款安排自检可能导致对一个部门反复自检,会增加受检部门的负担。

3. 编制自检计划的注意事项。自检计划可按部门或活动(过程)来编写,最好注明应自检哪些相应具体部门或区域,自检计划的具体内容应与受检部门的规模和复杂程度相适应,自检组分工时应注意把具有一定专业能力的自检员安排在技术要求较高的部门或区域的检查上,自检计划中应强调安排对管理层的自检,自检应当突出被检查区域的主要工作内容和要求,将主要的检查时间和人员安排在主要环节上,同时要考虑自检人员的能力,包括经验、专业、年龄等。

4. 自检计划的发布。自检计划在提交企业质量管理负责人批准前,征求被检查部门意见进行修订,经确认后的自检计划经正式批准后应及时向受检查部门及自检小组成员发放,发放日期一般为现场检查开始日期前 5～7 天,以便受检查部门做好充分准备,进行自查整改,并使现场自检首次会议能够准时按要求召开。自检实施计划发放后可允许受检部门提出对自检安排做出调整的建议,自检小组可考虑对自检实施计划做出相应改动并重新发放。

自检实施计划实例:

××公司

自检实施计划

自检目的: 1. 对公司执行新版 GMP 和新版《药品 GMP 认证检查评定标准》的情况进行一次全面检查,对存在的问题致力于改进和预防。 2. 对上一次自检发现的问题的整改情况的跟踪。

续表

<table>
<tr><td colspan="5">自检范围:GMP 相关的所有部门。</td></tr>
<tr><td colspan="5">自检依据:
1.《药品生产质量管理规范(2010 年修订)》。
2.《中国药典》、《部颁药品标准》、《局颁药品标准》、其他药品管理法律法规等。
3. 公司现行生产质量管理文件。</td></tr>
<tr><td colspan="5">自检小组:
组长:
第一组:
第二组:
第三组:</td></tr>
<tr><td colspan="5">自检日期:20××年　月　日</td></tr>
<tr><td colspan="5">自检日常安排</td></tr>
<tr><td colspan="2">部门
日期/时间</td><td>第一组</td><td>第二组</td><td>第三组</td></tr>
<tr><td rowspan="2">月 10 日</td><td>9:00～12:00</td><td colspan="3">首次会议</td></tr>
<tr><td>13:00～17:00</td><td>人事部</td><td>生产部</td><td>质量部</td></tr>
<tr><td rowspan="2">月 11 日</td><td>9:00～12:00</td><td>销售部</td><td>制剂车间</td><td>化验室</td></tr>
<tr><td>13:00～17:00</td><td>供应部</td><td>提取车间
维修车间</td><td>技术部</td></tr>
<tr><td rowspan="3">月 12 日</td><td>9:00～12:00</td><td colspan="3">自检各小组会议</td></tr>
<tr><td>13:00～15:00</td><td colspan="3">资料整理、补充自检</td></tr>
<tr><td>15:00～17:00</td><td colspan="3">自检小组会议</td></tr>
<tr><td colspan="5">备注:</td></tr>
<tr><td colspan="5">编制人:　　　　日期:　年　月　日
批准人:　　　　日期:　年　月　日</td></tr>
</table>

(二)自检小组成员分工

自检小组组长在制订自检计划后应分配每个自检员的职责,安排自检员的作用,安排自检的部门和地点,安排自检的范围,安排自检员的协作等。

自检小组分工应考虑自检员的独立性,自检员的能力以及资源的有效利用,注意自检员之间的接口,防止自检区域的重复、遗漏,注重各自检小组之间的配合和协助,以提高自检效率,必要时,聘请技术专家介绍相关知识,保证自检的顺利进行,实现自检目的。

(三)自检文件准备

自检员常用的文件有检查表及抽样方案,自检报告表格,自检记录表格(可与检查表合并,检查表可按部门或条款编制),不合格项报告表格,首(末)次会议签到表,各种会议记录表格。

三、自检的实施

(一)首次会议

自检小组组长主持,召集自检小组全体成员,受检部门负责人、质量部门负责人、企业负责人及其他有关人员召开首次会议,宣读本次自检的"GMP 自检实施计划",确认自检范围、目的和自检计划,简要介绍自检中使用的自检方法和程序,成立自检小组并与受检部门的正式联系,提出落实自检有关要求,确认自检小组所需要的资源与条件,确认末次会议的时间和地点,促进受检部门的积极参与。

(二)现场检查

自检员依据"GMP 自检实施计划"和"检查表"进行现场检查,向受检查部门说明要检查的内容,通过面谈、查阅文件和记录、现场观察等方式,收集检查信息,确定收集的检查信息,验证收集的检查信息,形成检查证据,依据自检依据,判断检查证据,形成检查发现,评价检查发现,得出检查结论。并认真在"检查表"上记录检查发现,检查中发现的缺陷项目在"GMP 自检不符合项报告"上客观描述,并让受检部门负责人签字确认。

(三)自检结果分析

1. 缺陷的含义。自检所述的缺陷项目是指"未满足规定要求",有些企业也称之为"不符合"或"不合格"。

2. 缺陷项目的类型。自检中发现不符合要求的项目统称为"缺陷项目"。其中,关键项目不符合要求者称为"严重缺陷",一般项目不符合要求者称为"一般缺陷"。缺陷项目如果在企业的各剂型或产品中均存在,应按剂型或产品分别计算。在自检过程中,受检部门或个人隐瞒有关情况或提供虚假材料的,按严重缺陷处理。自检小组应调查取证并详细记录。

缺陷项目分为严重缺陷项目、主要缺陷项目和一般缺陷项目,其风险等级依次降低。

(1)严重缺陷项目,是指与药品 GMP 要求有严重偏离,产品可能对使用者造成危害的缺陷项目。属于下列情形之一的为严重缺陷项目:①对使用者造成危害或存在健康风险;②与药品 GMP 要求有严重偏离,易造成产品不合格;③文件、数据、记录等不真实;④存在多项主要缺陷,经综合分析表明质量管理体系中某一系统不能有效运行。

(2)主要缺陷项目,是指与药品 GMP 要求有较大偏离的缺陷项目。属于下列情形之一的为主要缺陷项目:①与药品 GMP 要求有较大偏离;②不能按要求放行产品,或质量受权人不能履行其放行职责;③存在多项一般缺陷,经综合分析表明质量管理体系中某一系统不完善。

(3)一般缺陷项目,是指偏离药品 GMP 要求,但尚未达到严重缺陷和主要缺陷程度的缺陷项目。

3. 缺陷项目的确认。在现场检查时,发现缺陷项目后,自检员应将缺陷事实向受检部门说明清楚,并请受检部门负责人对事实加以确认,对缺陷项目的性质及纠正措施的意见进行初步交换,并达成共识。

4. 编制不合格项报告。不合格项报告是作出自检结论和提出自检报告的重要的依据,评定受检查部门执行 GMP 有效性的依据。

不符合项报告的内容包括：受检查部门名称、检查日期，缺陷项目事实的描述，未满足的要求及相关条款，缺陷项目的类型，原因分析与纠正措施，自检员及受检部门确认的签名等。

自检不合格项报告实例：

××公司

自检不合格项报告

受检单位	化验室	自检日期	20××年　月　日
受检区域	微生物限度检查室	自检员	

缺陷事实陈述：
在检查微生物限度检查室培养基存放时，发现应阴凉贮存的培养基未按规定贮存，且冰箱内未放置温度计，没有冰箱贮存温度记录。
不符合：■GMP　□管理文件　□其他：________
缺陷项目性质：□严重　■一般
原因分析与纠正措施
原因：
1. 微生物限度检查员未培训到位。
2. 原先的温度计损坏未及时增补。
3. 冰箱贮存温度记录不及时。
措施：
1. 检查所用培养基的贮存条件，按规定贮存。
2. 放置校验的温度计，并建立贮存温度记录。
3. 有针对性地对人员进行在岗培训。
要求纠正措施完成时间：在　年　月　日前完成
制定人：　日期：　年　月　日
受检查方负责人：　日期：　年　月　日
纠正措施的批准：
自检组长意见：
组长：　日期：　年　月　日
质量负责人意见：
质量负责人：　日期：　年　月　日
纠正措施执行及结果确认：
1. 培养基已按规定贮存条件贮存。
2. 冰箱内已放置校验的温度计(编号：JW008)，冰箱贮存温度记录已从检查当天开始记录。
3. 对两名微生物限度检查员进行岗位培训，并考核合格，培训记录编号：R2008008。
■符合要求　□需进一步观察　□重新制定纠正措施
执行人：　日期：　年　月　日　确认人：　日期：　年　月　日

(四)末次会议

自检小组成员、受检部门负责人以及有关人员参加的末次会议，向受检部门介绍自检情况，以便他们能够清楚地理解自检的结果，并给予确认，报告自检发现(重点在缺陷项目)和自检结论，提出后续工作要求（纠正措施/跟踪自检等）。

（五）纠正与预防措施的制定

根据缺陷的严重程度制定相应的纠正与预防措施，指定责任人、完成时限等。建立一个有效的追踪程序，追踪纠正与预防措施的执行情况。

四、自检报告的编制

现场检查（包括程序文件检查）完成后，自检小组组长召集自检员对本次自检情况进行综合、汇总、分析、确定“GMP自检报告”，并报质量管理部门负责人批准。

自检报告是自检小组在结束现场检查工作后必须编制的一份文件。自检报告将由自检小组组长在规定的时间期限内向企业负责人或质量管理负责人提交的正式文件。自检报告是对在自检中发现的缺陷项目进行统计、分析、归纳、评价，对整个自检活动有一个全面、清晰、准确的叙述。

自检报告的内容应包括：报告名称，报告人，报告日期，自检结果的简要概述，自检的范围及结论，主要存在的问题，整改措施。自检报告一般应在两个工作日内呈送企业负责人和质量管理负责人，自检报告在提交之前要经过相关部门会稿，取得一致意见后经批准后提交，自检报告经批准后，由文件管理部门按照文件管理相关规定分发至有关部门和人员，通常发放企业负责人、受检部门、受检部门上级主管以及质量管理部门等，以便相关部门了解自检结果，采取纠正和预防措施。

第三节　自检后续管理

自检结束后，相关部门根据不合格项报告，制定、实施和跟踪确认整改措施是自检工作的重要组成部分，质量管理部门、存在缺陷项的受检部门、自检小组等仍应密切关注自检的后续工作，制定、实施、跟踪确认、监督协调好整改措施的开展和落实。

一、整改措施的制定

实施GMP自检的目的之一就是为了找出执行GMP时存在的不足，分析原因，提出改进措施，防止类似问题再次发生，消除生产质量风险，促使生产质量管理水平持续改进，保证企业执行GMP的符合性、有效性和适宜性。

受检部门负责制定本部门存在缺陷项的整改措施。责任部门接到“自检不合格项报告”后，组织相关人员进行原因调查和分析，涉及多个部门时，由质量管理部门召集相关部门进行调查，根据收集到的缺陷项目的原始凭证进行原因分析，确定缺陷项目产生的确切原因，制定整改措施，内容包括：缺陷项目描述、原因分析、实施步骤、计划完成时间、执行部门或责任人，报质量管理部门批准后实施。

二、整改措施的实施

整改措施根据自检缺陷项目的内容和难易程度，确定措施完成期限，能立即整改的可在现场立即整改。整改措施批准后由受检部门实施，整改实施记录应保存。

三、整改措施的跟踪确认

整改措施的跟踪确认由质量管理部门派人进行跟踪自检措施的实施和整改结果的确认，并填写跟踪自检报告或整改自检报告。

四、自检工作总结

每一轮自检结束或按年度计划完成对所有部门或条款的自检后，自检小组组长应组织自检小组成员对自检情况做出总结，编制年度自检报告，并向企业负责人报告自检情况，收集、整理和移交自检文件。

自检总结报告的内容：内部自检年度完成情况，自检的目的、范围和依据，各次自检组成员名单，各次内部自检的缺陷项目的分析及可能产生的原因，缺陷项目的说明及纠正和预防措施完成情况，对整个企业《生产质量管理规范》执行情况的总体情况的评价，对企业执行《生产质量管理规范》的薄弱环节的产生原因分析及改进建议，自检报告编号、批准人及分发范围等，内部自检人员工作情况评价及改进要求，附件：如各项自检报告、统计汇总表格和缺陷项目清单等。

五、自检记录的移交

末次会议结束后，5 个工作日内，自检小组组长将本次自检的 GMP 自检的自检年度计划、GMP 自检实施计划、GMP 自检报告、缺陷项目的 GMP 自检不符合项报告、检查表、自检记录、首(末)次会议签到表、不符合项汇总表、不符合项纠正措施计划、不符合项跟踪自检报告、自检总结报告等全部自检文件移交质量保证部(QA)，由质量保证部(QA)归档保存，并按《记录管理程序》的规定进行管理。

跟踪自检报告实例：

××公司

跟踪自检报告

报告编号：

受跟踪部门		跟踪日期		提交日期	
自检范围					
自检员					
确认结论	纠正有效项________项；纠正部分有效项________项 纠正无效项________项；无实施纠正项________项				

续表

缺陷项目编号	纠正措施验证记录	确认结论
编 号	尚未纠正的缺陷项目分析及新发现的缺陷项目	
确认与承诺	受检部门负责人： 年 月 日	
处理意见	自检员： 年 月 日	
自检组长批准	组长： 年 月 日	
备 注		

复 习 题

一、单选题

1. GMP 自检是指药品生产企业内部对药品生产实施（　　）检查，是企业执行 GMP 的一项重要内容。

A. GMP　　B. SOP　　C. SMP　　D. GSP

2. 企业自检，缺陷项目整改措施的跟踪确认由（　　）派人进行跟踪自检措施的实施和整改结果的确认，并填写跟踪自检报告或整改自检报告。

A. 技术管理部门　　B. 质量管理部门　　C. 生产管理部门　　D. 质量控制部门

3. 产品自检是对（　　）的质量进行单独评价的活动，用于确定产品质量的符合性和适用性。

A. 原辅料　　B. 最终产品　　C. 中间产品　　D. 包装材料

4. 自检的频率可根据自检发起的目的和管理需要来确定，但每年应至少进行（　　）次系统、全面的自检。

A. 2　　B. 3　　C. 1　　D. 4

5. 通过 GMP 自检，发现企业执行 GMP 时存在的缺陷项目，并通过实施（　　）来进一步提高 GMP 执行的持续性、符合性、有效性。

A. 偏差处理　　B. 纠正和预防措施　　C. 变更控制　　D. 产品质量回顾分析

6. 自检完成后应形成自检报告，自检情况应该报告企业（　　）。

A. 生产负责人　　B. 质量负责人　　C. 质量部门负责人　　D. 高层管理人员

7. 自检小组组长主持自检的全过程，负责协调各部门或分支小组的工作，对自检工作质量起关键作用，一般由（　　）担任组长。

A. 企业质量负责人　　B. 企业负责人　　C. 企业生产负责人　　D. 车间主任

8. GMP 自检是指药品生产企业内部对药品生产实施 GMP 检查，ISO 9001 中称为

(　　)。

A. 认证检查　B. 跟踪检查　C. 内部审计　D. 第三方审核

9. 自检总结报告等全部自检文件移交给(　　)归档保存,并按《记录管理程序》的规定进行管理。

A. 质量保证部　B. 质量控制部　C. 生产部　D. 综合部

10. 现场检查中发现的缺陷项目应客观描述,并让(　　)签字确认。

A. 质量保证部门负责人　B. 生产部门负责人

C. 质量控制部门负责人　D. 受检部门负责人

二、多选题

1. 自检按自检对象分为(　　)三种自检。

A. 产品质量　B. 过程质量

C. 生产质量管理体系　D. 供应商的产品质量

2. 自检后制定整改措施,内容应包括(　　)。

A. 缺陷项目描述　B. 原因分析

C. 计划完成时间　D. 责任人

3. 自检计划的内容包括(　　)。

A. 自检的目的和范围　B. 自检依据的文件

C. 自检小组成员名单及分工情况　D. 自检的日期和部门

4. 自检的作用和地位(　　)。

A. 评估药品生产企业执行 GMP 的符合性和有效性

B. 获取公正、客观的管理信息,为管理层的决策提供事实依据

C. 指出药品生产企业存在的质量风险

D. 指出需要质量改进的可行性

5. 自检按检查方法可分为(　　)。

A. 日常检查　B. 自检　C. 第二方审核　D. 第三方审核

6. 自检报告的内容应包括(　　)。

A. 自检过程中观察到的所有情况　B. 自检的结果

C. 评价的结论　D. 提出纠正和预防措施的建议

7. 企业自检实施活动包括(　)四个阶段。

A. 自检的启动　B. 自检的准备　C. 自检的实施　D. 自检的报告

8. 年度自检计划通常有(　　)两种类型。

A. 集中式自检　B. 滚动式自检　C. 分散式自检　D. 跟踪式自检

9. 缺陷项目分为(　　),其风险等级依次降低。

A. 严重缺陷项目　B. 主要缺陷项目　C. 次要缺陷项目　D. 一般缺陷项目

10. 自检报告的内容应包括(　　)。

A. 报告名称、报告人、报告日期　B. 自检结果的简要概述

C. 自检的范围及结论　D. 主要存在的问题

三、简答题

1. 自检的含义是什么？
2. 自检的作用和地位有哪些？
3. 简述自检工作程序。
4. 如何编制自检报告？
5. 简述自检的内容。

第十四章

认　　证

知识目标

- 掌握认证的工作程序。
- 理解药品 GMP 认证的作用。

技能目标

- 能明确药品 GMP 认证的作用。
- 会按照药品 GMP 认证要求进行申报材料的准备。

药品 GMP 认证是药品监督管理部门依法对药品生产企业药品生产质量管理进行监督检查的一种手段，是对药品生产企业实施药品 GMP 情况的检查、评价并决定是否发给认证证书的监督管理过程，是确保药品质量的稳定性、安全性和有效性的一种科学先进的管理方法，也是国际药品贸易和药品监督管理的重要内容。对药品生产企业来说，实施药品 GMP 认证有利于企业的生存、持续性发展和提高国际竞争力。

第一节　概　　述

一、GMP 认证含义

药品 GMP 认证，是国家依法对药品生产企业（车间）和药品品种实施药品 GMP 监督检查并取得认可的一种制度，是确保药品质量稳定性、有效性和安全性的一种科学的、先进的管理手段。它是药品监督管理部门对药品生产企业实施《药品生产质量管理规范》进行检查、评价并决定是否发给 GMP 认证证书的过程。即药品 GMP 认证是由国家食品药品监督管理局或省、直辖市、自治区食品药品监督管理局依据认证制度的要求实施的以认证或注册为目的的审核，又称认证审核，简称认证。

二、GMP认证的作用

实施药品GMP认证制度是国家对药品生产企业监督检查的一种手段，是药品监督管理工作的重要内容，也是保证药品质量的一种科学的先进的管理方法。GMP的灵魂是保证药品质量。通过GMP认证，只是药品生产企业的最低标准，而不是最终结果，更不是终身保障。GMP认证后关键在于如何将GMP实施落到实处，将各项GMP管理制度不打折扣、认认真真地贯彻执行。

1. GMP认证是对药品生产企业实施GMP情况的检查认可过程，是国家对药品监督管理的重要内容，也是保证药品质量的一种科学先进的管理方法。因此，实施GMP认证工作要按照药品监督管理体制组织实施，把GMP的实施、监督检查工作纳入药品监督管理工作的范围，作为药品监督管理工作的重要手段。

2. 对药品生产企业实行GMP认证，是国家依法对药品生产（车间）企业的GMP实施状况进行监督、检查并对合格者予以认可的过程，是国家依法对药品生产企业监督检查的一种手段，是确保药品质量的科学、先进、符合国际惯例的管理方法，也是与国外GMP认证机构展开双边、多边认证合作的基础，更是我国药品生产企业融入国际竞争并取得一席之地的必要条件。

3. 实施GMP认证制度，能够进一步调动药品生产企业的积极性，从而加速GMP规范法实施，并可加速治理长期制约我国药业健康发展的低水平重复建设和生产问题。通过实行GMP认证，可以淘汰那些不符合技术、经济要求的药品生产企业，从而有效调整我国药品生产企业总体结构，提高总体水平。实行GMP认证，能够使药品质量得到保证，保护消费者的利益，保证人们用药安全有效。

三、GMP认证的特点

1. 药品GMP认证属于强制性认证。GMP是全面质量管理在制药行业的体现，《中华人民共和国标准化法实施条例》第十八条规定："国家标准、行业标准分为强制性标准和推荐性标准"，而药品标准属于强制性标准。

2. 药品GMP认证属于安全认证。产品质量认证的种类按质量认证的责任不同，可分为自我认证、使用方认证、第三方认证。按认证内容不同，可分为质量认证、体系认证、安全认证。药品关系人命安危，因此药品认证属于安全认证，是属于一种强制性的认证。

3. GMP具有区域性，多数由各国结合本国国情制定本国的GMP，仅适用于药品生产行业。而在国外有些国家执行着美国FDA认证的标准，我国也有些单位通过了美国FDA认证。

4. 药品GMP认证是对企业的内外部进行质量控制。加强药品生产企业内部诸多质量因素的过程控制，同时也要对药品生产企业外部关键质量因素有所控制，如配方、原料、辅料、包装材料、仪器设备以及建筑材料的质量采取控制措施。

第二节 认证组织机构及管理

《药品管理法》第九条规定："药品生产企业必须按照国务院药品监督管理部门依据本法制定的《药品生产质量管理规范》组织生产。药品监督管理部门按照规定对药品生产企业是否符合《药品生产质量管理规范》的要求进行认证；对认证合格的，发给认证证书"。

2002 年 9 月 15 日生效的《药品管理法实施条例》第 5 条规定："省级以上人民政府药品监督管理部门应当按照《药品生产质量管理规范》和国务院药品监督管理部门规定的实施办法和实施步骤，组织对药品生产企业的认证工作；符合《药品生产质量管理规范》的，发给认证证书。其中，生产注射剂、放射性药品和国务院药品监督管理部门规定的生物制品的药品生产企业的认证工作，由国务院药品监督管理部门负责。《药品生产质量管理规范》认证证书的格式由国务院药品监督管理部门统一规定"。第 6 条规定："新开办药品生产企业、药品生产企业新建药品生产车间或者新增生产剂型的，应当自取得药品生产证明文件或者经批准正式生产之日起 30 天内，按照规定向药品监督管理部门申请《药品生产质量管理规范》认证。受理申请的药品监督管理部门应当自收到企业申请之日起 6 个月内，组织对申请企业是否符合《药品生产质量管理规范》进行认证；认证合格的，发给认证证书"。

一、认证组织机构及演变

1995 年由卫生部、国家医药管理局、国家中医药管理局、国家技术监督局、中国药品生物制品检定所、总后卫生部等部门共同组成中国药品认证委员会。常设机构为秘书处，卫生部药品认证管理中心为中国药品认证委员会的办事机构，履行秘书处的职责。药品 GMP 认证遵循自愿性认证的原则。共核发 87 张认证证书。

1998 年成立国家药品监督管理局后，中国药品认证委员会自行撤销，成立了专门机构"药品认证管理中心"，2003 年 6 月以前负责全国药品 GMP 认证工作，各省、自治区、直辖市（食品）药品监督管理部门负责本辖区药品 GMP 认证申报材料的初审工作。

2003 年 6 月以后国家食品药品监督管理局主管全国药品 GMP 认证工作。负责药品 GMP 认证检查评定标准的制定、修订工作，负责设立国家药品 GMP 认证检查员库及其管理工作，负责注射剂、放射性药品、国家食品药品监督管理局规定的生物制品生产企业的药品 GMP 认证工作，负责进口药品 GMP 认证和国际药品 GMP 认证的互认工作。省、自治区、直辖市（食品）药品监督管理部门负责本辖区内除注射剂、放射性药品、国家食品药品监督管理局规定的生物制品以外药品生产企业的药品 GMP 认证工作。

新版 GMP 自 2011 年 3 月 1 日起施行。2011 年 8 月 2 日，国家食品药品监督管理局印发《药品生产质量管理规范认证管理办法》。规定国家食品药品监督管理局主管全国药品 GMP 认证管理工作。负责注射剂、放射性药品、生物制品等药品 GMP 认证和跟踪检查工作；负责进口药品 GMP 境外检查和国家或地区间药品 GMP 检查的协调工作。省级药品监督管理部门负责本辖区内除注射剂、放射性药品、生物制品以外其他药品 GMP 认证和跟踪检查工作以及国家食品药品监督管理局委托开展的药品 GMP 检查工作。

国家食品药品监督管理局认证管理中心 2011 年出版了 2010 版《药品 GMP 指南》，即《质量管理体系》、《质量控制实验室与物料系统》、《厂房设施与设备》、《无菌药品》、《口服固体制剂》、《原料药》六本系列指导书。为药品生产企业、工程设计、设备制造及药品监管等单位的管理、技术、生产和检查人员提供了一个参考。

二、认证工作的演变

国家药品监督管理局成立后，原中国药品认证委员会受理的 GMP 认证企业和原国家医药管理局受理的 GMP 达标企业，按照新版 GMP 要求重新申报认证。此外，认证工作的主要变化还有：

1. 自愿性认证改为强制性认证。

2. 由原来的国家一级认证改为国家和省二级认证，即国家药品监督管理局负责生产注射剂、放射性药品、部分生物制品的药品生产企业的认证工作，其他剂型生产企业的认证工作均由省级药监部门负责。

3. 调整"药品生产许可证"、产品批准文号(包括"进口药品注册证")与 GMP 认证的顺序关系。

4. GMP 认证不再有静态认证，不再有一年有效期的"药品 GMP 认证证书"。

5. 不再按药品品种认证、剂型认证，改为药品生产企业(车间)认证。

6. 认证检查时不再现场抽样检验。

7. 取得"药品 GMP 证书"企业的日常监管工作，由原中国药品认证委员会负责改为由省级药品监督管理局负责。

8. 分步实施 GMP 认证。自 2011 年 3 月 1 日起，凡新建药品生产企业、药品生产企业新建(改、扩建)车间均应符合新版 GMP 的要求。现有药品生产企业血液制品、疫苗、注射剂等无菌药品的生产，应在 2013 年 12 月 31 日前达到新版 GMP 要求。其他类别药品的生产均应在 2015 年 12 月 31 日前达到新版 GMP 要求。未达到新版 GMP 要求的企业(车间)，在上述规定期限后不得继续生产药品。

9. 医用氧、中药饮片和影响药品质量的原辅料的生产实施 GMP 管理，在 GMP 认证中对计算机系统提出验证的要求。

10. 对最后认证检查标准进行修订，凡新开办药品生产企业或药品生产企业新增生产范围、改扩建车间的都必须符合 GMP 要求。

11. 药品生产企业应根据本企业的实际，制订新版 GMP 实施计划并报所在地省级食品药品监督管理局。应按照新版 GMP 要求，建立和完善企业质量管理体系，配备必要的药品质量管理人员；建立和更新符合本企业实际的各类管理软件并验证和试运行，确保新的软件能够满足和适应本企业产品生产过程的使用要求，全面提升企业药品生产和质量管理保障能力；应结合新版 GMP、本企业药品质量管理要求以及岗位操作规范，组织开展企业员工的培训。

12. 现有"药品 GMP 证书"有效期满但尚未达到新版 GMP 要求的，药品生产企业应在原"药品 GMP 证书"期满前 6 个月，按照新版 GMP 要求进行自查，并将自查结果报送所在地省级食品药品监督管理部门。省级食品药品监督管理部门应对企业自查情况开展监督检查。符合要求的，血液制品、疫苗、注射剂等无菌药品生产企业现有"药品 GMP 证书"有效期延续至 2013 年 12 月 31 日；其他类别药品现有"药品 GMP 证书"有效期延续至 2015 年 12 月 31 日。

不符合要求的，由省级食品药品监督管理部门监督企业进行整改，整改期间收回“药品 GMP 证书”。国家食品药品监督管理局将在网站上对药品生产企业“药品 GMP 证书”延续情况予以公示。

三、认证检查分类

1. 常规检查。新开办的药品生产企业申报 GMP 认证，新建、改建、扩建的药品生产企业（车间）申报 GMP 认证，新增加生产线申报 GMP 认证，改变厂房、设备、生产工艺申报 GMP 认证，首次申报 GMP 认证，GMP 证书到期后复查等现场检查属于常规检查。

2. 定期检查。省级药品监督管理部门负责对本辖区内取得“药品 GMP 证书”的企业（车间），在证书有效期内，每两年监督检查一次；国家食品药品监督管理局必要时对取得“药品 GMP 认证证书”的企业（车间）进行抽查。

3. 追踪检查。药品认证管理中心于一定时间内认证检查限期整改企业的整改报告进行审查，并组织检查组对整改落实情况进行现场追踪检查；对认证检查审核中发现有问题或企业有反映的，也将实施追踪检查。

4. 专题检查。取得“药品 GMP 证书”的企业（车间），如有用户申诉或有质量问题时，特定产品（如生物制品）上市前或有特定需要时，药品认证管理中心或省级药品监督管理局将进行专题检查。

四、跟踪检查

药品监督管理部门应对持有“药品 GMP 证书”的药品生产企业组织进行跟踪检查。“药品 GMP 证书”有效期内至少进行一次跟踪检查。药品监督管理部门负责组织药品 GMP 跟踪检查工作；药品认证检查机构负责制订检查计划和方案，确定跟踪检查的内容及方式，并对检查结果进行评定。国家食品药品监督管理局药品认证检查机构负责组织或委托省级药品监督管理部门药品认证检查机构对注射剂、放射性药品、生物制品等进行跟踪检查。

五、飞行检查制度

即事先不通知被检查企业而对其实施快速的现场检查，是跟踪检查的一种形式。飞行检查是对药品生产企业跟踪检查的一种形式，是国家食品药品监督管理局根据监管需要随时对药品生产企业所实施的现场检查。其重点检查对象是涉嫌违反药品 GMP 或有不良行为记录的药品生产企业，如被举报的企业、药品质量公报不合格的药品生产企业等。此外，国家食品药品监管局还可以根据监管的需要，将无菌药品等重点产品生产企业纳入飞行检查范围。飞行检查有利于监管部门掌握药品生产企业药品生产的真实状况，克服药品 GMP 认证过程中存在的形式主义和检查走过场的不足，对药品 GMP 认证检查也起到了监督促进作用。

飞行检查与以往 GMP 跟踪检查相比，有五个非常突出的特点：

1. 行动的保密性。飞行检查安排即使在组织实施部门内部也是相对保密的，只有该项工作的主管领导和具体负责的同志掌握情况。企业所在地药品监督管理部门也是在最后时限才得到通知。

2. 检查的突然性。由于飞行检查的保密性，被检查企业事先不可能做任何准备工作，检查组现场所看到的就是企业日常生产管理的真实状况。

3. 接待的绝缘性。飞行检查组要做到不吃企业饭、不住企业店、不用企业车，费用全部由药品认证管理中心支付。

4. 现场的灵活性。药品认证管理中心制定检查预案，主要确定现场检查重点。检查组现场检查的具体时间及步骤由检查组根据检查需要确定，确保检查质量。

5. 记录的即时性。检查员要在现场检查过程中即时填写飞行检查工作记录。进入每一工作现场，均要根据具体情况填写好检查内容、接触人员、情况记录等项内容。

第三节 药品 GMP 认证工作程序及申报资料

一、药品 GMP 认证工作程序

(一)认证的申请

新开办药品生产企业或药品生产企业新增生产范围、新建车间的，均应在自取得药品生产证明文件或者经批准正式生产之日起的 30 天内，按照《药品管理法实施条例》的规定，向药品监督管理部门申请药品 GMP 认证。

已取得“药品 GMP 证书”的药品生产企业应在证书有效期届满前 6 个月，重新申请药品 GMP 认证。药品生产企业改建、扩建车间或生产线的，应按《药品生产质量管理规范认证管理办法》要求重新申请药品 GMP 认证。申请药品 GMP 认证的生产企业，应按规定填写“药品 GMP 认证申请书”，并报送相关资料。属于注射剂、放射性药品、生物制品等药品 GMP 认证的，企业经省、自治区、直辖市药品监督管理部门出具日常监督管理情况的审核意见后，将申请资料报国家食品药品监督管理局。注射剂、放射性药品、生物制品以外其他药品 GMP 认证的，企业将申请资料报省、自治区、直辖市药品监督管理部门。

(二)初审

省级以上药品监督管理部门对药品 GMP 申请书及相关资料进行形式审查，申请材料齐全、符合法定形式的予以受理；未按规定提交申请资料的，以及申请资料不齐全或者不符合法定形式的，当场或者在 5 天内一次性书面告知申请人需要补正的内容。

(三)资料审查

食品药品监督管理部门自受理之日起 20 个工作日内对申请材料进行技术审查。

药品认证检查机构对申请资料进行技术审查，经技术审查，需要补充资料的，书面通知申请企业。申请企业应按通知要求，在规定时限内完成补充资料，逾期未报的，其认证申请予以终止。技术审查工作时限为自受理之日起 20 个工作日。需补充资料的，工作时限按实际顺延。

(四)制订检查方案

药品认证检查机构完成申报资料技术审查后，对经技术审查符合要求的认证申请，20 个工作日内制订现场检查方案，制订方案后20个工作日内通知申请企业并实施现场检查。检查方案的内容应包括日程安排、检查项目、检查组成员及分工等。制定工作方案及实施现场检查工作时限为40个工作日。

(五)现场检查

现场检查实行组长负责制，检查组一般由不少于3名药品GMP检查员组成，检查员从国家药品GMP检查员库中随机选取，并遵循回避原则。药品认证检查机构在现场检查前通知申请企业，现场检查时间一般为3～5天，可根据具体情况适当调整。现场检查开始时，检查组向申请企业出示药品GMP检查员证或其他证明文件，确认检查范围，告知检查纪律、注意事项以及企业权利，确定企业陪同人员。申请企业在检查过程中应及时提供检查所需的相关资料。检查组严格按照现场检查方案实施检查，检查员应如实做好检查记录。检查方案如需变更的，应报经派出检查组的药品认证检查机构批准。现场检查结束后，检查组应对现场检查情况进行分析汇总，并客观、公平、公正地对检查中发现的缺陷进行风险评定。分析汇总期间，企业陪同人员应回避。

检查组向申请企业通报现场检查情况，对检查中发现的缺陷内容，经检查组成员和申请企业负责人签字，双方各执一份。申请企业对检查中发现的缺陷无异议的，应对缺陷进行整改，并将整改情况及时报告派出检查的药品认证检查机构。如有异议，可做适当说明。如不能达成共识，检查组应做好记录并经检查组成员和申请企业负责人签字后，双方各执一份。

(六)检查报告的审核

现场检查报告、不合格项目、检查员记录、有异议问题的意见及相关证据材料应在检查工作结束后5个工作日内报送食品药品监督管理部门。现场检查工作完成后，检查组应根据现场检查情况，结合风险评估原则提出评定建议。现场检查报告应附检查员记录及相关资料，并由检查组成员签字。检查组应在检查工作结束后10个工作日内，将现场检查报告、检查员记录及相关资料报送药品认证检查机构。

药品认证检查机构可结合企业整改情况对现场检查报告进行综合评定。必要时，可对企业整改情况进行现场核查。综合评定在收到整改报告后40个工作日内完成，如进行现场核查，评定时限顺延。

综合评定应采用风险评估的原则，综合考虑缺陷的性质、严重程度以及所评估产品的类别对检查结果进行评定。现场检查综合评定时，低一级缺陷累计可以上升一级或二级缺陷，已经整改完成的缺陷可以降级，严重缺陷整改的完成情况应进行现场核查。

1. 只有一般缺陷，或者所有主要和一般缺陷的整改情况证明企业能够采取有效措施进行改正的，评定结果为“符合”。

2. 有严重缺陷或有多项主要缺陷，表明企业未能对产品生产全过程进行有效控制的，或者主要和一般缺陷的整改情况或计划不能证明企业能够采取有效措施进行改正的，评定结果为“不符合”。

(七)追踪检查

在审核中发现有问题或企业有反映，公示期对公示内容有异议的，药品认证检查机构或报同级药品监督管理部门及时组织调查核实。调查期间，认证工作暂停。详细规定参考新的《药品生产质量管理规范认证管理办法》国食药监安(2011)365号。

(八)公告发证

国家食品药品监督管理局对拟颁发《药品 GMP 证书》的企业发布审查公告，即药品认证检查机构完成综合评定后，应将评定结果予以公示，公示期为10个工作日。10天内无异议的，发布认证公告。并由国家食品药品监督管理局或省、自治区、直辖市(食品)药品监督管理部门向申请企业发放"药品 GMP 认证审批件"和"药品 GMP 证书"。公示内容有异议的，药品认证检查机构或报同级药品监督管理部门及时组织调查核实。调查期间，认证工作暂停。对公示内容无异议或对异议已有调查结果的，药品认证检查机构应将检查结果报同级药品监督管理部门，由药品监督管理部门进行审批。

经药品监督管理部门审批，符合药品 GMP 要求的，向申请企业发放"药品 GMP 证书"；不符合药品 GMP 要求的，认证检查不予通过，药品监督管理部门以"药品 GMP 认证审批意见"方式通知申请企业。行政审批工作时限为20个工作日。药品监督管理部门应将审批结果予以公告。省级药品监督管理部门应将公告上传国家食品药品监督管理局网站。

二、药品生产企业申报资料要求

(一)企业的总体情况

1. 企业信息。企业名称、注册地址；企业生产地址、邮政编码；联系人、传真、联系电话(包括出现严重药害事件或召回事件的24小时的联系人、联系电话)。

2. 企业的药品生产情况。简述企业获得(食品)药品监督管理部门批准的生产活动，包括进口分包装、出口以及获得国外许可的药品信息；药品生产范围描述。

营业执照、药品生产许可证，涉及出口的需附上境外机构颁发的相关证明文件的复印件；应同时提供生产许可证副本复印件，如有委托(受托)生产情况，应同时提供相应的批准文件。

获得批准文号的所有品种(可分不同地址的厂区来填写，并注明是否常年生产，近三年的产量列表作为附件)；品种表[序号、产品名称、规格(包装规格)、批准文号、生产车间(厂区)、是否常年生产]。近三年产量列表(序号、产品名称、规格、批量、批数、年产量)。

生产地址是否有处理高毒性、性激素类药物等高活性、高致敏性物料的操作，如有应当列出，并应在附件中予以标注。无此项，应在此处写明"无此类操作"。

3. 本次药品 GMP 认证申请的范围。列出本次申请药品 GMP 认证的生产线、生产剂型、品种并附相关产品的注册批准文件的复印件。

最近一次(食品)药品监督管理部门对该生产线的检查情况(包括检查日期、检查结果、缺陷及整改情况，并附相关的药品 GMP 证书)。如该生产线经过境外的药品 GMP 检查，需一并提供其检查情况。

4. 上次药品 GMP 认证以来的主要变更情况。

简述上次认证检查后关键人员、设备设施、品种的变更情况。关键人员、设施设备、产品(如车间增加或减少新品种)；内容应包括变更内容、时间、药监批准或备案情况；如无变更应明确写明无变更；文件变更不必在此处描述。

(二)企业的质量管理体系

1. 企业质量管理体系的描述。质量管理体系的相关管理责任，包括高层管理者、质量管理负责人、质量受权人和质量保证部门的职责。

简要描述质量管理体系的要素，如组织机构、主要程序、过程等。

2. 成品放行程序。放行程序的总体描述以及负责放行人员的基本情况(资历等)。放行流程描述(流程图)：批生产记录审核、批检验记录审核、汇总审核、批准、证书发放。负责产品放行的具体人员，有无转授权。受权人、转受权人的资历(姓名、年龄、毕业院校、专业、毕业时间、相关工作经历及年限)。

3. 供应商管理及委托生产、委托检验的情况。

(1)概述供应商管理的要求，以及在评估、考核中使用到的质量风险管理方法；供应商分级情况；供应商质量评估；新供应商采用基本质量要求；供应商变更管理；物料(供应商)质量回顾；供应商清单。

(2)简述委托生产的情况(如有)。

(3)简述委托检验的情况(如有)。

4. 企业的质量风险管理措施。

(1)简述企业的质量风险管理方针。

(2)质量风险管理活动的范围和重点，以及在质量风险管理体系下进行风险识别、评价、控制、沟通和审核的过程。

5. 年度产品质量回顾分析。企业进行年度产品质量回顾分析的情况以及考察的重点。

(三)人员

1. 质量保证、生产和质量控制的组织机构图(包括高层管理者)以及质量保证、生产和质量控制部门各自的组织机构图。

2. 企业关键人员及从事质量保证、生产、质量控制主要技术人员的资历。

3. 质量保证、生产、质量控制、贮存和发运等各部门的员工数。

(四)厂房、设施和设备

1. 厂房。简要描述建筑物的建成和使用时间、类型(包括结构以及内外表面的材质等)、场地的面积；厂区总平面布局图、生产区域的平面布局图和流向图，标明比例。应当标注出房间的洁净级别、相邻房间的压差，并且能指示房间所进行的生产活动；简要描述申请认证范围所有生产线的布局情况；仓库、贮存区域以及特殊贮存条件进行简要描述。

(1)空调净化系统的简要描述。空调净化系统的工作原理、设计标准和运行情况，如进风、温度、湿度、压差、换气次数、回风利用率等。

(2)水系统的简要描述。水系统的工作原理、设计标准和运行情况及示意图。

(3)其他公用设施的简要描述。

(4)其他公用设施(如压缩空气、氮气等)的工作原理、设计标准以及运行情况。

2. 设备。

(1)列出生产和检验用主要仪器、设备。

(2)清洗和消毒。简述清洗、消毒与药品直接接触设备表面使用的方法及验证情况。

(3)与药品生产质量相关的关键计算机化系统。简述与药品生产质量相关的关键的计算机化系统的设计、使用验证情况。

(五)文件

描述企业的文件系统;简要描述文件的起草、修订、批准、发放、控制和存档系统。

(六)生产

1. 生产的产品情况。所生产的产品情况综述(简述);本次申请认证剂型及品种的工艺流程图,并注明主要质量控制点与项目。

2. 工艺验证。简要描述工艺验证的原则及总体情况;简述返工、重新加工的原则。

3. 物料管理和仓贮。原辅料、包装材料、半成品、成品的处理,如取样、待检、放行和贮存;不合格物料和产品的处理。

(七)质量控制

描述企业质量控制实验室所进行的所有活动,包括检验标准、方法、验证等情况。

(八)发运、投诉和召回

1. 发运。简要描述产品在运输过程中所需的控制,如温度/湿度控制;确保产品可追踪性的方法。

2. 投诉和召回。简要描述处理投诉和召回的程序。

(九)自检

简要描述自检系统,重点说明计划检查中的区域选择标准,自检的实施和整改情况。药品认证管理中心对待企业申请资料,如内容齐全、表述清楚的,受理资料并拟定现场检查方案;如内容基本齐全,但有问题需要核实,向省药监局或申请企业核实情况;如内容严重不全,表述不清楚,通知企业补充资料。企业应在 2 个月内一次性按通知要求完成补充材料,超过期限的中止认证;经审核凡不具备认证条件的,退回资料。因此,申请资料的质量非常重要,它既反映企业实施 GMP 的情况,又体现企业的管理水准,是 GMP 认证的第一步。申请资料应注意突出企业特点,尽量用量化的数字表述企业概况及实施 GMP 的情况,文字与图表相结合,字迹清晰、装订整齐。省级以上药品监督管理部门对药品 GMP 申请书及相关资料进行形式审查,申请材料齐全、符合法定形式的予以受理;未按规定提交申请资料的,以及申请资料不齐全或者不符合法定形式的,当场或者在 5 天内一次性书面告知申请人需要补正的内容。

药品认证检查机构对申请资料进行技术审查,技术审查自受理之日起 20 个工作日内完成。经技术审查,需补充资料的,以书面通知申请企业,工作时限按实际顺延。申请企业应按通知要求,在规定时限内完成补充资料,逾期未报的,其认证申请予以终止。因此,申请资料的质量非常重要,它既反映企业实施 GMP 的情况,又体现企业的管理水准,是 GMP 认证的第一步。申请资料应注意突出企业特点,尽量用量化的数字表述企业概况及实施 GMP 的情况,文字与图表相结合,字迹清晰、装订整齐。

三、药品 GMP 认证检查要求

检查缺陷的风险评定应综合考虑产品类别、缺陷的性质和出现的次数。缺陷分为严重缺陷、主要缺陷和一般缺陷，其风险等级依次降低。具体如下：

1. 严重缺陷指与药品 GMP 要求有严重偏离，产品可能对使用者造成危害的。

2. 主要缺陷指与药品 GMP 要求有较大偏离的。

3. 一般缺陷指偏离药品 GMP 要求，但尚未达到严重缺陷和主要缺陷程度的。

检查组向申请企业通报现场检查情况，对检查中发现的缺陷内容，经检查组成员和申请企业负责人签字，双方各执一份。申请企业对检查中发现的缺陷无异议的，应对缺陷进行整改，并将整改情况及时报告派出检查的药品认证检查机构。如有异议，可做适当说明。如不能达成共识，检查组应做好记录并经检查组成员和申请企业负责人签字后，双方各执一份。

现场检查工作完成后，检查组应根据现场检查情况，结合风险评估原则提出评定建议。现场检查报告应附检查员记录及相关资料，并由检查组成员签字。检查组应在检查工作结束后 10 个工作日内，将现场检查报告、检查员记录及相关资料报送药品认证检查机构。

现场检查如发现申请企业涉嫌违反《药品管理法》等相关规定，检查组应及时将证据通过观察员移交企业所在地药品监督管理部门，并将有关情况上报派出检查组的药品认证检查机构，派出机构根据情况决定是否中止现场检查活动。检查组应将情况在检查报告中详细记录。中止现场检查的，药品认证检查机构应根据企业所在地药品监督管理部门调查处理结果，决定是否恢复认证检查。

药品认证检查机构可结合企业整改情况对现场检查报告进行综合评定。必要时，可对企业整改情况进行现场核查。综合评定应在收到整改报告后 40 个工作日内完成，如进行现场核查，评定时限顺延。综合评定应采用风险评估的原则，综合考虑缺陷的性质、严重程度以及所评估产品的类别对检查结果进行评定。现场检查综合评定时，低一级缺陷累计可以上升一级或二级缺陷，已经整改完成的缺陷可以降级，严重缺陷整改的完成情况应进行现场核查。

1. 只有一般缺陷，或者所有主要和一般缺陷的整改情况证明企业能够采取有效措施进行改正的，评定结果为“符合”。

2. 有严重缺陷或有多项主要缺陷，表明企业未能对产品生产全过程进行有效控制的，或者主要和一般缺陷的整改情况或计划不能证明企业能够采取有效措施进行改正的，评定结果为“不符合”。

药品认证检查机构完成综合评定后，应将评定结果予以公示，公示期为 10 个工作日。对公示内容有异议的，药品认证检查机构或报同级药品监督管理部门及时组织调查核实。调查期间，认证工作暂停。对公示内容无异议或对异议已有调查结果的，药品认证检查机构应将检查结果报同级药品监督管理部门，由药品监督管理部门进行审批。

经药品监督管理部门审批，符合药品 GMP 要求的，向申请企业发放“药品 GMP 证书”；不符合药品 GMP 要求的，认证检查不予通过，药品监督管理部门以“药品 GMP 认证审批意见”方式通知申请企业。行政审批工作时限为 20 个工作日。药品监督管理部门应将审批结果予以公告。省级药品监督管理部门应将公告上传国家食品药品监督管理局网站。

四、如何做好 GMP 认证工作

药品 GMP 认证是一项系统工程，涉及对国家政策法规的理解和消化，也涉及企业生产和管理等方方面面的规范和提高，是一件工作量大和需要长期努力的工作，任务十分繁重。申报药品 GMP 认证的企业，要做好 GMP 认证工作，应从以下几个方面着手：

(一)申报 GMP 认证前的工作准备

1. 人员方面的准备。实施 GMP 认证最关键的因素是人。要做好 GMP 认证工作需要企业内部各职能部门的积极参与和通力协作，必须建立一个专职机构来领导这项工作。其组长应由法人代表或法人代表授权的总工程师担任，成员包括各职能部门技术骨干，分别负责硬件、软件系统的改造、完善、整理工作。只有充分做好了人员上的准备，并使 GMP 认证的专职机构有效的运转起来后，才能表明企业实施 GMP 认证工作进入了实质性启动阶段。

2. 资金方面的准备。实施 GMP 认证必须有一定数量的资金保证，因为随着 GMP 的发展和进步，每个企业在不同程度上需要对厂房及设备等硬件方面和生产及质量管理等软件系统方面进行改造和完善，这就需要投入一定量的资金。建议设立企业 GMP 认证专项资金，由负责 GMP 认证的专职机构统一管理和使用。应对企业实施 GMP 认证的工作量和资金需求预先测算，合理安排资金使用的轻重缓急，尽量把有限的资金用在 GMP 认证检查中的关键项目上。

3. 培训方面的准备。培训是提高员工素质和 GMP 认证检查的重要环节。GMP 的培训必须有计划、有教材、有师资、有考核、有记录。计划分层次，教材看对象，使各级管理人员、技术人员和不同岗位的员工都得到不同层次和要求的培训，并有提高。培训应使员工明确实施 GMP 的目的和意义，从根本上认识到实施 GMP 的必要性和紧迫性，掌握 GMP 认证检查项目的具体要求，使各部门、各岗位、各工序规范运作。培训可以采用讲课、现场操作和外出参观学习等多种形式。

4. 自检方面的准备。自检是实施 GMP 的重要内容，是企业发现问题制订整改措施的依据，也是培养和锻炼企业自己 GMP 检查员的重要途径，随着实施 GMP 的深入细化，自检工作已越来越显现其不可替代性。自检工作应作为企业的一项基本工作内容有计划定期进行，应严格按现行的 GMP 标准。逐项详细检查、评分和记录，找出薄弱环节、缺陷和存在问题。自检的形式可以为部门内部、部门之间和上级对下级的检查。

5. 整改方面的准备。不论是新上项目的第一次 GMP 认证，还是老车间和厂房的再次 GMP 认证，都必须严格按现行的 GMP 标准进行自查。对检查出来的缺陷和问题，要在充分讨论的基础上进行风险评估，集思广益，制订出切实可行的整改方案，并确定整改完成期限和具体负责人。方案要重点突出，措施具体明确，最好充分征求工程设计、施工、管理部门专家的意见后，再动手改造。整改过程中要不断地反复进行检查和修改，完工时必须进行验收。要通过“自检、整改”的多次循环，努力使企业的软、硬件系统尽量完美，达到现行 GMP 规范的要求。

6. 重要项目的风险评估。药品 GMP 认证检查评定标准中的风险较大的项目是必须全部达到要求的，做好这些项目实质上就是对 GMP 要求的理解和执行的程度问题。应在充分学习和把握 GMP 实质及精髓，做好全面认证准备的基础上，有重点地做好这些项目的准备。建议从如下几个方面去考虑：

(1)文件系统的准备。因为文件系统最能从根本上反映出一个企业在生产全过程中管理和调控水平，也代表了企业实施 GMP 的程度，在硬件达到要求的情况下更是如此。要做到"事事有人管，事事有标准，事事有记录，事事有检查"。各部门、岗位、工序均有成文的具完备批准手续及实施时间的管理、操作规程和标准，同时也是有效版本。

(2)质量、生产管理部门负责人的任命和职责授权书。

(3)员工的培训情况，包括 GMP 知识及工艺规程、操作规程等专业技术培训，均应有成文的培训计划、教材、记录和考核结果，特别提出的是，企业领导干部的培训不能忽略。

(4)仓贮的面积，按产品性能和使用功能划分的功能区域要满足生产需求；具有通风、防潮、防虫、防鼠及温度控制的有效设施；在库物品状态标志清晰，账、卡、物相符；对不合格品、退货产品、重要物品、危险品应有专门的摆放区域或专柜专库，有完整的使用记录与报告。

(5)从原料、辅料、包装材料、标签及标识物和成品的验收、取样、检验、入库到发放、退库等均应有管理制度及操作规程，有实施的记录并可追溯，对于主要原辅料的供应商还必须进行质量审计。

(6)空气净化系统的使用、清洁、定期测试及更换的依据和记录；工艺用水系统的规范、水质检测、消毒及灭菌的制度和记录；年度使用报告。

(7)生产工艺、关键设备及无菌药品的验证文件；定期再验证报告；关键设备的清洁验证报告。

(8)所有生产岗位、现场设备、原辅材料、工器具的状态标志、使用情况及清洗消毒记录。

(9)企业实施 GMP 的自检制度和检查结果；留样观察制度及实施的记录与报告；针对质量问题的成文的顾客投诉处理程序、不良反应管理制度、产品收回制度以及执行的记录与报告。

(10)具有厂房、环境、设备、器具等的清洁及保养规程和完整的实施记录；对不同洁净区域的工作服及工作服的清洗方法、清洗周期、灭菌保管、更换时间和使用发放应有文件规定以及记录；应有生产操作人员的卫生要求及检查情况记录，定期体检，健康档案齐全。

(11)生产记录要有通过随机抽查具从原辅料进厂到成品出厂销售的生产全过程的完整的批生产记录、批包装记录、批检验记录。

(二)申报 GMP 认证资料的准备

1. 申报资料的内容。关于申报资料的内容在本章第三节(二、药品生产企业申报资料要求)中已有详细的表述。在准备申报资料时还要从以下几个方面注意准确把握内容的要求：

(1)介绍企业实施 GMP 的情况时，应能反映出药品生产全过程的质量控制措施和质量保证能力，把握降低人为差错、防止交叉污染和混淆以及质量体系的有效运作这三项实施 GMP 工作的重点内容。

(2)人员情况列表栏目尽可能要全，应有姓名、性别、年龄、文化程度、毕业院校及时间、学历、专业、职称、工作部门及职务，从事医药(专业)工作的年限等。还可增设取得专业培训合格证时间、证书号及发证部门等，如是执业药师，也应进行说明。

(3)剂型品种表要全，其栏目可设剂型、品名、规格、批准文号、执行标准、注册商标、产品注册年度等。

(4)厂区总平面图布置图上应能显示厂区周围环境、运输条件、环保、绿化、消防、人流与物流通道、厂区功能划分等内容。仓贮平面图应显示出库房数量和面积以及各功能区分区情况。

(5)工艺布局平面图应按产品的生产工艺流程表示,要求布局合理,功能齐备。应有不同符号标明不同洁净级别、人流和物流方向以及功能间门的开启方向等。工艺流程图还要注明生产主要过程的控制点,最好提供带控制点的工艺设备管道流程图。

(6)药品生产的验证情况可列表叙述,列表栏目可设验证内容、验证方法、验证次数、验证结果等。仪器仪表的校验要说明校验周期、最近一次检验日期、检验部门和检验结果等。

(7)对于新开办的药品生产企业还需报送开办药品生产企业的批准立项文件,拟生产品种或剂型的三批试生产记录。

2. 申报资料的注意事项。

(1)申报资料的内容应严格按前面规定的内容来整理准备,附企业的环境保护、废气废水排放、安全消防等符合国家有关法律规定所取得的有关合格证明、证书和标志的复印件。不必贪多求全,也不能缺项。

(2)申报资料的准备应以本企业实施 GMP 所开展的工作为基础,要求真实、准确、不得编造。对委托检验的项目情况必须说明清楚。

(3)尽可能利用图表的形式来说明问题,图表的绘制应采用电脑绘制。

(4)准备好的申报资料应符合外观装订整齐,内容全面,文字简练,图表清晰,数字准确的要求。在装订时应考虑多装订几份,方便现场检查人员的使用。

(三)现场检查前的准备

企业在完成 GMP 认证前的准备并已将申报资料及时报送后,就面临着国家或省药品监督管理部门认证中心的现场检查。为此企业应紧紧围绕现场检查的人员、时间、方式、程序、重点等积极准备。

1. 组织模拟检查。在接到国家或省药品监督管理部门认证中心的现场检查通知后,企业应按其时间、方式、程序、重点等内容,认真组织一次模拟检查,对照新版 GMP 认证检查项目逐条进行风险评估,不得漏过任何一个岗位和场所。对模拟检查中发现的问题,抓紧时间立即整改。

2. 陪同人员的准备。企业应派熟悉企业总体情况、了解企业实施 GMP 认证准备工作的各个环节、具有较强表达能力的企业领导人作为现场检查的陪同人员。陪同人员应做好回答现场检查人员的各种提问的准备。现场陪同通常由主管技术的副总经理或总工程师参加,并代表企业回答有关问题。

3. 岗位操作人员的准备。现场检查开始后,每一个岗位和工序均应有操作人员在岗,现场的操作人员应非常熟悉本岗位的操作程序,能清楚地回答现场检查人员的提问。需要提出的是,在现场检查当日,岗位操作人员应特别要求所有到岗的检查人员包括认证检查员,自觉遵守本岗位的有关规定,严格按 GMP 的有关程序的要求进出各生产区域。

4. 配合文件系统检查人员的准备。国家或省药品监督管理部门认证中心的现场检查人员在进行文件系统检查时,企业应在现场安排熟悉文件系统的有关人员进行配合。配合检查的人员要熟悉文件的编号、内容以及文件实施过程中的记录凭证,使现场检查人员能及时准确地得到。

复 习 题

一、填空题

1. 药品生产企业的质量管理部门应负责药品生产全过程的质量管理和检验，受________直接领导。

2. 企业应建立药品不良反应监察报告制度，指定专门________或人员负责管理。

3. 药品生产监督管理是指食品药品监督管理部门依法对药品生产________和生产________进行审查、许可、监督检查等管理活动。

4. 开办药品生产企业的申请人，应当向拟办企业所在地省、自治区、直辖市________部门提出申请。

5. 药品生产企业将部分生产车间分立，形成独立药品生产企业的，应按照有关规定办理________。

6. 药品生产的受托方应当是持有与生产该药品的生产条件相适应的________认证证书的药品生产企业。

7.《药品 GMP 证书》有效期为________年。

8. 药品生产企业变更《药品生产许可证》许可事项的，应当在原许可事项发生变更________日前，向原发证机关提出《药品生产许可证》变更申请。

9. 药品生产企业________和________部门负责人不得互相兼任。

10. 疫苗制品、血液制品以及国家食品药品监督管理局规定的其他药品________委托生产。

二、单选题

1. 国家标准、行业标准分为强制性标准和推荐性标准，而药品标准属于(　　)。

A. 推荐性标准　　B. 强制性标准　　C. 非强制性标准　　D. 行业标准

2.《药品管理法实施条例》第 6 条规定："新开办药品生产企业、药品生产企业新建药品生产车间或新增生产剂型的，应当自取得药品生产证明文件或者经批准正式生产之日起(　　)天内，按照规定向药品监督管理部门申请《药品生产质量管理规范》认证"。

A. 60　　B. 90　　C. 30　　D. 50

3. 药品认证检查机构可结合企业整改情况对现场检查报告进行综合评定。必要时，可对企业整改情况进行(　　)，综合评定应在收到整改报告后 40 个工作日内完成，如进行现场核查，评定时限顺延。

A. 跟踪检查　　B. 飞行检查　　C. 现场检查　　D. 现场核查

4. 实施 GMP 认证最关键的因素是(　　)。

A. 厂房设施　　B. 生产设备　　C. 人　　D. 文件管理

5. 药品认证检查机构完成申报资料技术审查后，应当制订现场检查工作方案，并组织实施现场检查，制订工作方案及实施工作时限为(　　)个工作日。

A. 20　　B. 10　　C. 30　　D. 40

6. 药品 GMP 认证是药品监督管理部门依法对(　　)药品生产质量管理进行监督检查的一种手段，是对药品生产企业实施药品 GMP 情况的检查、评价并决定是否发给认证证书的监督管理过程。

A. 药品经营企业　　B. 药品生产企业

C. 药品批发企业　　D. 药品零售企业

7. 药品生产企业必须按照国务院药品监督管理部门依据本法制定的(　　)组织生产。

A. 药品经营质量管理规范　　B. 药物非临床研究质量管理规范

C. 药物临床试验质量管理规范　　D. 药品生产质量管理规范

8. 药品监督管理部门对持有《药品 GMP 证书》的药品生产企业，有效期内至少进行(　　)次跟踪检查。

A. 2　　B. 1　　C. 3　　D. 4

9. 飞行检查是对药品生产企业(　　)的一种形式，是国家食品药品监督管理局根据监管需要随时对药品生产企业所实施的现场检查。

A. 定期检查　　B. 常规检查　　C. 跟踪检查　　D. 专题检查

10. 已取得"药品 GMP 证书"的药品生产企业应在证书有效期届满前(　　)个月，重新申请药品 GMP 认证。

A. 2　　B. 9　　C. 3　　D. 6

三、多选题

1. 药品生产企业申报资料要求的企业信息包括(　　)。

A. 企业名称　　B. 企业生产地址

C. 注册地址　　D. 联系人、传真、联系电话、邮政编码

2. 药品生产企业申报资料要求的品种表项目包括(　　)。

A. 产品名称　　B. 规格(包装规格)

C. 批准文号　　D. 生产车间

3. 药品生产企业申报资料要求的组织结构图包含质量保证、生产和质量控制的组织机构图(包括高层管理者)，以及(　　)各自的组织结构。

A. 质量保证部门　　B. 生产部门　　C. 综合部门　　D. 质量控制部门

4. 药品生产企业申报资料中企业质量管理体系的相关管理责任应包括(　　)的职责。

A. 高层管理者　　B. 质量管理负责人　　C. 质量受权人　　D. 质量保证部门

5. 药品生产企业申报资料中空调净化系统的简要描述应包括空调净化系统的工作原理、设计标准和运行情况，如(　　)等。

A. 进风　　B. 温、湿度

C. 压差　　D. 换气次数、回风利用率

6. 国家食品药品监督管理局主管全国药品 GMP 认证管理工作，负责(　　)等药品 GMP 认证和跟踪检查工作；负责进口药品 GMP 境外检查和国家或地区间药品 GMP 检查的协调工作。

A. 注射剂　　B. 放射性药品　　C. 血液制品　　D. 生物制品

7. 药品生产企业(　　)，应按《药品生产质量管理规范认证管理办法》要求重新申请药品

GMP 认证。

A. 改建车间或生产线　　　　　　　B. 扩建车间或生产线

C. 新开办药品生产企业　　　　　　D. 药品生产企业新建车间

8. 申请药品 GMP 认证的生产企业，应填写《药品 GMP 认证申请书》并报送相关资料。属于(　　)等药品 GMP 认证的，企业经省、自治区、直辖市药品监督管理部门出具日常监督管理情况的审核意见后，将申请资料报国家食品药品监督管理局。

A. 注射剂　　B. 放射性药品　　C. 生物制品　　D. 疫苗

9.《药品管理法实施条例》第 6 条规定：(　　)应当自取得药品生产证明文件或经批准正式生产之日起 30 天内，按照规定向药品监督管理部门申请《药品生产质量管理规范》认证。

A. 新开办药品生产企业　　　　　　B. 药品生产企业改建车间或生产线

C. 药品生产企业新建药品生产车间　D. 药品生产企业新增生产剂型

10. 现有药品生产企业(　　)等无菌药品的生产，应在 2013 年 12 月 31 日前达到新版 GMP 要求，未达到新版 GMP 要求的企业(车间)，在上述规定期限后不得继续生产药品。

A. 血液制品　　B. 疫苗　　C. 注射剂　　D. 眼用液体制剂

四、简答题

1. 什么是认证？

2. 简述 GMP 的认证工作程序。

3. 企业如何做好 GMP 认证准备？

4. GMP 认证的作用是什么？

5. GMP 认证的特点是什么？药品生产企业 GMP 认证要求哪些申报资料？

参考文献

[1]药品生产质量管理规范(2010 年修订)[S]. 国家食品药品监督管理局令第 79 号,2011.

[2] 国家食品药品监督管理局药品认证管理中心. 质量管理体系　药品 GMP 指南[M]. 北京:中国医药科技出版社,2011.

[3] 国家食品药品监督管理局药品认证管理中心. 质量控制实验室与物料系统 药品 GMP 指南[M]. 北京:中国医药科技出版社,2011.

[4] 国家食品药品监督管理局药品认证管理中心. 厂房设施与设备　药品 GMP 指南[M]. 北京:中国医药科技出版社,2011.

[5] 国家食品药品监督管理局药品认证管理中心. 无菌药品　药品 GMP 指南[M]. 北京:中国医药科技出版社,2011.

[6] 国家食品药品监督管理局药品认证管理中心. 口服固体制剂　药品 GMP 指南[M]. 北京:中国医药科技出版社,2011.

[7] 国家食品药品监督管理局药品认证管理中心. 原料药　药品 GMP 指南[M]. 北京:中国医药科技出版社,2011.

[8] 北京市药品监督管理局. 药品 GMP 检查指南[M]. 北京:中国商业出版社,2012.

[9] 李恒. GMP 应用基础[M]. 北京:中国农业大学出版社,2011.

[10] 梁毅. 新版 GMP 教程[M]. 北京:中国医药科技出版社,2011.